초보자도 쉽게 배우는

포토샵CC
길라잡이

이승희 지음

정보문화사
Information Publishing Group

초보자도 쉽게 배우는
포토샵+일러스트레이터 CC 길라잡이

초판 1쇄 발행 | 2016년 4월 20일
초판 2쇄 발행 | 2018년 4월 30일

지 은 이 | 이승희
발 행 인 | 이상만
발 행 처 | 정보문화사

책 임 편 집 | 최동진
편 집 진 행 | 노미라
주   소 | 서울시 종로구 대학로 12길 38 (정보빌딩)
전   화 | (02)3673-0037(편집부) / (02)3673-0114(代)
팩   스 | (02)3673-0260
등   록 | 1990년 2월 14일 제1-1013호
홈 페 이 지 | www.infopub.co.kr

I S B N | 978-89-5674-668-5

들어가는글

Photoshop과 Illustrator의 핵심을 담은 책을 쓰기 위해 집필에 착수한 것이 지난여름이었는데 벌써 두 개의 계절을 지나 새봄을 눈앞에 두고 있습니다.

이 책을 집필하는 동안 'Photoshop & Illustrator를 사용하는 독자들에게 도움이 되려면 어떤 내용을 담아야 할까?'라는 문제를 놓고 많은 고민을 했습니다. 이 책은 20여 년 동안의 강의 경력을 바탕으로 Photoshop & Illustrator를 처음 접하는 독자들이 궁금해 하는 내용을 중심으로 구성했으며, 독자들이 내용을 가장 효율적으로 습득할 수 있도록 하기 위해 따라하기 방식의 학습 방법을 사용했습니다.

이 책은 Photoshop & Illustrator를 잘 다루지 못하는 분들은 물론, 이번 기회에 기본기를 확실하게 다지기를 원하는 분들에게 도움이 될 수 있도록 하는 것을 최우선 목표로 삼았습니다. 이러한 목표를 바탕으로 독자들이 Photoshop & Illustrator의 기본기뿐만 아니라 두 프로그램의 알찬 기능들을 익힐 수 있도록 구성하였습니다.

또한 Photoshop & Illustrator의 전반적인 기능을 이용하여 다양한 예제들을 따라하기 형식으로 구성함으로써 Photoshop & Illustrator의 전반적인 개념을 익힐 수 있도록 하였고, 이와 더불어 기능을 익히는 과정에서 중요하다고 생각되는 내용을 디자인에 적용해볼 수 있도록 최선을 다하였습니다.

여러분도 잘 알고 있는 바와 같이 Photoshop & Illustrator는 편집, 디자인, 광고 분야에서 가장 널리 사용되고 있는 대표적인 그래픽 툴입니다. 이러한 분야에서 훌륭한 작업물을 만들기 위해서는 색채를 조합하는 능력과 Photoshop & Illustrator의 기능을 잘 활용할 수 있는 배경 지식이 필요합니다. 독자들 또한 이 점이 가장 큰 고민일 것이라 생각하며, 이 책이 독자들의 열망에 조금이나마 부응하기를 간절히 바랍니다.

이 책을 집필하면서 가장 힘들었던 것은 샘플 이미지를 제작하는 일과 Photoshop의 수많은 기능들을 적절히 활용한 예제를 만들어 내는 것이었습니다. 예제를 만들고, 활용 분야에 적합한 예제를 선택하고, 이를 검증하는 작업이 결코 녹록지 않았지만, 이 모든 순간을 견딜 수 있었던 것은 독자들에게 도움이 되는 책을 만들겠다는 나름대로의 고집 때문이었다고 생각합니다. 이러한 필자의 노력과 정성이 조금이나마 독자들에게 전달되기를 바랍니다.

끝으로 이 책을 기획하고 제작해주신 정보문화사 관계자 여러분들께 감사의 마음을 전합니다.

이승희

about this book

이 책을 보는 방법

이 책은 포토샵 CC의 최신 버전을 기반으로 집필되었습니다. 휴대하기 편리하게 두 권으로 분리가 가능하며, 총 20개의 레슨으로 구성되어 있습니다. 입문자가 쉽게 따라할 수 있도록 각 작업에 대한 내용을 빠짐없이 설명하고 있으며, 각 Step으로 구성하여 단계별로 학습할 수 있습니다.

레슨 제목 및 발문
각 레슨에서 학습할 제목과 배울 내용을 간결하고 쉽게 설명하였습니다.

핵심 기능
해당 Lesson에서 학습할 핵심적인 기능을 자세하게 소개하였습니다.

Tip
포토샵과 일러스트레이터를 사용하면서 작업의 효율을 향상시키고자 할 때 알아두면 좋은 유용한 내용과 저자의 풍부한 실전 경험을 바탕으로 한 알짜 노하우를 정리하였습니다.

기능 실습

앞에서 학습한 기능에 관련된 실습 예제를 따라해보는 부분으로, 이해하기 어려운 내용에는 〈Tip〉을 추가하였습니다.

따라하기

예제를 직접 활용하여 익히는 과정으로, 따라하기 형식을 바탕으로 구성했습니다. 단계를 체계적으로 구성하였기 때문에 누구나 쉽게 학습할 수 있습니다.

예제 파일/완성 파일

학습에 필요한 파일의 경로와 파일명을 알 수 있습니다.

키워드/길라잡이

학습에 필요한 실습 예제를 활용하면서 사용하는 기능이 무엇이며, 예제가 어떠한 상황에 쓰이는지를 알려주는 가이드 역할을 해줍니다.

동영상 강좌

해당 레슨에 대한 좀 더 자세한 해설은 스마트폰에서 QR 코드를 인식하게 한 후 확인하거나 부록으로 제공하는 압축 파일(Sample.zip)의 "동영상 강의 링크.xls" 파일에서 확인하세요.

기능 향상

〈핵심 기능〉에서 미처 담지 못한 내용과 기능 설명을 추가로 정리하였습니다.

실무테크닉

앞에서 배운 Step 과정을 응용하여 추가로 알아야 할 사항이나 새로운 기능을 소개하였습니다.

Note

본문에 미처 담지 못한 내용과 꼭 필요한 핵심 내용을 정리했으며, 저자의 노하우를 소개하였습니다.

노하우

저자의 노하우가 담긴 팁을 담았습니다.

포토샵(Photoshop)+일러스트레이터(Illustrator)에서 반드시 알아야 할 기본 기능부터 예제를 통한 반복 학습까지!

포토샵(Photoshop) CC 공부의 흐름

포토샵(Photoshop)은 사진 이미지 합성과 리터칭의 최강자입니다. 지금부터 이 책으로 공부하면 포토샵 전문가가 될 수 있습니다.

포토샵을 배워 두면, 사진 보정에 관련된 부업부터 디자인 프리랜서, 취업 및 알바에 이르기까지 다양한 분야에서 일할 수 있습니다. 꼭 알아야 할 부분만 먼저 마스터 하세요!

❶ 포토샵 초보 기본 툴

포토샵에서 자주 사용하는 기본 툴을 익히는 과정에서 복잡한 툴과 메뉴들을 모두 외울 필요 없이 반드시 알아야 하는 툴 위주로 예제를 따라하면서 포토샵을 익혀보시기 바랍니다.

❷ 다양하게 활용하는 사진 이미지 보정하기

포토샵을 이용하여 사진 이미지를 수정하거나 편집하는 작업은 다양한 부분에서 활용할 수 있습니다. 사진 이미지를 보정하여 블로그나 카페에 다양하게 활용해보세요!

❸ 얼굴 사진 뽀샤시 보정하기

내 얼굴, 친구 얼굴 등 내가 찍은 인물 사진들을 포토샵으로 직접 수정할 수 있습니다. 포토샵의 간단한 기본 툴을 사용하여 연습하면 누구나 쉽게 얼굴을 보정하는 방법을 배울 수 있습니다.

❹ 상품 사진 보정으로 세련미 주기

쇼핑몰에 올리는 다양한 상품 사진들! 디카가 오래된 기종이라서 선명하게 찍히지 않아도 괜찮습니다. 포토샵을 이용하면 세련되고 멋진 상품 사진으로 변경할 수 있습니다.

❺ 실무 예제로 꼭 필요한 툴 숙달하기

응용 예제를 계속 만들어 보면 자신도 모르게 포토샵 툴이 익숙해질 것입니다. 포토샵을 잘 다루는 방법은 많이 해보는 것이라는 사실을 잊지 마세요.

❻ 원하는 디자인은 모두 만든다!

다양한 디자인들을 통해 좀 더 섬세한 작업들을 공부하면서 좀 더 쉽게 작업할 수 있는 방법과 노하우를 익히고 활용해 보도록 합니다.

이제부터는 다른 사람에게 부탁하지 말고 직접 포토샵을 활용하여 디자인해보세요.

"포토샵(Photoshop)＋일러스트레이터(Illustrator)에 대해 전혀 모르는 사람도 걱정할 필요가 없습니다."
포토샵(Photoshop)＋일러스트레이터(Illustrator)의 복잡하고 어려운 메뉴들을 모두 익히느라 시간을 뺏기지 말고 디자인 작업을 할 때 필요한 툴만 쉽게 배우며 재미있게 활용하세요.

일러스트레이터(Illustrator)CC 공부의 흐름

일러스트레이터 프로그램을 다루는 데 있어 반드시 알아야 하는 부분을 중심으로 반복, 집중 설명합니다. 복잡하고 어려운 내용을 공부하느라 힘들어 하지 마시고, 다양한 예제를 제작해 나가면서 쉽고 재미있게 공부하세요! 일러스트레이터를 배우면 로고나 삽화, 각종 도안, 예쁜 그림을 자유자재로 그릴 수 있어요.

❶ 일러스트레이터에서 반드시 알아야 할 기본 툴

일러스트레이터의 다양한 툴과 프로그램 중 반드시 알아야 하는 부분과 작업 시 많이 사용하는 툴을 중심으로 알려드립니다. 교재 속의 내용을 머릿속에 쏙쏙 넣어보세요.

❷ 가장 많이 사용하는 펜 툴 배우기

캐릭터를 그리거나 로고 등의 다양한 디자인 작업을 할 때 가장 많이 사용하는 펜 툴은 많이 다룰수록 익숙해질 거예요!

❸ 귀여운 캐릭터 제작하기

귀여운 캐릭터 디자인 예제를 통해 일러스트 툴을 좀 더 익혀 보고, 디자인 감각도 키워보세요. 캐릭터 제작을 통해 펜 툴을 확실히 내 것으로 만들어 보시기 바랍니다.

❹ 디자인 실력 키우기

디자인을 하는 방법에 대해 공부합니다. 내 명함도 직접 만들 수 있고, 인쇄업체를 통해 나만의 명함도 인쇄할 수 있습니다.

❺ 실무 예제로 디자인 감각 100% UP 시키기

일러스트레이터를 가장 잘 다루는 방법은 다양한 이미지들을 만들어 보는 것입니다. 다양한 디자인을 만들어 보면 많은 도움이 될 것입니다.

일러스트레이터를 잘 다루면, 로고, 명함 제작 등 다양한 부업을 할 수 있습니다.
강좌를 듣고 제작하면서 예제를 통해 실력을 키워보세요!

Photoshop CC 2015 + Illustrator CC 2015
무료 시험 버전 설치

이 책에는 Photoshop과 Illustrator 무료 시험 버전이 포함되어 있지 않습니다. 이 책의 26쪽을 참조하여 여러분의 PC에 다운로드하여 설치하기 바랍니다. 설치 작업에는 몇 시간 이상 걸리는 경우도 있습니다. 또한 무료 시험 버전은 하나의 계정으로 처음 시작한 시점부터 30일 동안만 사용할 수 있으므로 주의하기 바랍니다. 이 책에서는 지금까지 Creative Cloud를 설치한 적이 없는 분을 위해 무료 시험 버전을 설치하는 방법을 설명하겠습니다.

예제 파일의 구성

본문에 사용된 모든 예제 파일과 완성 파일은 정보문화사 홈페이지(http://www.infopub.co.kr) 자료실에서 다운로드 가능합니다. 다운로드한 ZIP 파일의 압축을 푼 후 책과 함께 학습하며 따라할 수 있습니다.

❶ 홈페이지에 접속한 후 [자료실]을 클릭합니다.

❷ 하단의 검색란에 "초보자도 쉽게 배우는"을 입력하여 검색합니다.

❸ 다운로드하려는 도서의 제목을 클릭한 후 해당 파일을 다운로드 하면 됩니다.

동영상 파일은 스마트폰의 QR코드로 찍어 바로 볼 수 있으며, 컴퓨터(PC)로 학습할 때에는 유튜브(http://www.youtube.com/user/infobooks)에 접속하거나 "동영상 강의 링크.xls" 파일에서 확인하세요.

❶ 강의 '제목'을 클릭하면 동영상 강의로 이동됨.

❷ 유튜브로 이동하여 동영상 강의가 재생되어 보여짐.

학습하면서 궁금한 사항은 정보문화사 홈페이지 〈도서문의 게시판〉 또는 저자 이메일(sumiday@nate.com)로 문의주세요.

THEME 01 사진 보정 기법

Lesson 01 사진의 노출 보정 및 색상 편집하기

색감이 풍부한 배경 사진으로 보정하기(p.54)

Lesson 01 사진의 노출 보정 및 색상 편집하기

평범한 사진에서 탈출하기(p.57)

Lesson 01 사진의 노출 보정 및 색상 편집하기

흐릿한 사진 밝게 보정하기(p.59)

Lesson 02 사진 자동 보정 기능 알아보기

사진에 햇빛 노출 효과 표현하기(p.68)

Lesson 02 사진 자동 보정 기능 알아보기

듀오톤 사진 만들기(p.72)

Lesson 03 색상 편집 도구 활용하기

단색 이미지 만들기(p.78)

Lesson 03 색상 편집 도구 활용하기

흑백 이미지를 단색 이미지로 변경하기(p.80)

Lesson 03 색상 편집 도구 활용하기

이미지 색상 바꾸기(p.82)

Lesson 03 색상 편집 도구 활용하기

배경 색상에 변화주기(p.84)

Lesson 04 그라데이션을 이용하여 색채 구성하기

색채 재구성과 배경 흐리기(p.92)

Lesson 04 그라데이션을 이용하여 색채 구성하기

그라데이션 필터를 이용하여 선명한 사진으로 보정하기
(p.96)

Lesson 05 다양한 그래픽 효과를 위한 사진 응용하기

배경에 등록한 패턴 채우기(p.104)

Lesson 05 다양한 그래픽 효과를 위한 사진 응용하기

낡은 인쇄 이미지 효과를 이용하여 사진 응용하기(p.107)

[실무 테크닉]

사진 속 비뚤어진 수평 수정 및 공간 구도 보정하기(p.122)

[실무 테크닉]

사진 속 비뚤어진 수평 수정 및 공간 구도 보정하기(p.123)

[실무 테크닉]

배경과 건물을 살리는 화사한 사진 표현하기(p.124)

[실무 테크닉]

강한 이미지를 살려주는 효과주기(p.125)

Lesson 01 색상 또는 이미지를 자유롭게 채우기

흑백 사진을 밝게 표현하기(p.131)

Lesson 01 색상 또는 이미지를 자유롭게 채우기

카메라 로 필터(Camera Raw Filter)로 깊이 있는 흑백 사진 만들기(p.136)

Lesson 01 색상 또는 이미지를 자유롭게 채우기

추억의 흑백 사진 만들기(p.141)

Lesson 02 피부 잡티 및 인위적 얼굴 제거하기

얼굴이나 피부의 잡티를 제거하기(p.151)

Lesson 02 피부 잡티 및 인위적 얼굴 제거하기

사진 속 얼굴의 음영 수정하기(p.155)

Lesson 03 [Liquify] 필터 마법 활용하기

사진 속 얼굴 성형하기(p.165)

Lesson 03 [Liquify] 필터 마법 활용하기

사진 속 체형 성형하기(p.168)

[실무 테크닉]

붉은색 피부를 밝게 수정하기(p.172)

[실무 테크닉]

오래된 사진 만들기(p.173)

[실무 테크닉]

연필 스케치 효과내기(p.174)

[실무 테크닉]

거친 손 표현하기(p.175)

Lesson 01 핸드폰 광고 디자인

가을을 생각나게 하는 핸드폰 배경화면 만들기(p.186)

Lesson 02 핸드폰 케이스 광고 디자인

핸드폰 케이스 포스터 만들기(p.202)

Lesson 03 모니터 광고 디자인

생동감 있는 노트북 광고 디자인 만들기(p.213)

Lesson 03 모니터 광고 디자인

각도를 자유롭게 표현하는 모니터 광고 만들기(p.224)

Lesson 04 간판 디자인

커피숍 메뉴판 디자인 만들기(p.236)

Lesson 04 간판 디자인

카페 로고 만들기(p.244)

Lesson 05 포스터 디자인

피자 포스터 디자인 만들기(p.259)

Lesson 06 옥외 간판 디자인

의류 옥외 간판 디자인 만들기(p.291)

Lesson 06 옥외 광고 디자인

신발 옥외 광고 디자인 만들기(p.306)

Lesson 07 모바일 광고

모바일 게임 광고 디자인 만들기(p.325)

[실무 테크닉]

정류장 옥외 광고 만들기(p.340)

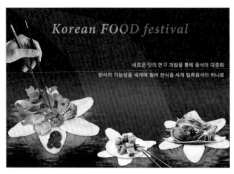

[실무 테크닉]

한식 페스티발 포스터 만들기(p.342)

Lesson 07 모바일 광고

커피 모바일 광고 디자인 만들기(p.330)

[실무 테크닉]

재즈 음악회 티켓 만들기(p.341)

[실무 테크닉]

커피 시음회 포스터 만들기(p.343)

THEME 01 선 기능 및 기본 기능 살펴보기

Lesson 01 펜 도구(Pen Tool) 사용법 익히기

선 따라 그리기(p.13)

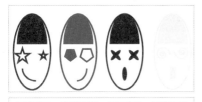

Lesson 02 도형 툴로 도형 만들기

타원 모양 모델링 작업하기(p.32)

Lesson 03 패스파인더(Pathfinder)의 기능 응용하기

홍보 포스터 만들기(p.48)

Lesson 04 여러 복합적인 기능 알아보기

비치볼 만들기(p.62)

Lesson 05 그래픽 이미지 만들기

문자 배경 디자인하기(p.77)

[실무 테크닉]

과자 패키지 만들기(p.87)

[실무 테크닉]

핸드폰 액정 화면 만들기(p.88)

[실무 테크닉]

명찰 디자인하기(p.89)

THEME 02 그래픽 디자인 따라하기

Lesson 03 심벌(Symbol)을 이용하여 디자인하기

할로윈 카드 만들기(p.131)

Lesson 01 그레이던트(Gradient) 도구를 이용하여 입체적으로 표현하기

하늘 높이 풍선 만들기(p.100)

Lesson 04 커피 광고 간판 소개하기

커피숍 간판 만들기(p.155)

Lesson 02 자유로운 도형을 변형하기

핸드폰 라벨 디자인하기(p.114)

[실무 테크닉] 일러스트레이터에서 작업한 디자인을

이용하여 입면 패턴을 제작하거나 합성하기(p.172)

[실무 테크닉]

크레디트 카드 디자인하기(p.173)

Lesson 01 캐릭터 컬러링하기

마녀 캐릭터 컬러링하기(p.180)

Lesson 02 패키지 디자인 만들기

쇼핑백 만들기(p.191)

Lesson 03 블렌드 툴을 이용한 BI 디자인하기

새로운 느낌의 BI 디자인하기(p.205)

Lesson 04 렌더링 이미지 만들기

헤어 드라이기 디자인하기(p.217)

[실무 테크닉]

피자 옥외 홍보 디자인하기(p.228)

[실무 테크닉]

타이포 그래픽 디자인하기(p.229)

[실무 테크닉]

잡지 광고 페이지 디자인하기(p.230)

포토샵

Theme 00
다채로운 효과를 활용하는 Photoshop CC 2015

Theme 01
사진 보정 기법

Theme 02

**인물 사진 보정
살펴보기**

다채로운 효과를 활용하는
Photoshop CC 2015

이 책의 레슨을 하나하나 따라하다 보면 Photoshop CC 2015의 매력을 느낄 수 있습니다. 각 레슨을 통해 Photoshop CC 2015가 가지고 있는 기능들의 기본적인 특성을 이해하고, 깊이 있는 활용법을 익히게 될 것입니다. 이 테마에서는 복잡한 Photoshop CC 2015 기능들을 좀 더 쉽게 풀어 소개하고자 합니다.

여행지의 전체적인 모습을 담은 지도는 여행자에게 필수 요소입니다. 여러분들이 Photoshop CC 2015의 세계를 깊게 이해하기 위한 필수 요소는 Photoshop CC 2015의 전반적인 이해입니다. 'Photoshop CC 2015가 이런 것이구나'라는 기본적인 지식은 여러분들이 Photoshop CC 2015의 깊이 있는 세계를 경험하기 위한 기초가 됩니다.

Photoshop CC 2015는 보다 빠르고 강력한 기능을 통해 놀라울 정도로 사실적인 이미지를 자유롭게 만들어 낼 수 있습니다. 또한 고급 선명 효과 툴 등 완전히 새롭게 재설계된 수십 개의 기능을 이용할 수 있습니다. 따라서 Photoshop CC 2015에서 바로 작업을 공유하여 피드백을 얻을 수 있고, 직접 제작한 프로젝트를 선보일 수도 있습니다.

01

Photoshop CC 2015
실행을 위한 준비

Photoshop CC 2015만 있으면 여러분은 디지털 사진관을 가진 것이나 다름 없습니다. 포토샵과 친해진 만큼 여러분의 사진이 돋보인다는 것을 잊지 마세요. Photoshop CC 2015는 넓은 작업 공간을 제공할 뿐만 아니라 각 작업의 특징에 맞게 작업 화면을 선택하여 사용할 수 있기 때문에 작업을 효율적으로 할 수 있습니다. 그럼 지금부터 Photoshop CC 2015와 인사를 나눠볼까요?

:: Photoshop CC 2015 설치하기

이미 컴퓨터 사용이 익숙해진 여러분에게 Photoshop CC 2015를 시작하거나 종료하는 방법은 그리 어렵지 않을 것입니다. 하지만 다시 한 번 기초를 다진다는 의미에서 간단하게 살펴보고 넘어가겠습니다. 먼저 Photoshop CC 2015를 설치하는 방법부터 알아보겠습니다.

01 Adobe Photoshop CC 2015 프로그램을 설치하기 위해 인터넷에서 'https://www.adobe.com/kr/products/photoshop.html'을 실행합니다. [설치 프로그램] 창이 나타나면 Photoshop을 설치하기 위한 준비 화면이 나타납니다. 설치된 Photoshop CC 2015를 실행시키기 위해 화면 상단의 [무료 시험 버전] 버튼을 클릭합니다. 여기서는 시험판 버전으로 설치합니다.

02 간단한 설문 페이지가 나타나면 자신에게 맞는 항목을 선택합니다. 그림처럼 각 항목에 해당하는 것을 선택한 후 [Adobe ID 등록 신청] 버튼을 클릭합니다.

03 Adobe ID가 없는 경우에는 이메일 주소와 암호를 입력하고, 있는 경우에는 이메일 주소와 암호를 입력한 후 [로그인] 버튼을 클릭합니다. 만약, 암호를 잊어버린 경우 '암호를 잊으셨습니까?'를 클릭하면 해당 메일 계정으로 암호 재설정 메일이 발송됩니다. 단, 두 번째 실행 시부터는 Adobe ID를 묻는 화면이 나타나지 않습니다.

04 [저장] 버튼을 클릭하면 'Creative Cloud'라는 응용 프로그램이 'CreativeCloudSet-Up.exe'라는 이름으로 다운로드됩니다.

05 다운로드된 'CreativeCloudSet-Up.exe'를 더블클릭하면, Photoshop을 설치하기 위한 준비 화면이 나타납니다.

06 Adobe 홈페이지에서 사용했던 Adobe ID로 로그인합니다. 그러면 다음과 같은 화면이 나타나면서 설치되는 항목들을 확인할 수 있습니다.

07 언어를 설정하기 위해 [Creative Cloud]의 [Apps] 화면 상단 오른쪽 설정 버튼(⚙)을 클릭한 후 [환경 설정]을 선택합니다.

Adobe Photoshop CC 2015 설치 시 주의 사항
Photoshop CC 2015는 설치를 할 때 CS6, CC를 삭제하도록 설정되어 있습니다. 만약 이전에 설치한 포토샵 버전의 삭제를 원하지 않는다면 Advance Option에서 'Deselect the Remove Old Version Option'에 체크해야 합니다.

[Windows 설치 조건]
• Intel Pentium 4 또는 AMD Athlon 64 프로세서(2GHz 이상) 프로세서
• Microsoft Windows 7 서비스 팩 1 또는 Windows 8

[Mac 설치 조건]
• 멀티코어 Intel 프로세서(64비트)
• Mac OS X v10.7, v10.8 또는 v10.9

[공통 설치 조건]
• 2GB RAM
• 설치 시 3.2GB의 하드 디스크 여유 공간 필요, 설치 중에 추가 여유 공간 필요(이동식 플래시 스토리지 장치에는 설치할 수 없음)
• 16비트 색의 1024x600 디스플레이 해상도(1280x800 권장) 및 512MB VRAM(3D 기능에 1GB VRAM 필요)
• OpenGL 2.0 지원 시스템
• 필수 소프트웨어를 활성화하고, 구독을 확인하고, 온라인 서비스에 액세스하려면 광대역 인터넷 연결과 등록이 필요합니다.

08 [Creative Cloud]에서 기본 앱 언
어는 '한국어'로 되어 있습니다.
영문 언어로 변경하기 위해 [환경
설정] 화면에서 앱 언어를 'English
(International)'으로 설정한 후
전단계 화면으로 이동하기 위해 상
단 왼쪽 버튼(<)을 클릭합니다.

09 지금까지 모든 실행이 끝났습니다.
이는 프로그램을 설치한 후 처음 실
행했을 때만 실행되는 과정입니다.
두 번째 이후부터는 이러한 과정이
필요 없습니다.
Photoshop CC(2015) 오른쪽에
있는 [시험 사용] 버튼을 클릭합니
다. 모든 설치 과정이 끝나면 [완료]
버튼을 클릭합니다.

:: Photoshop CC 2015의 실행과 작업 환경 설정하기

Photoshop CC 2015 작업 환경 설정이란, 일반적으로 Photoshop CC 2015 퍼포먼스에 해당하는
히스토리, 캐시, 메모리 설정과 작업 공간인 워크스페이스에 도구 상자, 이미지 작업 창, 패널, 컨트롤 패
널의 위치와 형식을 설정하는 것을 말합니다.

01 [Adobe Photoshop CC 2015] 아이콘을 더블클릭하면 프로그램 시작 화면이 나타납니다.

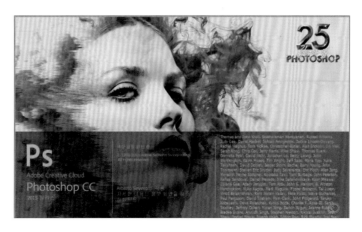

02 화면의 색과 작업 공간을 여러분이
원하는 대로 설정합니다.

03 메뉴의 [Edit-Preferences-Ge-
neral]을 선택하거나 단축키 Ctrl+
K를 누르면 [Preferences] 대화
상자가 나타납니다.

04 [Preferences] 대화상자에서 [Interface]를 클릭한 후 [Appearance] 항목에서 그림처럼 화면
색상을 변경합니다. 프로그램의 화면이 검은색으로 되어 있고, 무언가 달라진 모습을 볼 수 있습니
다. Photoshop CC 2015의 인터페이스는 [Preferences] 환경 설정에서 이전 버전처럼 바꿀 수
있으며, 네 가지 색상으로 표시할 수 있습니다.

05 Photoshop CC 2015의 화면색
이 변경된 것을 확인할 수 있습니다.

06 이번에는 작업 공간을 변경해보겠습니다. 메뉴의 [Window-Workspace]를 선택한 후 [Essentials]를 선택하면 화면의 작업 공간이 변경된 것을 확인할 수 있습니다.

설치되어 있는 한글 버전을 영문 버전으로 변경하는 방법

Photoshop CC 2015를 설치하는 경우, 윈도우의 언어에 맞게 자동으로 설치됩니다. 설치한 후에 확인해보면 한글 버전으로 설치되어 있는 것을 볼 수 있습니다. 처음 Photoshop CC 2015를 접할 때는 한글 버전이 쉽게 느껴질 수 있지만, 서점에서 판매하는 대부분의 책이 영문 버전으로 설명되어 있을 뿐만 아니라 단축키를 사용할 때에도 불편함이 있습니다. 따라서 Photoshop CC 2015를 사용할 때에는 영문 버전을 사용하기 바랍니다.

01 한글 버전 Photoshop CC 2015
화면입니다. 우선 Photoshop CC
2015가 실행 중인 경우, 프로그램
을 종료합니다. 사용 중인 파일은 수
정이 불가능합니다.

02 탐색기로 다음의 위치 경로를 찾습니다.
C:\Program Files\Adobe\ Adobe Photoshop CC 2015(32Bit)\Locales\ko_KR\Support Files

03 'tw10428' 또는 'tw10428.dat' 파일을 찾습니다(확장자 표시 여부에 따라 다르게 나타날 수 있습니다). 해당 파일에 마우스 오른쪽 버튼을 누르면 나타나는 단축 메뉴 중에서 [이름 바꾸기]를 선택하거나 단축키 F2를 눌러 수정합니다. 수정할 때 파일명 뒤에 아무것이나 입력해도 상관없지만, 나중에 한글 버전이 필요할 수도 있으므로 삭제하면 안 됩니다.

이름이 변경된 화면입니다.

04 Photoshop CC 2015를 다시 실행하면 영문 버전으로 변경된 것을 확인할 수 있습니다.

❶ [History States] 수치 늘리기

메뉴의 [Edit-Preferences-Performance]에서 선택합니다.
[History States]의 값을 늘린다는 것은 [History] 패널에서 작업을
하다가 전단계 작업으로 돌아갈 수 있는 횟수를 설정하는 것을 말
합니다. History State의 개수는 변경할 수 있으며, 최대 1,000개까
지 지원합니다.

❷ [Purge] 기능 이해하기

Photoshop CC 2015으로 작업을 하다 보면 지금까지의 작업 과
정이 [History] 패널에 쌓이는 것을 알 수 있습니다. 그럴 경우
Photoshop CC 2015가 좀 더 느려지는데, 이때 메뉴의 [Edit-
Purge-All]를 클릭하여 히스토리 데이터를 제거하면 좀 더 빠르게
작업할 수 있습니다. 단, Purge로 제거된 데이터는 복구가 불가능
하므로 신중하게 사용해야 합니다.

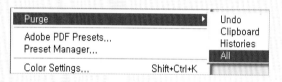

02 작업 성격에 따른 화면 모드 변경하기

Photoshop CC 2015의 화면 모드가 최소화되어 작업 창을 넓게 사용할 수 있습니다. 또한 프레젠테이션이나 작업 과정에 따라 화면 모드를 변경하면서 작업하면 디자인 감각을 살리면서 작업할 수 있습니다. 이번에는 Photoshop CC 2015에서 제공하는 화면 모드의 종류에 대해 살펴보겠습니다.

:: Standard Screen Mode

Standard Screen Mode는 Photoshop CC 2015를 처음 시작했을 때의 기본 화면 모드로, 도구 상자, 패널, 메뉴 등을 모두 보면서 작업할 수 있습니다.

:: Full Screen Mode with Menu Bar

Full Screen Mode with Menu Bar를 이용하면 작업 내용을 좀 더 넓게 확인할 수 있습니다. 제목 바가 사라지고 여러 개의 이미지를 열어 놓은 상태라도 현재 작업 중인 이미지만 표시합니다. ⊞를 누르면 열려진 다른 파일로 이동할 수 있습니다.

:: Full Screen Mode

Full Screen Mode(전체 화면 모드)는 메뉴 바와 도구 상자, 패널 등을 모두 숨긴 상태에서 검은색 배경에 현재 작업 중인 이미지만 보여줍니다. ﹣를 누르면 메뉴와 도구 상자 등이 나타나고, 다시 한 번 누르면 사라집니다. ﹢를 누르면 열려진 다른 파일로 이동할 수 있습니다.

전체 화면 모드 전환
[Full Screen Mode]를 누르면 다음과 같은 창이 나타납니다. 이때 [Full Screen] 버튼을 누르면 작업 화면이 전체 화면 모드로 전환됩니다.

LESSON

03 Photoshop CC 2015 워크스페이스(Workspace)

워크스페이스란, 도구 상자와 각종 패널 등을 작업 패턴에 맞게 최적화한 세팅을 말합니다. Photoshop CC 2015에서는 Essentials, 3D, Motion, Painting, Photography, Typography라는 여섯 가지 워크스페이스를 제공하고 있기 때문에 작업 성격에 맞게 사용하면 됩니다.

❶ Essentials Photoshop CC 2015 버전을 실행했을 때 나타나는 기본 화면 구성입니다.

❷ 3D 3D 오브젝트를 편하게 사용할 수 있는 화면 구성입니다.

❸ Motion   애니메이션 실행 과정을 단계별로 해결하면서 작업하는 화면 구성입니다.

❹ Painting   Photoshop CC 2015로 자유롭게 채색할 수 있는 화면 구성입니다.

❺ Photography   사진 작가들이 작업을 할 때 편하게 사용할 수 있는 화면 구성입니다.

❻ Typography 출판에 관련된 업무를 할 때 사용할 수 있는 편집 디자인에 관련된 화면 구성입니다.

메뉴의 [Edit–Preferences–Performance]를 선택하면 나타나는 [Memory Usage] 항목은 포토샵이 사용할 수 있는 RAM의 사용 범위를 설정하는 것입니다. 포토샵은 RAM을 많이 사용하는 프로그램이기 때문에 시스템에서 사용 가능한 RAM 수치를 수동으로 지정할 수 있습니다.

평소 포토샵을 많이 사용한다면 70~80% 정도로 세팅해주는 것이 좋습니다. 물론 포토샵 외에 다른 윈도우 프로그램들을 동시에 많이 사용하는 유저라면 50~60%로 설정해주는 것이 좋습니다. RAM을 100%로 설정하면 시스템과 윈도우 환경 자체가 느려집니다.

04 Photoshop CC 2015의 화면 구성 색상 편집하기

Photoshop CC 2015는 크게 도구 상자, 이미지 작업 창, 패널, 컨트롤 패널로 구성되어 있습니다. 이번에는 각 영역의 명칭과 역할에 대해 간단하게 살펴보겠습니다.

❶ **메뉴 바** 포토샵 메뉴가 항목별로 분류되어 있고, 각 메뉴를 클릭하면 하위 메뉴들이 아래로 펼쳐지면서 나타나기 때문에 '풀다운 메뉴'라고 합니다.

❷ **컨트롤 바** 도구 상자에서 선택한 툴에 해당하는 세부 옵션이 화면의 윗부분에 일자형으로 나타납니다.

❸ **도구 상자** 포토샵에서 이미지를 만들거나 편집하는 등 작업에 필요한 도구들을 모아놓은 것을 의미합니다.

❹ **이미지 작업 창** 작업할 이미지가 보이는 창으로, 실제 작업이 이루어지는 공간입니다. 이미지 작업 창의 위쪽에는 파일 이름, 용량, 확대 배율 등이 표시되고, 아래쪽에는 이미지 배율을 설정할 수 있는 칸이 있습니다.

❺ **[최소화], [최대화], [닫기] 버튼** 포토샵 프로그램을 최소화, 최대화하거나 프로그램을 종료할 수 있습니다.

❻ **패널** 포토샵의 다양한 기능을 선택하여 사용할 수 있으며, 필요할 때 열어서 편리하게 사용할 수 있습니다.

❼ **상태 바** 작업 중인 이미지의 보기 배율, 파일 크기, 사용하고 있는 툴의 간단한 설명 등을 보여줍니다.

05 Photoshop CC 2015의 달라진 기능들

지난 2015년 6월, Photoshop CC 2015 버전이 공개되었습니다. Photoshop CC 2015 버전의 기능은 기존 버전보다 더욱 업그레이드되었습니다. 이렇게 강화된 새로운 기능들은 사용자들이 포토샵 작업을 할 때 당연히 알아두어야 할 기능이라고 할 수 있습니다.

이번 버전에서 눈여겨보아야 할 기능은 모바일 디바이스용 이미지 작업을 위한 Artboard의 추가, 향상된 레이어 스타일(Layer Styles), 스마트 오브젝트(Smart Object), Creative Cloud Libraries 등입니다. 지금부터 Photoshop CC 2015의 업데이트된 주요 기능들을 살펴보겠습니다.

핵심기능 ▶ Artboard 기능 추가하기

Artboard는 일정한 규격의 모바일 디바이스용 이미지나 아이콘을 제작하기 위한 특수한 형태의 캔버스 집합입니다. 이 기능을 활용하면 규격에 맞춘 이미지뿐만 아니라 다양한 형태나 배치를 가진 다수의 디자인 시안을 손쉽게 제작할 수 있습니다.

∷ 새 문서 만들기를 통해 Artboard를 생성하고자 할 때

01 새 문서 만들기를 통해 Artboard를 생성하려면 메뉴의 [File-New]를 클릭하거나 단축키 Ctrl+N 을 누르면 나타나는 [New] 대화상자에서 [Document Type] 항목의 [Artboard]를 선택합니다. 이 메뉴의 [Artboard] 항목을 선택하면 'Web App Design', 'Iconography'에서 해당하는 모든 규격의 Artboard 종류를 선택할 수 있습니다.

02 메뉴의 [Artboard Size]를 클릭하여 디바이스의 크기에 맞는 Artboard의 종류를 선택합니다. [New] 대화상자의 [OK] 버튼을 클릭하면 그림과 같이 선택한 규격의 Artboard가 생성됩니다.

03 [Layers] 패널의 'Artboard 1'을 더블클릭하면, 생성된 Artboard의 이름을 'iPhone6'로 수정할 수 있습니다.

04 도구 상자에서 [Artboard] 툴(□)을 선택하면 Artboard의 규격을 새롭게 설정할 수 있는 상태가 됩니다. 이때 옵션 막대 메뉴의 [Size]를 클릭하여 규격을 설정하거나 작업 화면에 표시된 흰색 박스를 드래그하여 임의의 크기로 설정할 수 있습니다.

05 새로운 Artboard를 생성하려면 옵션 바에서 [Add New Artboard] 툴(⬚)을 클릭한 후 그림처럼 작업 화면에 표시된 흰색 박스를 드래그하여 임의의 크기를 가진 Artboard를 생성할 수 있습니다. 다음은 새로운 Artboard가 생성된 모습입니다.

06 [Layers] 패널의 'Artboard 1'을 클릭한 후 새롭게 생성된 Artboard의 규격을 그림처럼 옵션 바에서 [Size] 옵션을 통해 변경하는 모습입니다.

07 [Layers] 패널에서 Ctrl을 누른 후 여러 개의 Artboard 목록을 선택합니다.

08 이동 툴(▶♣)의 옵션 바에서 그림처럼 정렬 도구를 클릭하여 사용할 수도 있습니다. Artboard의 위치는 이동 툴을 사용하여 자유롭게 수정할 수 있습니다.

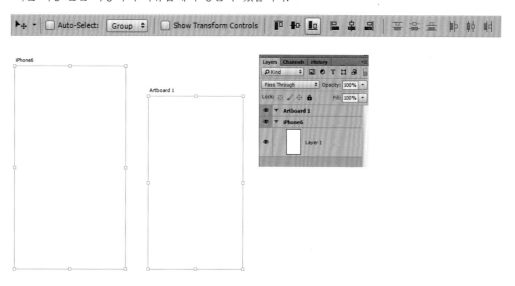

:: 기존 이미지에서 Artboard로 변환하기

◉예제 파일
Sample\1부\Theme00\아트보드.psd

01 [Layers] 패널에서 포함시킬 이미지 요소의 'icon-1'과 'icon-2' 레이어를 선택합니다.

02 01 레이어들을 선택한 후 Artboard에 곧바로 포함시킬 수 있습니다. 메뉴의 [Layer-New-Artboard from Layers]를 클릭하면 나타나는 02 [New Artboard from Layers] 대화상자에서 생성할 Artboard의 이름, 규격을 설정하고 [OK] 버튼을 클릭합니다.

03 선택한 레이어가 Artboard에 포함되어 생성된 모습입니다.

04 [Layers] 패널에서 Artboard 목록의 화살표 버튼을 클릭하면 해당 Artboard에 포함된 이미지
요소를 펼쳐볼 수 있습니다. 이 이미지 요소를 선택한 후 이동 툴(┣+)을 이용하여 원하는 위치로 이
동시킵니다.

[Artboard Tool] 옵션 활성화하기
[Artboard Tool] 옵션 막대의 가장 오른쪽에 위치한 아이콘을 클릭하면 Artboard에 관련된 세부 옵션을 변경할 수 있습니다.

❶ Auto-nest Layers 이 옵션을 활성화하면 [Move Tool]로 작업 화면의 이미지 요소를 직접 드래그하여 다른 Artboard로 손쉽게 이동하거나 복제할 수
   있습니다. 이 옵션이 해제되면 이미지 요소를 드래그하여 다른 Artboard 영역으로 가져가더라도 해당 이미지 요소가 다른 Artboard에 포함되지 않
   습니다. 이때 이미지 요소를 다른 Artboard에 포함시키려면 [Layer] 패널을 이용해야 합니다.
❷ Auto-size Canvas 새로운 Artboard를 생성할 때 자동으로 이미지의 전체 캔버스 사이즈를 확장하여 모든 Artboard가 표시되도록 설정합니다. 이
   옵션을 해제하면 새 Artboard가 기존 이미지의 캔버스 경계를 벗어날 경우 일부 또는 전체가 작업 화면에 표시되지 않습니다.
❸ Keep Relative Position During Layer Reordering 이미지 요소를 Artboard에서 다른 Artboard로 복제할 때 복제된 이미지 요소가 Artboard의
   좌측 상단을 기준으로 동일한 위치에 복제되도록 설정합니다. 이 기능은 [Layers] 패널을 이용하여 이미지 요소를 복제할 때만 유효합니다.

다중 레이어 스타일 확장하기

Photoshop CC 2015는 하나의 레이어에 다중 레이어 스타일 효과를 적용할 수 있습니다. 다중 레이어 스타일을 적용할 수 있는 효과에는 Stroke, Inner Shadow, Color Overlay, Gradient Overlay, Drop Shadow가 있습니다. 이 효과들은 [Layer Style] 대화상자 목록의 오른쪽에 ⊞ 아이콘으로 표시됩니다. ⊞ 아이콘을 클릭하면 같은 종류의 효과를 하나 더 추가할 수 있습니다.

∷ Stroke 레이어 스타일을 두 개 적용했을 때

◉ 예제 파일
Sample\1부\Theme00\스타일.psd

01 [Layer Style] 대화상자의 효과 목록에 [Stroke] 항목이 표시되는 것을 확인할 수 있습니다. 그리고 선택한 레이어에 [Stroke] 레이어 스타일이 적용된 것을 확인할 수 있습니다.

02 [Layer Style] 대화상자의 [Stroke] 효과에서 ⊞ 버튼을 클릭하여 또 다른 [Stroke] 효과를 추가합니다. 이 버튼이 있는 경우에는 해당 메뉴를 반복하여 추가로 사용할 수 있습니다. [Layer Style] 대화상자의 효과 목록에 두 개의 [Stroke] 항목이 표시되는 것을 확인할 수 있습니다. 새로 추가된 효과는 기존의 것과 같은 세부 설정을 가진 채로 생성되지만, 각 효과의 목록을 클릭하면 기존 효과와는 별개로 세부 사항을 설정할 수 있습니다.

[Layer Style] 표시 활용
목록 아래의 화살표 아이콘(⬇)을 이용하면 새롭게 추가된 효과와 기존 효과의 표시 순서를 변경할 수 있습니다. 목록의 상위에 위치한 효과가 이미지에서도 상위에 표시됩니다. 표시 순서 변경은 동일한 종류의 레이어 스타일 효과 내에서만 가능합니다. 추가된 효과 중 필요 없는 것은 오른쪽의 휴지통 아이콘(🗑)을 클릭하여 삭제할 수 있습니다. [Layer Style] 대화상자를 닫은 후 [Layers] 패널의 목록을 드래그하여 효과의 순서를 변경할 수 있습니다.

03 [Layer Style] 좌측 하단의 아이콘(*fx.*)을 클릭하면 팝업 메뉴가 나타납니다. 이 목록에서 [Delete Hidden Effects] 항목을 클릭하면 현재 사용하지 않는 효과의 목록을 [Layer Style] 대화상자에서 숨길 수 있습니다. 필요 없는 효과의 목록을 배제한 채 간소화된 목록을 이용하여 작업을 진행할 수 있습니다.

◉ [Curves] 포인트
직접 그래프에 마우스 버튼을 클릭하거나 [Ctrl]+클릭하면 포인트를 추가할 수 있습니다. 총 14개의 포인트를 추가할 수 있습니다. 그래프 영역 밖으로 드래그하여 제거할 수도 있습니다.

클릭

04 두 개의 [Stroke] 효과를 제외한 나머지 효과의 목록이 숨김 상태로 적용된 모습입니다. 목록을 다시 원래대로 되돌리려면 [Show All Effects] 항목을 선택합니다.

선택

∷ Drop Shadow 레이어 스타일을 세 개 적용했을 때

하나의 레이어에 여러 개의 그림자 효과를 추가한 모습입니다. 이처럼 다중 레이어 스타일 기능을 활용하면 여러 개의 광원으로 인해 그림자가 드리워진 모습을 형상화하거나 더욱 입체감 있는 한 개의 그림자 효과를 추가하는 등의 작업을 손쉽게 완성할 수 있습니다.

:: Smart Objects에 보정 기능 직접 사용하기

Photoshop CC 2015는 스마트 오브젝트에 직접적인 보정 기능을 사용할 수 있도록 변경되었습니다. 이전 버전의 포토샵에서 스마트 오브젝트에 보정 기능을 적용하려면 조정 레이어(Adjustment Layer)를 이용하거나 스마트 오브젝트의 원본 이미지를 다른 이미지 탭에서 수정하는 방법 등을 사용해야 했습니다.

◉예제 파일
Sample\1부\Theme00\테마
11.jpg

01 예제 이미지를 포토샵으로 불러온 후 메뉴의 [Layer-Smart Objects-Convert to Smart Object]를 클릭하면 'layer 0' 레이어가 스마트 오브젝트로 변환됩니다.

02 위의 그림처럼 [Layers] 패널을 통해 변환된 스마트 오브젝트를 확인할 수 있습니다. [Image-Adjustments-Curves]를 선택합니다(단축키: Ctrl + M).

03 위에서 선택한 [Curves]를 스마트 오브젝트에 직접 적용한 모습입니다. [Layers] 패널을 살펴보면 [Curves] 기능이 사용되었다는 것을 알 수 있도록 목록에 표시됩니다.

04 또 다른 보정 기능인 메뉴의 [Image-Adjustments-Color Balance]를 클릭하여 추가로 적용한 모습입니다. [Layers] 패널에서 표시되는 목록은 적용한 기능의 순서에 따라 아래에서부터 위로 정렬됩니다. 적용된 기능의 목록을 드래그하면 순서를 변경할 수 있습니다.

05 [Smart Filters] 사용에 익숙한 사용자는 눈치챘겠지만, 이렇게 적용된 보정 기능은 기존 [Smart Filters] 작동 방식과 원리가 동일합니다. [Layer] 패널에서 'Smart Filters'라는 이름을 가진 마스크를 편집하면 적용된 기능의 영역을 마음대로 편집할 수 있습니다. [Color Balance]의 [Blending Options] 아이콘(조)을 더블클릭하면 보정 작업의 혼합 방법도 별도로 설정할 수 있습니다.

06 [Blending Options] 대화상자에서 'Overlay' 블렌딩 모드로 설정합니다. 스마트 오브젝트에 직접 보정 기능이 적용된 것을 확인할 수 있습니다.

07 [Layers] 패널에서 그림에 표시한 버튼을 클릭하면 스마트 오브젝트에 적용된 모든 기능의 목록을 접어둘 수 있습니다.

클릭

Smart Object 직접 보정 기능
스마트 오브젝트에 직접 보정 기능을 적용할 수 있도록 변경됨에 따라 원본 이미지를 보존하면서 작업할 수 있는 또 다른 방식을 사용할 수 있게 되었습니다. [Layers] 패널을 간결하게 정리할 수 있음은 물론, 여러 개의 레이어로 이루어진 이미지를 한층 유연한 방법으로 작업할 수 있는 길이 열린 셈입니다.

:: Camera Raw의 새로운 기능 디헤이즈(Dehaze)

Photoshop CC 2015의 [Camera Raw Filter]에 새롭게 추가된 '디헤이즈(Dehaze)'는 사진 속에 나타난 희뿌연 안개를 간단하게 제거하거나 좀 더 짙은 안개의 느낌을 만들 때 사용할 수 있습니다. 이는 Photoshop CC 2015와 Lightroom CC 2015에 추가된 기능으로, 이 효과는 [Dehaze] 슬라이더 옵션만으로 간단하게 만들 수 있습니다.

● 예제 파일
Sample\1부\Theme00\디헤이 즈.jpg

01 단축키 Ctrl+O 로 안개나 연기가 있는 사진을 불러온 후 메뉴의 [Filter-Camera Raw Filter]를 선택합니다(단축키: Shift+Ctrl+A).

❶ 클릭

❷ 선택

02 [Camera Raw] 패널의 [Effects] 아이콘(*fx.*)을 선택합니다.

선택

03 Photoshop CC 2015에서 새롭게 추가된 Dehaze가 가장 먼저 눈에 띕니다. 슬라이더를 오른쪽
으로 이동한 후 '+80'을 입력합니다. 사진 속의 안개가 사라지는 것을 확인할 수 있습니다.

입력

04 반대로 '-60'을 입력합니다. 원본보다 안개가 자욱해진 것을 확인할 수 있습니다.

'Camera Raw' 이미지 데이터
'Camera Raw' 이미지 데이터는 디지털 카메라에서 사용하는 이미지 파일 포맷으로, 디지털 네거티브 필름이라고 볼 수 있습니다. 보통 디지털 카메라에서는 촬영한 이미지를 'JPEG'이나 'TIFF'로 저장하지만, 'RAW' 포맷을 사용하는 경우도 있습니다.
디지털 카메라에서 사용하는 CCD(Charged Coupled Device)나 CMOS는 빛의 강약만을 기록할 뿐, 색상을 판단하지 못하기 때문에 보정 필터를 사용해 빛의 강약을 색상으로 판단하는 것입니다. 이렇게 필터를 통과해 색상으로 인식된 값들을 주변 픽셀의 색상을 참고하여 24비트의 'JPEG'나 'TIFF' 이미지로 바꾸게 됩니다. 'JPEG'는 압축률이 높아질수록 화질이 떨어지고, 'TIFF'의 화질에는 손상이 가지 않지만 용량이 엄청나게 커진다는 단점이 있습니다. 반면, 보정 필터를 거치지 않은 상태의 Raw 데이터는 원본 화질을 손상시키지 않으면서도 파일 크기가 작다는 장점이 있습니다.
RAW 데이터는 24비트의 'JPEG'나 'TIFF' 이미지로 변환되기 전 'CCD'나 'CMOS'에 기록된 12비트 이미지 데이터입니다.

메모
MEMO

사진 보정 기법

사진의 구도와 방향 역시 이미지의 분위기를 좌우하는 또 다른 요소로, 사진이 어떤 방향인지에 따라 시각적으로 두드러져 보이기도 합니다. 이번 테마에서는 가장 기본적이면서도 중요한 개념인 이미지를 색상과 사진의 구도 및 방향 변경 마법사를 이용하여 다뤄보겠습니다.

LESSON

01 사진의 노출 보정 및 색상 편집하기

일반적으로 노출을 보정할 때는 Levels나 Curves를 주로 사용하지만, 경우에 따라서는 레이어 블렌딩 모드를 이용하여 노출을 보정하기도 합니다. 레이어 블렌딩 모드를 이용하면 단순히 어두운 사진을 밝게, 밝은 사진을 어둡게 만들 뿐만 아니라 하이라이트와 섀도에 서로 다른 효과를 적용하여 사진을 입체적으로 보정할 수도 있습니다.

핵심기능 ▶ 사진의 톤과 색조 수정하기

∷ Color Balance 이해하기

Color Balance는 이미지의 섀도 영역(Shadows), 중간 영역(Midtones), 하이라이트 영역(High-lights)을 선택하여 서로 보색이 되는 컬러 값을 증가시키거나 감소시켜 색상을 조정하는 방식입니다. 보통 이미지의 전체적인 분위기를 좌우하는 중간 영역(Midtones)을 조정하여 사용합니다. 참고로 순수한 검은색과 순수한 흰색은 영향을 받지 않습니다.

[Color Balance] 대화상자

[Color Balance] 보정 레이어 패널

❶ **Color Balance** 보색의 컬러 슬라이드 바를 이동하여 색상을 조정합니다.

❷ **Color Levels** 아래의 컬러 변경에 따른 값을 출력합니다.

❸ **Shadows** 어두운 톤 컬러를 조정합니다.

❹ **Midtones** 중간 톤 컬러를 조정합니다.

❺ **Highlights** 밝은 톤 컬러를 조정합니다.

❻ **Preserve Luminosity** 체크를 하면, 이미지의 명암과 콘트라스트가 유지된 상태에서 색상만 조정됩니다.

:: Curves 이해하기

[Curves] 명령은 Input, Output을 두 축으로 하는 대각선 그래프의 곡선을 조정하여 사진의 톤과 색조를 수정합니다. 그래프의 가로축은 이미지 내 픽셀의 밀도 분포(Input)에 해당하고, 세로축은 색상의 변화(Output)에 해당합니다. Curve 곡선의 변화 정도를 크게 적용하여 명암이 반전되는 효과나 색조의 왜곡 효과를 만들 수 있습니다.

○ [Curves] 대화상자 메뉴의 [Channel]에서 전체 또는 개별 Channel의 편집을 선택할 수 있습니다. 그래프에 포인트를 추가, 이동시켜 곡선을 형성합니다. 포인트는 직접 그래프에 마우스 버튼을 클릭하거나 사진에 마우스 포인터를 올려 놓고 Ctrl +클릭으로 추가할 수 있습니다. 총 14개의 포인트를 추가할 수 있으며, 추가된 포인트는 그래프 영역 밖으로 드래그하여 제거할 수도 있습니다.

[Curves] 대화상자

❶ Preset 미리 설정된 값을 통해 이미지를 보정할 수 있습니다.

❷ Channel 보정하고자 하는 채널만 선택하여 색상을 조정할 수 있습니다.

❸ 패스 버튼(◠)와 연필 버튼(✎) 연필 버튼(✎)을 클릭하면 사용자가 직접 그래프를 그려 넣을 수 있습니다. 그래프의 패스가 부드럽지 못할 경우, 패스 버튼(◠)을 클릭하면 적당한 영역 안에 포인트가 생겨 패스가 부드러워집니다.

❹ 색상 스포이트 스포이트로 선택한 픽셀을 기준으로 명암 단계가 재조절됩니다.
- ✎ [Set Black Point]: 선택한 픽셀이 이미지의 가장 어두운 단계가 됩니다.
- ✎ [Set Gray Point]: 선택한 픽셀이 이미지의 중간 단계가 됩니다.
- ✎ [Set White Point]: 선택한 픽셀이 이미지의 가장 밝은 단계가 됩니다.

❺ Auto 이미지의 색상 대비를 자동으로 설정합니다.

곡선의 변형 정도를 크게 적용한 경우

연필 툴(✎)을 이용한 곡선 생성

색감이 풍부한 배경 사진으로
보정하기

01

예제 파일 Sample\1부\Theme01\Lesson01\color-1.jpg
완성 파일 Sample\1부\Theme01\Lesson01\color-1-완성.jpg

키 워 드 [Color Range], [Color Balance] 대화상자를 이용한 하늘과 바다의 색상 보정
길라잡이 사진처럼 파랗고 깊은 하늘색과 바다색을 원한다면 지금부터 차근차근 따라해보기 바랍니다. 후보
정을 할 때 많이 하는 실수 중 하나는 사진 전체에 색보정을 하는 것입니다.

01 사진에서 보정하고자 하는 주체는 하늘과 바다입니다. 다른 부분을 보정하지 않아도 된다면, 하늘과 바다를 배경에서 분리해 따로 색보정을 하는 것이 효율적입니다. 먼저 메뉴의 [Select-Color Range]를 클릭합니다. 그리고 샘플 컬러에서 하늘색과 가장 가까운 톤인 Cyans나 Blues를 선택하면 되는데, 이번 예제에서는 Cyans를 선택합니다.

Fuzziness 기능

프리뷰 이미지를 보는 방법 중 검은색 부분은 비선택 영역이며, 흰색에 가까울수록 선택한 톤과 일치하기 때문에 그 부분이 선택 영역입니다. 선택된 부분의 농도가 진하면 디스플레이 상 선택 영역이 표시되고, 농도가 흐리면 표시되지 않습니다.

02 **01** 보통 색보정을 할 때 가장 많이 사용하는 [Color Balance]를 선택하기 위해 [Layer] 패널에서 [Background]를 선택한 후 [Create New Fill Or Adjustment Layer(◑)] 버튼을 클릭하여 [Color Balance]를 선택합니다. 그런 다음 **02** [Color Balance] 대화상자에서 Shadows 톤을 클릭한 후 Blue 슬라이더를 그림처럼 설정합니다.

03 다시 한 번 [Color Balance]를 선
택하기 위해 [Layer] 패널에서
[Color Balance 1]을 선택한 후
[Create New Fill Or Adjustment
Layer()] 버튼을 클릭하여 [C
-olor Balance]를 선택합니다. 그
런 다음 03 [Color Balance] 대화
상자에서 Highlights 톤으로 설정
한 후 각 슬라이더를 그림처럼 설
정합니다.

평범한 사진에서
탈출하기

02

예제 파일　Sample\1부\Theme01\Lesson01\color-2.jpg
완성 파일　Sample\1부\Theme01\Lesson01\color-2-완성.jpg

키 워 드　[Color Range], [Color Balance] 대화상자를 이용하여 숲의 느낌을 살리는 색상 보정
길라잡이　평범해 보이는 숲의 색감이 좀 더 광범위하게 표현되도록 색감을 보정합니다.

01 메뉴의 [Select-Color Range]를 클릭합니다. 그런 다음 스포이트(✎) 툴로 배경의 녹색 톤을 클릭합니다. 이렇게 하면 비슷한 톤만 전부 선택됩니다. 그림처럼 슬라이더 바를 조절하면 선택 범위를 조절할 수 있습니다. 그림에서 녹색 톤이 들어간 부분이 모두 흰색으로 바뀌었는데, 바로 이 부분이 선택된다는 의미입니다.

02 01 [Layer] 패널에서 [Background]를 선택한 후 [Create New Fill Or Adjustment Layer (◑)] 버튼을 클릭하여 [Color Balance]를 선택합니다.

02 [Color Balance] 대화상자에서 Green 슬라이더 바를 움직여서 숲의 느낌을 더 줍니다. 다소 과장되게 보정했지만 실제로 보정할 때는 Green 슬라이더를 아주 살짝만 올려 평범한 느낌이 나지 않을 정도로만 보정하는 것이 좋습니다.

흐릿한 사진
밝게 보정하기

03

예제 파일 Sample\1부\Theme01\Lesson01\하와이.jpg
완성 파일 Sample\1부\Theme01\Lesson01\하와이-완성.jpg

키 워 드 [Color Range], [Curves], [Color Balance] 대화상자를 이용한 노출 값과 채도를 조절
길라잡이 노출이 과하면 사진이 전체적으로 밝게 나와 흐릿해 보입니다. 보정 후(After)의 사진 역시 빛이 많
이 들어오면서 전체적으로 흐릿한 이미지로 보입니다.

01 새로운 이미지를 불러오기 위해
단축키 Ctrl+O를 누르거나 메뉴
의 [File-Open]을 클릭합니다.
[Open] 대화상자에서 이미지를
불러옵니다.

메뉴의 [File-Open]을 클릭하여 이미지를 작업 공간으
로 불러와도 되지만, 단축키 Ctrl+O를 이용하면 이미
지를 더 빨리 불러올 수 있습니다.

Ctrl+O

02 사진을 불러온 후 하이라이트를
선택하기 위해 01 메뉴의 [Select-
Color Range]를 선택합니다.
02 [Color Range] 대화상자가 나
타나면 [Select] 항목에서 'High
lights'를 선택한 후 [OK] 버튼을
클릭합니다. 사진 이미지에 자동
으로 밝은색 영역인 하이라이트만
선택 영역으로 만들어집니다.

STEP 02 블렌딩 모드 적용하기

① Ctrl + J ② 설정

01 단축키 Ctrl + J 를 누르면 'Back-ground' 레이어에서 선택 영역만 새 레이어로 복사됩니다. [Layers] 패널에서 복사된 'Layer 1' 레이어의 [블렌딩 모드]를 'Soft Light', [Opacity]를 '100%'로 설정하면 하이라이트가 좀 더 밝게 표현됩니다.

③ 설정

02 섀도 레이어를 만들기 위해 하이라이트 레이어에서 01 Ctrl 을 누른 채 'Layer 1' 레이어를 클릭하여 선택 영역으로 만든 후 02 단축키 Shift + Ctrl + I 를 눌러 선택 영역을 반전합니다.

① Ctrl + 클릭

② Shift + Ctrl + I

STEP 03 [Color Balance] 대화상자 적용하기

① Ctrl + J ② 설정

01 01 'Background' 레이어를 선택한 후 단축키 Ctrl + J 를 눌러 선택 영역을 새 레이어로 만듭니다.
[블렌딩 모드]를 'Overlay', [Opacity]를 '70%'로 설정하면 섀도가 아래쪽 이미지와 혼합되어 좀 더 선명해집니다. 그리고 02 [Layer] 패널에서 'Layer 2'를 선택한 후 [Create New Fill or Adjustment Layer] 버튼(◉.)을 클릭하여 [Color Balance]를 선택합니다.

③ 설정

④ 선택

Solid Color...
Gradient...
Pattern...

Brightness/Contrast...
Levels...
Curves...
Exposure...

Vibrance...
Hue/Saturation...
Color Balance...
Black White...
Photo Filter...
Channel Mixer...
Color Lookup...

Invert
Posterize...
Threshold...
Gradient Map...
Selective Color...

⑥ 선택

⑤ 클릭

02 [Layer] 패널에 새롭게 추가된
'Color Balance 1' 레이어를 확
인할 수 있습니다. **01** 'Color
Balance 1' 보정 레이어를 추가
한 후 **02** 전체적으로 파란색을 보
정하기 위해 [Midtones] 값을 그
림과 같이 설정합니다(Cyan:
-10, Magenta: 0, Yellow: 10).

STEP 04 또 다른 [Color Balance] 대화상자 적용하기

01 **01** 'Color Balance 1' 보정 레이
어를 추가한 후 **02** 전체적으로 파
란색을 보정하기 위해 Highlights
값을 그림과 같이 설정합니다.

02 **03** 다시 한 번 'Color Balance 1' 보정 레이어를 추가한 후 전체적으로 노란색을 보정하기 위해 **04** [Shadows] 값을 그림과 같이 설정합니다. 원본 이미지와 비교해 보면 선명하고 깊이가 살아 있는 색상을 가진 사진으로 보정된 것을 알 수 있습니다.

[Curves] 대화상자 알아보기

자유롭게 변하는 색상의 감마 곡선을 통해 이미지의 명도와 대비를 보정합니다. [Levels] 기능과 함께 색상 보정 기능으로 많이 사용됩니다.

만약 한 번의 보정으로 원하는 색감이 나지 않을 경우 [Color Balance]를 한 번 더 설정하면 좀 더 진하게 보정되며, 투명도도 알맞게 조절할 수 있습니다. 하지만 잘못하면 질리는 사진으로 변할 수 있으므로, 필요 이상의 색보정은 하지 않는 것이 좋습니다.

■ [Curves] 대화상자

• Preset: 미리 설정된 값을 통해 이미지를 보정할 수 있습니다. ◉예제 파일 Sample\1부\Theme01\Lesson01\luxury.jpg

▲ [Curves] 대화상자

▲ [Curves] 보정 레이어 패널

▲ 원본

▲ [Color Negative(RGB)]의 경우

▲ [Lighter(RGB)]의 경우

▲ [Negative(RGB)]의 경우

▲ [Strong Contrast(RGB)]의 경우

02 사진 자동 보정 기능 알아보기

전체적으로 어두운 사진에 적당한 햇빛으로 밝게 노출하는 효과를 주기 위해 이미지 자동 보정 기능과 보정 명령어를 이용하면 보다 깔끔하게 사진 보정을 할 수 있습니다.

핵심 기능 Levels 이해하기

:: Levels란?

[Levels] 명령은 이미지의 톤과 색조 정보를 히스토그램(Histogram)으로 보여주거나 전체 또는 채널(Channel)별로 레벨(Level)의 범위를 조절하여 톤과 색조에 변화를 줄 수 있습니다. [Input Levels]의 Shadow, Midtone, Highlight의 위치를 그래프 하단 슬라이더를 움직여 조절할 수 있고, 하단 그레이던트 막대의 슬라이더를 이용해 명암의 분포를 수정할 수도 있습니다.

❶ **Preset** 미리 설정된 값을 통해 이미지를 보정할 수 있습니다.

◉ 예제 파일
Sample\1부\Theme01\
Lesson02\별장.png

▲ [Default]의 경우

▲ [Darker]의 경우

▲ [Lighten Shadows]의 경우

❷ **Channel** 보정할 이미지의 채널을 선택합니다.

❸ **Input Levels** 명도 대비를 슬라이더로 조정할 수 있습니다. 왼쪽의 검은색 삼각형은 '섀도 영역'을, 가운데의 어두운 회색 삼각형은 '중간 영역'을, 오른쪽의 회색 삼각형은 '하이라이트 영역'을 조정할 수 있습니다.

❹ **Output Levels** 이미지 전체의 명도를 조정합니다. 이미지의 채도를 낮추기 때문에 자주 사용하지 않는 것이 좋습니다.

❺ **색상 스포이트** 스포이트로 선택한 픽셀을 기준으로 명암 단계가 재조정됩니다.
- 🖋 Set Black Point: 선택한 픽셀이 이미지의 가장 어두운 단계가 됩니다.
- 🖋 Set Gray Point: 선택한 픽셀이 이미지의 중간 단계가 됩니다.
- 🖋 Set White Point: 선택한 픽셀이 이미지의 가장 밝은 단계가 됩니다.

❻ **Auto** 이미지의 명도 대비를 자동으로 설정합니다.

기능
실습

사진에
햇빛 노출 효과 표현하기

01

예제 파일 Sample\1부\Theme01\Lesson02\노출.jpg
완성 파일 Sample\1부\Theme01\Lesson02\노출—완성.png

키 워 드 [Levels] 이미지 보정을 이용하여 노출과 콘트라스트를 설정
길라잡이 원본 사진을 밝은 햇빛에 노출된 듯한 느낌으로 만드는 효과를 알아봅니다.

01 새로운 이미지를 불러오기 위해 Ctrl+O를 누르거나 메뉴의 [File-Open]을 클릭합니다. 그런 다음 [Open] 대화상자에서 이미지 하나를 불러옵니다.

02 메뉴의 01 [Image-Auto Tone]을 선택한 후 자동으로 우리 눈에 자연스러워 보이도록 보정합니다. 자동으로 보정한 사진과 02 [Histogram] 그래프입니다.

03 메뉴의 [Image-Auto Contrast]를 선택한 후 전체 사진을 강조하는 보정을 하여 좀 더 선명한 사진을 표현합니다.

04 메뉴의 [Image-Auto Color]를 선택한 후 [Histogram] 그래프에서 색상 값을 변화시켜 붉은빛을 띠는 사진을 보정합니다.

STEP 02 [Levels]를 이용해 보정하기

01 [Levels] 패널에서 [Levels] 보정 레이어를 사용하여 보정해보겠습니다.
[Layers] 패널 하단의 [Create New Fill Or Adjustment Layer] 버튼(⊘)을 클릭한 후 [Levels]를 선택합니다.

02 [Properties-Levels] 보정 레이
   어 패널로 변경되면 중간 슬라이
   더를 왼쪽 섀도 방향으로 드래그
   합니다. 하이라이트 슬라이더가 위
   치한 부분의 색이 현재 이미지에
   서 밝게 바뀝니다.

03 왼쪽의 섀도 슬라이더를 오른쪽으
   로 드래그하여 어두운 색상을 조
   정합니다.

04 오른쪽의 섀도 슬라이더를 왼쪽으
   로 드래그하여 밝은 색상으로 조
   정합니다.

02
듀오톤 사진 만들기

예제 파일 Sample\1부\Theme01\Lesson02\기쁨-53.jpg
완성 파일 Sample\1부\Theme01\Lesson02\기쁨-53-완성.jpg

키 워 드 [Desaturate] 명령으로 흑백 사진 변환, [Curves] 명령으로 채널 설정
길라잡이 듀오톤 사진을 만들기 위해 Duotone, Color Balance, Black & White, Curves 등 여러 가지 메뉴
를 사용합니다.

01 기본적인 방법을 이용하여 듀오톤 이미지를 만들어 보겠습니다. 듀오톤 이미지로 만들기 위해 가장 먼저 **01** 메뉴의 [Image-Mode-Grayscale]을 선택하면 나타나는 **02** [메시지] 창에서 [Discard] 버튼을 클릭합니다.

02 본격적으로 듀오톤 사진을 만들기 위해 메뉴의 [Image-Mode-Duotone]을 선택합니다.

03 [Duotone Options] 대화상자가 나타나면 [Type] 항목의 드롭다운 버튼을 클릭하여 [Tritone]을 선택합니다.

01 [Ink2]의 색상 상자를 클릭하여 [Color Libraries] 대화상자가 나타나면 [Picker] 버튼을 클릭합니다. [Select Ink Color] 대화상자가 나타나면 원하는 색상을 선택한 후 [OK] 버튼을 클릭합니다.

02 [Ink2]의 색상 상자에 색상이 추가되고 이미지 전체 색상도 변경된 것을 확인할 수 있습니다. [Ink2]의 색상 이름을 입력합니다.

03 [Duotone Options] 대화상자가 나타나면 [Ink 3]의 색상 상자를 클릭합니다. [Select Ink Color] 대화상자가 나타나면 원하는 색상을 선택한 후 [OK] 버튼을 클릭합니다. 그런 다음 [Duotone Options] 대화상자가 나타나면 [Ink 3]의 색상 이름을 입력합니다.

01 [Duotone Options] 대화상자가 나타나면 [Ink 2]의 그래프 사각형을 클릭합니다. [Duotone Curve] 대화상자가 나타나면 그래프의 대각선 중간 부분을 약간 위로 드래그하여 전체적으로 노란색이 더 많이 적용되도록 설정하고 [OK] 버튼을 클릭합니다.

02 위와 같은 방법으로 [Ink 3]의 [Duotone Curve] 값을 그림과 같이 설정합니다. 은은한 색상이 가미된 듀오톤 이미지가 완성되었습니다.

Duotone Mode

이미지의 색상은 Grayscale에서만 변환할 수 있습니다. 은은한 분위기는 책표지나 바탕화면으로 많이 사용되고 있습니다.

■ [Duotone Options] 대화상자 이해하기

듀오톤 모드는 흑백 사진 느낌을 좀 더 살리기 위해 다른 색상을 추가하여 덧씌운 것을 말합니다.

❶ **Type** 총 네 가지의 잉크 색상을 지정할 수 있습니다. 선택한 색상 수에 따라 아래의 색상 선택 사각형이 활성화됩니다.

❷ **색상 선택** [Cube] 대화상자에서 색상의 분포도를 조정합니다. 사용자가 원하는 색상을 선택합니다.

❸ **Duotone Curve** 선택한 색상이 이미지에 적용될 때 명도와 콘트라스트를 세밀하게 조정합니다.

❹ **Overprint Colors** 혼합된 색상의 배합을 재조정할 수 있습니다.

■ Adjustment Layer의 활용

• 원본 사진을 손상하지 않은 상태에서 작업을 진행하여 결과물을 만들기 위해 [Adjustment Layer]를 활용합니다.

• 메뉴의 [Layer–New Adjustment Layer]에 포함된 명령들로 [Image–Adjustments] 메뉴에 포함된 명령들과 동일합니다.

• 이미지 레이어 자체에 명령이 적용되지 않고 새로운 톤과 색조 보정을 위한 레이어가 추가된다는 점이 다릅니다.

• 이미지에 포함된 [Adjustment Layer]에는 톤과 색조 보정을 위해 사용한 옵션 설정도 포함되어 있기 때문에 작업 과정과 차후의 수정 과정이 편리합니다.

• PSD 포맷으로 파일을 저장해야 하기 때문에 작업용 파일과 최종 파일 두 개가 생성된다는 불편을 초래할 수 있습니다.

• [Adjustment Layer]는 [Layers] 팔레트 하단의 [Create New Fill or Adjustment Layer] 버튼( )으로 추가할 수 있습니다.

LESSON

03 색상 편집 도구 활용하기

가끔 사진 전체의 분위기에 변화를 주어 이미지를 보완해야 할 경우가 있습니다. 이미지의 배경 색상을 바꿔 전혀 다른 분위기의 사진을 만들어 보겠습니다.

 ## Hue/Saturation 이해하기(Ctrl + U)

[Hue/Saturation] 명령은 사진의 전체 혹은 특정 색상 범위를 기준으로 색조, 채도, 명도를 제어할 수 있습니다. [Hue/Saturation] 대화상자 메뉴의 [Edit]를 통해 Master(전체), Red, Yellow, Green, Cyan, Magenta의 색상 범위를 선택하여 제어 범위를 결정합니다.

❶ Edit 보정하고자 하는 색상을 선택합니다. 'Master'를 선택하면 이미지 전체의 컬러를 보정합니다.

❷ Target Adjustment Tool 클릭한 후 이미지의 색상을 직접 클릭하면, [Edit] 항목에 해당하는 색상이 선택되면서 Saturation(채도)이 조정됩니다.

❸ Hue 색상값을 보정합니다. 슬라이더 바를 조절하여 범위를 재조정할 수 있습니다.

❹ Saturation 채도를 조정합니다. 값이 '-100'이 되면 흑백 이미지가 됩니다.

❺ Lightness 명도를 조정합니다.

❻ Colorize 모노톤으로 바꿀 수 있습니다. 'Hue'를 이동시키면 다양한 컬러의 모노톤 이미지를 얻을 수 있습니다.

❼ 스포이트 보정할 색상 영역을 스포이트를 이용하여 확장하거나 축소할 수 있습니다.

❽ 색상 영역 보정할 색상 영역을 드래그하여 확장하거나 축소할 수 있습니다.

![기능 실습]

단색 이미지
만들기

01

예제 파일 Sample\1부\Theme01\Lesson03\단색.jpg
완성 파일 Sample\1부\Theme01\Lesson03\단색-완성.png

키 워 드 단색 색상을 위한 [Hue/Saturation] 대화상자의 [Colorize] 항목 적용
길라잡이 사진을 분위기 있는 단색 이미지로 변환하여 전혀 다른 분위기를 연출합니다.

01 메뉴의 [Image-Adjustments-Replace Color]를 클릭하여 (단축키: Ctrl+U) [Hue/Saturation] 대화상자를 작업 공간으로 불러옵니다.

◉ 예제 파일
Sample\1부\Theme01\Lesson03\단색.jpg

02 [Hue/Saturation] 대화상자에서 [Colorize] 항목에 체크하고 색상이 마음에 들 때까지 [Hue] 슬라이드를 조절합니다.

◉ Hue
Hue 값은 -180~+180으로 이루어져 있습니다. 이는 원형 색상환의 각도를 기준으로 합니다. [Hue] 슬라이드의 + 방향은 색상환의 시계 방향 회전이고, - 방향으로 옮기는 것은 반시계 방향 회전에 해당합니다.

03 [Hue] 슬라이드 바를 움직인 것만으로도 전혀 다른 분위기가 연출됩니다. 단색 이미지는 색상을 많이 분산시키지 않고 잘 섞이므로 이미지가 별로 복잡해지지 않기 때문입니다.

흑백 이미지를
단색 이미지로 변경하기

02

예제 파일 Sample\1부\Theme01\Lesson03\단색[1].jpg
완성 파일 Sample\1부\Theme01\Lesson03\단색[1]-완성.png

키 워 드 흑백 사진에 [Hue/Saturation] 대화상자와 RGB Color 모드를 적용
길라잡이 단순한 흑백 이미지가 한층 더 분위기 있는 단색 이미지로 바뀝니다.

01 흑백 이미지를 불러옵니다. 이 이미
지에 색상을 추가하려면, 먼저 메
뉴의 [Image-Mode-RGB Color]
를 선택하여 이미지를 RGB 모드
로 변환해야 합니다.

◉ 예제 파일
Sample\1부\Theme01\Lesson03\단색[1].jpg

02 [Ctrl]+[U]를 누르면 [Hue/Satu-
ration] 대화상자가 나타납니
다. [Colorize] 항목에 체크한
후 [Hue] 슬라이드를 조절하고,
[Saturation] 값을 올려 색상의
강도를 높입니다.

03 [Hue/Saturation] 대화상자에
서 [Hue]와 [Saturation] 값을
조절하는 것만으로도 분위기 있
는 단색 이미지로 바뀝니다.

이미지
색상 바꾸기

03

예제 파일 Sample\1부\Theme01\Lesson03\색상변경.jpg
완성 파일 Sample\1부\Theme01\Lesson03\색상변경-완성.png

키 워 드   색상을 변경하기 위해 [Hue/Saturation] 대화상자에서 스포이드 툴(🖋)을 이용해 이미지 색상
선택
길라잡이   스타일은 좋은데 색상이 마음에 들지 않아 안타까운 사진 하나를 골라 원하는 색상으로 변경해봅
니다.

01 3D 캐릭터가 가득한 사진입니다. 이미지의 다른 부분에는 전혀 영향을 주지 않으면서 돼지 저금통의 색상을 그린색으로 변경합니다.

● 예제 파일
Sample\1부\Theme01\Lesson03\색상변경.jpg

02 Ctrl+U를 눌러 [Hue/Satura-tion] 대화상자가 나타납니다. [Edit] 항목을 클릭하면 드롭다운 메뉴가 나타나는데, 그 중에서 바꾸고자 하는 색상과 가장 가까운 색상을 선택합니다. 여기서는 'Magentas'를 선택합니다.

03 스포이트 툴(🖋)을 클릭한 후 돼지 저금통 이미지를 클릭하여 색상을 추출합니다. 이때 팔레트 아래쪽의 색상 슬라이더가 바뀌는 것을 볼 수 있습니다.

04 이것을 수동으로 움직여서 적용할 색상 범위를 조작할 수 있습니다. 안쪽 부분은 색상을 추출한 영역의 민감도를 결정하고, 바깥쪽 부분은 얼마나 부드럽게 할 것인지를 결정합니다. 또한 색상을 변경한 뒤에 부드러운 효과를 얻기 위해서 선택 영역을 변경하는 데도 사용할 수 있습니다.

Hue 슬라이더를 움직이면서 그린색 돼지 저금통 색상이 변경되는지 확인합니다.

배경 색상에
변화주기

04

예제 파일 Sample\1부\Theme01\Lesson03\변화.jpg
완성 파일 Sample\1부\Theme01\Lesson03\변화-완성.png

키 워 드 색상 변경을 위한 [Hue/Saturation] 명령 활용법
길라잡이 사진의 전체 또는 특정 색상 범위를 기준으로 색조, 채도, 명도를 제어할 수 있습니다.

01 **01**작업할 사진을 불러온 후 색상을 바꾸기 위해 **02**[Layer] 패널에서 [Create New Fill or Adjustment Layer] 버튼(●)을 클릭한 후 [Hue/Saturation]을 선택합니다. [New Layer] 창이 나타나면 [OK] 버튼을 클릭하여 [Layer] 패널에 새롭게 추가된 레이어를 확인할 수 있습니다.

02 [Properties-Hue/Saturation] 패널로 바뀌면 [Target Adjustment] 툴(●)을 클릭한 후 사진에서 색상 변경을 원하는 영역을 클릭합니다. 여기에서는 연한 나뭇잎 영역을 선택합니다.

03 [Properties-Hue/Saturation] 패널에서 [Hue]를 왼쪽으로 드래그하여 붉은 갈색으로 변경하고, [Saturation]을 오른쪽으로 살짝 드래그하여 채도를 높입니다. 앞에서 선택한 나뭇잎과 유사한 색상이 한꺼번에 변경됩니다.

다른 초록색 나뭇잎 선택하기/선택한 나뭇잎 색상 변경하기

01 [Properties-Hue/Saturation]
   패널에서 [Target Adjustment]
   버튼(🖐)을 선택하여 아직 변경되
   지 않은 나뭇잎을 클릭한 후 [Hue]
   와 [Saturation]을 좌우로 드래그
   하여 값을 변경합니다. 선택한 색상
   을 중심으로 나뭇잎의 색상이 모두
   변경됩니다.

02 초록색 영역이 남아 있다면 위와
   같은 방법을 사용하여 나뭇잎의
   색상을 모두 변경해보세요.

[Curves] 명령을 S자 곡선으로 만들기

01 작업할 사진을 불러온 후 색상을
   바꾸기 위해 메뉴의 [Layer-New
   Adjustments Layer-Curves]를
   선택합니다.

02 콘트라스트를 조금 올리기 위해
   [Properties-Curves] 패널을 연
   후 S자 곡선을 만들어주면 멋진 가
   을 사진이 완성됩니다.

◎ S자 곡선
Curves 그래프에 추가한 포인트를 좌측 상단 방향으로 이동시키면 톤이 밝아지고, 우측 하단 방향으로 이동시키면 어두
워집니다. 두 포인트를 추가하여 만든 S자 곡선은 사진의 Contrast를 증가시키는 데 사용되는 대표적인 곡선 형태입니다.

Replace Color

말 그대로 이미지 중의 일부 색상을 다른 색으로 바꿔주는 기능입니다. 바꿀 이미지의 색상 경계선이 뚜렷할수록 사용하기가 편합니다.

■ 단순한 색감을 교체하는 또 다른 방법! Replace Color

[Replace Color]는 변경하고자 하는 컬러 영역을 직접 선택하여 색상과 채도, 밝기 등을 변경하는 메뉴입니다. 메뉴의 [Image-Adjustments-Replace Color]를 클릭하면 [Replace Color] 대화상자가 나타나는데, 변경할 색상을 스포이트로 클릭하여 선택한 후 색상 값을 조정합니다. 그런 다음 추가 스포이트로 추가하고 싶은 영역을 클릭하면 색상 변경 영역이 확장됩니다.

❶ 스포이트 툴( ) 선택된 컬러 영역을 추가하거나 삭제할 수 있습니다.

❷ Color 스포이트 툴( )로 선택한 컬러를 보여줍니다.

❸ Fuzziness 슬라이더를 드래그하여 설정한 영역의 범위를 확장시킵니다.

❹ Selection 이미지 창에 그레이스케일 음영으로 선택 영역을 보여줍니다.

❺ Image 이미지 창에 실제 이미지가 나타납니다.

❻ Replacement 선택한 영역의 색상, 채도, 명도를 조정합니다.

❼ Result 선택한 색상을 보여줍니다.

■ [Color Picker] 대화상자에 대해 알아보기

[Color Picker] 대화상자에서는 도구 상자에 있는 전경색(Foreground Color)과 배경색(Background Color)을 클릭하여 이미지에 사용되는 색상을 지정할 수 있습니다.

• 전경색(Foreground): 화면에 페인팅 작업을 했을 때 나타나는 색상
• 배경색(Background): 지우개 툴 또는 Delete로 지웠을 때 나타나는 색상

색상 채우기 → 메뉴의 [Edit−Fill]
전경색(Foreground) 단축키: Alt + Delete
배경색(Background) 단축키: Ctrl + Delete

[Color Picker] 대화상자

❶ 현재 선택한 색상의 위치를 표시합니다.
❷ 선택한 색상 모드에 따른 색상들을 표시합니다.
❸ 이 옵션에 체크하면 웹에서 사용되는 216컬러로 나타납니다.
❹ 변경된 색상입니다.
❺ 현재 선택되어 있는 색상입니다.
❻ 웹에서 표현되는 색상의 명칭입니다.
❼ 현재의 색상을 RGB 모드의 색상 형태로 표시합니다.
❽ 현재의 색상을 CMYK 모드의 색상 형태로 표시합니다.

04 그라데이션을 이용하여 색채 구성하기

이번에는 [Gradient Map] 명령을 활용하여 이미지의 색채 재구성 과정을 살펴보겠습니다. 이 명령을 활용하면 듀오톤(Duotone) 이미지나 화려한 색채 구성 이미지를 표현할 수 있습니다. 또 이미지를 강조하기 위한 [Lens Blur] 필터를 활용하면 촬영 시 심도 변화를 크게 나타내는 아웃포커싱 효과를 만들 수도 있습니다.

핵심 기능 ▶ 색상 그라데이션으로 사진의 명암 재구성하기

∷ [Gradient Map] 명령 이해하기

[Gradient Map] 명령은 사진의 그레이스케일(Grayscale) 정보를 바탕으로 색채를 재구성합니다. 예를 들어 청색과 적색의 두 End Point를 지닌 Gradient Map을 적용하면 두 색상은 Shadow, Highlight로 지정되고, Midtone은 두 색상 사이의 그라데이션으로 채워집니다.

:: [Lens Blur] 명령 이해하기

[Lens Blur] 명령은 기본적인 Blur 형태인 Gaussian Blur와 달리 선택 영역 주변으로부터의 번짐 효과가 없기 때문에 정확한 영역 내에서의 Blur 적용 특성을 지닙니다.

:: [Lens Blur] 대화상자

❶ [Depth Map] 옵션 메뉴의 [Source]에서 Transparency, Layer Mask, Alpha Channel을 아웃 포커싱 효과의 척도로 삼을 수 있기 때문에 다양한 형태의 Gradient Blur를 제작할 수 있습니다.

❷ [Iris] 옵션 메뉴의 [Shape]에서 [Triangle(삼각형)~Octagon(팔각형)]을 클릭하여 번지는 모양을 선택합니다.

   • Radius 슬라이더: 번지는 정도를 지정합니다.

   • Blade Curvatue, Rotation 슬라이더: 회전율을 지정하여 보다 부드럽고 둥근 형태의 Blur를 적용합니다.

❸ [Specular Highlights] 옵션 Brightness, Threshold 슬라이더를 조절하여 Blur 영역의 Highlight를 조절합니다.

❹ [Noise] 옵션 Blur 영역에 노이즈 효과를 적용합니다.

◉ 예제 파일
Sample\1부\Theme01\
Lesson04\기쁨-98.jpg

▲ 원본

▲ [Lens Blur] 명령을 사용할 영역 선택

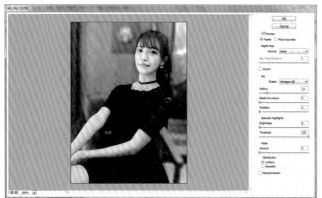

▲ [Lens Blur] 효과를 적용한 경우

▲ [Depth Map] 옵션의 Invert '체크'를 적용한 경우

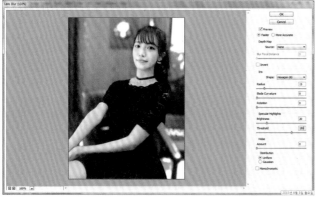

▲ [Specular Highlights] 옵션의 Brightness '20', Threshold '180'을 적용한 경우

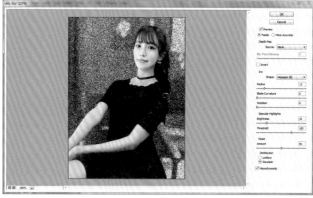

▲ [Noise] 옵션의 Amount '50', Gaussian '체크', Monochromatic '체크'를 적용한 경우

01
색채 재구성과
배경 흐리기

예제 파일 Sample\1부\Theme01\Lesson04\재구성.psd
완성 파일 Sample\1부\Theme01\Lesson04\재구성-완성.jpg

키 워 드 [Gradient Map] 명령, [Lens Blur] 명령의 활용법
길라잡이 [Gradient Map] 명령의 사용 과정과 [Lens Blur] 필터로 배경을 흐리게 표현하는 과정을 살펴봅니다.

01 새로운 이미지를 불러오기 위해
단축키 Ctrl+O를 누르거나 메뉴
의 [File-Open]을 클릭하면 나
타나는 [Open] 대화상자에서 이
미지를 불러옵니다. [Gradient
Map] 명령을 실행하여 특정 색
상 그라데이션으로 사진의 명암
을 재구성합니다.

02 **01** [Layer] 패널에서 [Create New
Fill or Adjustment Layer] 버튼
(⦿)을 클릭한 후 [Gradient Map]
을 선택합니다. **02** [Layer] 패널에
서 새롭게 추가된 레이어를 확인
할 수 있습니다.

03 [Gradient Map] 대화상자에서
Gradient 막대를 클릭한 후 **03**
[Gradient Editor] 대화상자를
열고 색상을 적용합니다. 그런 다
음 [OK] 버튼을 눌러 Gradient
설정을 적용하고, **04** [Gradient
Map] 대화상자에서 [OK] 버튼을
눌러 명령을 적용합니다.

클릭

STEP 02 'Alpha 1' 채널 불러오기

---

01 **01** 메뉴의 [Select-Load Selec-
tion]를 선택합니다.
　02 [Load Selection] 대화상자의
[Channel] 항목에서 원본 이미
지에 포함된 'Alpha 1'을 선택하
고, [OK] 버튼을 눌러 명령을 적
용합니다.

02 **03** 위에서 'Alpha 1'을 클릭한 영
역이 선택된 것을 확인할 수 있습
니다. [Layer] 팔레트에서 'Ba-
ckground' 레이어를 선택합니다.

Lens Blur 필터 적용하기

01 **01** 메뉴의 [Filter-Blur-Lens Blur]
를 선택합니다. **02** [Lens Blur] 대
화상자 기본 옵션 설정을 유지하
고, [OK] 버튼을 눌러 명령을 적용
합니다. 명령 적용 이후 메뉴의
[Select-Deselect]를 클릭하거나
단축키 Ctrl + D 를 눌러 선택 영역을
해제합니다.

02 지금까지 작업한 결과물을 확인할
수 있습니다.

그라데이션 필터를 이용하여
선명한 사진으로 보정하기

02

해설 동영상

예제 파일 Sample\1부\Theme01\Lesson04\하와이[1].jpg
완성 파일 Sample\1부\Theme01\Lesson04\하와이[1]-완성.jpg

키 워 드 [Vibrance] 명령과 [Gradient Fill] 명령의 활용법
길라잡이 스마트폰으로 촬영한 사진을 보면 사진이 뿌옇게 보일 때가 있습니다. 그런 사진을 좀 더 선명하게
보이도록 하는 방법을 알아봅니다.

STEP 01 [Vibrance] 명령으로 사진 보정하기

01 **01** [Open] 대화상자에서 촬영했던 사진들 중에 적절한 풍경 사진을 한 장 불러옵니다. **02** 그런 다음 [Layer] 패널에서 [Create New Fill or Adjustment Layer] 버튼(●)을 클릭한 후 [Vibrance]를 선택합니다.

① 클릭

Solid Color...
Gradient...
Pattern...

Brightness/Contrast...
Levels...
Curves...
Exposure...

Vibrance...
Hue/Saturation...
Color Balance...   ③ 선택
Black White...
Photo Filter...
Channel Mixer...
Color Lookup...

Invert
Posterize...
Threshold...
Gradient Map...
Selective Color...

② 클릭

[Vibrance] 대화상자
뿌연 이미지를 보정하는 효과를 주어야 하므로 [Vibrance]를 선택하여 색의 선명도를 높입니다.
• Vibrance: 색의 선명도를 높이는 기능
• Saturation: 전체적인 채도를 높이는 기능

02 그림과 같이 [Adjustment] 창에서 **01** [Vibrance] 항목의 값을 적절히 조절하면, **02** 사진의 전체적인 색이 선명해지는 것을 볼 수 있습니다.

01 [Layer] 패널에서 [Create New Fill or Adjustment Layer] 버튼 ( )을 클릭한 후 [Gradient]를 선택합니다.

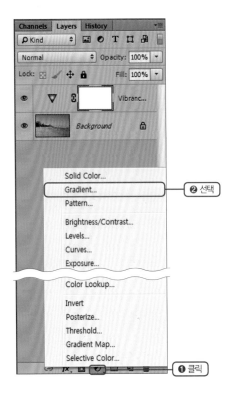

02 [Gradient Fill] 창에서 Gradient 바를 클릭하여 [Gradient Editor] 대화상자를 열고 그림처럼 색상을 적용합니다. 그런 다음 01 [Style]에서 [Reflected]를 선택하고 [Scale] 값은 '250%'로 설정하며, [Reverse]에 체크합니다. 그러면 02 사진에 검은색 그라데이션이 적용되는 것을 볼 수 있습니다.

01 그림처럼 'Gradient Fill 1' 레이어가 선택된 상태에서 블렌드 모드는 'Soft Light'를 선택합니다. 뿌연 느낌의 사진이 화사하고 선명한 느낌을 가진 사진으로 변경되었습니다.

02 작업할 사진을 불러온 후 색상을 바꾸기 위해 [Layers] 패널에서 [Create New Fill or Adjustment Layer] 버튼( )을 클릭한 후 [Curves]를 선택합니다. 콘트라스트를 조금 올리기 위해 [Proper-ties-Curves] 패널을 연 후 S자 곡선을 만들어주면 멋진 가을 사진이 완성됩니다.

선택

그레이디언트 툴의 [Gradient Editor] 대화상자

기존에 있는 그레이던트만으로도 충분히 색상을 넣을 수 있지만, 필요에 따라 사용자가 만들어 사용해야 하는 경우도 있습니다. 또는 기존에 있는 그레이던트에서도 약간의 색상을 바꾸고 싶을 때 [Gradient Editor]를 사용하지 못한다면 그레이던트 툴은 무용지물이 됩니다.

■ **그레이던트(Gradient)의 컨트롤 패널**

그레이던트는 어떤 색에서 다른 색으로 변화되는 과정을 나타내는 현상으로, 두 가지 이상의 색상을 자연스럽게 변화시키는 기능을 말합니다. 포토샵의 도구 상자에 있는 그라데이션 툴(■)을 사용하면 두 가지 이상의 색상을 자연스럽게 변화시킬 수 있습니다. 처음 클릭한 지점에서 드래그하여 마우스에서 손을 떼는 지점까지 적용됩니다.

❶ **Click To Edit Gradient(Gradient 편집 창)** ■■■ 클릭하면 편집 창이 실행됩니다. 어떤 색상의 그라데이션을 적용할 것인지를 지정합니다. 직접 그라데이션 색상을 만들어 이 목록에 저장할 수도 있습니다.

❷ **그레이던트(Gradient) 모드** ■■■■■ 포토샵에서 지원하는 그레이던트 스타일에는 다섯 가지가 있습니다. 마우스를 드래그하는 방향과 길이에 따라 그레이던트 효과가 다르게 나타납니다.

▲ 직선 그레이던트 ▲ 원형 그레이던트 ▲ 회전 그레이던트 ▲ 반사 그레이던트 ▲ 다이아몬드 그레이던트

❸ **Mode** 그레이던트에 블렌딩 모드를 적용합니다.

❹ **Opacity** 그레이던트 전체에 투명도를 적용합니다.

❺ **Reverse** 전경색과 배경색을 바꿔 색상을 적용합니다.

❻ **Dither** 이어진 부분의 색상이 뭉쳐 보이는 현상이 줄어들면서 그레이던트가 더 부드러워집니다.

❼ **Transparency** 그레이던트에 투명도를 적용할 수 있습니다. 단일 색상일 때 체크를 해제하면 한 가지 색으로만 나타납니다.

■ [Gradient Editor] 대화상자

❶ Presets 그레이던트의 목록을 보여줍니다.

❷ Name 그레이던트의 이름을 보여줍니다.

❸ Gradient Type 그레이던트의 타입을 설정합니다.

❹ Smoothness 부드러운 단계 정도를 설정합니다.

❺ Opacity Stops 그레이던트의 투명도를 조절합니다.

❻ Color Stops 그레이던트에 적용된 색상을 조절합니다.

❼ Load 저장된 그레이던트를 불러옵니다.

❽ New 새로운 그레이던트를 만듭니다.

Gradient 색상 아이콘

마우스로 슬라이드 라인 부분을 클릭하면 그레이던트에 적용된 색상을 추가할 수 있는 아이콘(⬆)이 생성됩니다. 이 아이콘(⬆)을 더블클릭한 후 색상을 선택하면 여러 가지 그레이던트를 만들 수 있고 클릭하여 드래그하면서 아래로 이동하면 아이콘(⬆)이 삭제됩니다.

■ [Radial Blur] 명령 이해하기

이미지가 빠르게 회전하거나 줌 아웃시킨 것 같은 효과를 줍니다.

[Radial Blur 명령의 Blur Center 설정 변화에 따른 결과 비교]

◉ 예제 파일
Sample\1부\Theme01\Lesson04\패턴.jpg

▲ 중앙 좌측을 기준으로 한 Blur 효과

▲ 중앙 하단을 기준으로 한 Blur 효과

05 다양한 그래픽 효과를 위한 사진 응용하기

사진의 인쇄 이미지 효과와 단순한 흑백 구성으로 표현되는 과정을 Gradient Map, Threshold, 필터 조합으로 작업합니다. 필터 기능을 사용해 낡은 종이 질감처럼 불규칙적으로 표현되는 특징을 작업합니다.

 [Threshold] 명령 및 패턴(Pattern) 이해하기

:: [Threshold] 명령

[Threshold] 명령은 컬러 또는 그레이스케일(Grayscale) 이미지를 흑과 백으로만 구성된 이미지로 교체합니다. 슬라이더를 [Threshold] 대화상자에 표시된 원본 이미지의 히스토그램(Histogram)을 기준으로 움직이거나 [Threshold Level]을 직접 입력하여 흑백의 영역을 결정합니다.

∷ Pattern 사용 방법

패턴(Pattern)은 같은 무늬나 모양이 반복되는 것으로, 포토샵에서 제공하는 기본적인 패턴들과 함께 사용합니다.

- 메뉴의 [Edit-Define Pattern]: 패턴을 등록합니다.
- 메뉴의 [Edit-Fill]: 패턴을 채웁니다.
- 이미지 전체를 패턴으로 적용할 때는 선택 영역을 지정하지 않고 패턴으로 등록하면 됩니다.
- 일부 영역을 패턴으로 등록할 때는 반드시 사각 선택 툴( )로 이미지를 선택해야 합니다. 단, Feather 값이 들어 있으면 안 됩니다.
- 패턴 무늬를 축소하고 싶을 때는 메뉴의 [Image-Image Size]를 클릭하여 이미지 크기를 줄인 후 메뉴의 [Edit-Define Pattern]을 클릭하여 패턴을 등록해야 합니다.

∷ Image Size

이미지의 크기나 해상도의 정보를 알 수 있고, 수정도 가능합니다.

❶ **Dimensions** 현재 이미지의 가로와 세로의 픽셀 수를 나타냅니다.

❷ **Document Size** 출력되는 이미지의 가로와 세로의 길이 및 해상도를 나타냅니다.

❸ **Fit To** 다양한 이미지 크기와 해상도를 선택할 수 있습니다.

❹ **Constrain 버튼( )** 선택을 해제하면 Document Size의 옆에 있는 모양이 사라지면서 가로와 세로를 원하는 대로 바꿀 수 있는 상태가 됩니다. 체크 표시를 한 상태 대로 Document Size의 Width 값을 바꾸면 Height가 비율에 맞게 자동으로 바뀌는 것을 알 수 있습니다.

❺ **Resolution** 현재 보이는 이미지의 해상도를 수정할 수 있습니다.

❻ **Resample** 현재 보이는 이미지에는 영향을 끼치지 않는 상태에서 출력될 이미지의 해상도와 크기를 지정할 수 있습니다. 체크 표시를 해제한 상태에서 Document Size의 Resolution을 바꾸면 가로와 세로의 크기도 같은 비율로 바뀝니다.

01

배경에 등록한
패턴 채우기

예제 파일 Sample\1부\Theme01\Lesson05\패턴.psd, 벽돌.jpg
완성 파일 Sample\1부\Theme01\Lesson05\패턴-완성.png

키 워 드 패턴을 삽입하기 위해 [Define Pattern] 명령과 [Fill] 명령 활용하기
길라잡이 벽돌 무늬를 패턴으로 등록한 후 배경에 등록한 패턴을 채웁니다.

01 **01** 단축키 Ctrl+O를 누르면 나타
나는 [Open] 대화상자에서 패턴
으로 등록할 벽돌 이미지 파일을
불러옵니다. 그런 다음 패턴으로
등록하기 위해 **02** 메뉴의 [Edit-
Define Pattern]을 선택하면 나
타나는 **03** [Pattern Name] 대화
상자에서 이름을 입력하고 [OK]
버튼을 클릭합니다.

◉ 예제 파일
Sample\1부\Theme01\Lesson05\벽돌.jpg

❶ Ctrl+O

❹ 클릭

❸ 입력

❷ 선택

02 **04** 단축키 Ctrl+O를 누르면 나타
나는 [Open] 대화상자에서 새로
운 이미지를 불러옵니다.
05 [Layer] 패널에서 '바탕' 레이
어를 선택한 후 **06** [Edit-Fill]을
선택합니다.

◉ 예제 파일
Sample\1부\Theme01\Lesson05\패턴.psd

❶ Ctrl+O

❷ 선택

❸ 클릭

❹ 선택

03 **07** [Fill] 대화상자가 나타나면 [Contents] 항목의 'Pattern', [Custom Pattern] 항목의 01에서 등록한 벽돌 패턴을 선택한 후 [Ok] 버튼을 클릭합니다. **08** '바탕' 레이어에 벽돌 패턴이 채워진 것을 확인할 수 있습니다.

낡은 인쇄 이미지 효과를 이용하여
사진 응용하기

02

예제 파일 Sample\1부\Theme01\Lesson05\도로.jpg
완성 파일 Sample\1부\Theme01\Lesson05\도로-완성.jpg

키 워 드 [Threshold] 명령, [Gradient Map] 명령, [Filter Gallery] 및 레이어 스타일 효과 적용하기
길라잡이 필터 조합으로 낡은 인쇄 이미지 효과를 주기 위한 본격적인 작업 과정에 대해 살펴봅니다.

완성 동영상

01 단축키 Ctrl+O를 누르면 나타나는 [Open] 대화상자에서 새로운 이미지를 불러옵니다. 도구 상자에서 사각 선택 툴(▦)을 이용해 그림과 같이 사진의 절반 정도를 선택합니다.

02 **01** [Layers] 팔레트 하단의 [Create New Fill or Adjustment Layer] 버튼(◐)으로 [Threshold]를 선택합니다. **02** [Threshold] 대화상자의 [Threshold Level]에 '149'를 입력하고 [OK] 버튼을 눌러 적용합니다. **03** [Layers] 팔레트에 'Threshold 1' 레이어가 생성된 것을 확인합니다.

03 04 다시 Ctrl을 누른 상태에서 'Th-reshold 1' 레이어를 선택하여 선택 영역을 만듭니다. 그런 다음 메뉴의 [Select-Inverse]를 클릭하여 선택 영역을 반전시킵니다. 05 [Layers] 팔레트 하단의 [Create New Fill or Adjustment Layer] 버튼(●)을 클릭한 후 [Threshold]를 선택합니다.

04 06 [Threshold] 대화상자에서 [Threshold Level]에 '156'을 입력하고 [OK] 버튼을 눌러 적용합니다. 07 [Layers] 팔레트에서 'Threshold 2' 레이어가 생성된 것을 확인합니다.

01 **01** 'Threshold 1' 레이어를 Ctrl+클릭하여 선택 영역을 만듭니다.
02 [Layers] 팔레트 하단 [Create New Fill or Adjustment Layer] 버튼( )을 클릭한 후 [Gradient Map]을 선택합니다.

02 **03** [Gradient Map] 대화상자에서 [Gradient] 막대를 클릭하여 **04** [Gradient Editor] 대화상자를 열고 색상을 적용합니다. [OK] 버튼을 눌러 [Gradient] 설정을 적용합니다. [Gradient Map] 대화상자에서 [OK] 버튼을 눌러 명령을 적용합니다.

03 'Threshold 1' 레이어를 Ctrl+클릭하여 선택 영역을 만든 후 메뉴의 [Select-Inverse]를 클릭하여 선택 영역을 반전합니다.
[Layers] 패널 하단에 있는 [Create New Fill or Adjustment Layer] 버튼(⊘.)을 클릭하여 [Gradient Map]을 선택합니다.

04 05 [Gradient Map] 대화상자에서 Gradient 막대를 클릭하여 06 [Gradient Editor] 대화상자를 열고 색상을 적용합니다. [OK] 버튼으로 Gradient 설정을 적용합니다. 그런 다음 [Gradient Map] 대화상자에서 [OK] 버튼으로 명령을 적용합니다.

01 [Layers] 팔레트 하단의
  [Create A Newlayer] 버튼(📄)
  으로 새 레이어를 추가합니다.
  02 도구 상자의 [Default Fore-
  ground And Background Co-
  lors] 버튼(🔳)을 클릭하여 전경
  색, 배경색을 기본색으로 전환합
  니다. 전경색 섬네일을 클릭하여
  [Color Picker] 대화상자를 연
  후 'H: 0', 'S: 0', 'B: 50'을 입력
  하여 50% 회색을 만들고 [OK]
  버튼을 눌러 전경색을 변경합니다.

클릭

02 03 단축키 Alt + Delete를 눌러 전경
  색을 새 레이어에 적용한 후 메뉴
  에서 [Filter-Noise-Add No
  -ise] 명령으로 04 [Add Noise]
  대화상자를 열어 옵션을 설정하고
  [OK] 버튼을 눌러 적용합니다.

03 메뉴의 [Filter-Texture-Gr-
  ain]을 선택한 후 그림과 같이 옵
  션 값을 설정합니다.

04 우측 하단의 [New Effect La-yer] 버튼(■)으로 새 필터를 추가한 후 목록에서 [Bas Relief]를 적용합니다.

05 우측 하단의 [New Effect La-yer] 버튼(■)으로 새 필터를 추가한 후 목록에서 [Reticulation]을 선택합니다. [OK] 버튼을 눌러 필터 조합을 마무리합니다.

STEP 04 패턴 등록 및 레이어 스타일 적용하기

01 **01** 메뉴의 [Edit-Define Pattern]을 선택합니다.
02 [Pattern Name] 대화상자의 [Name]란에 '패턴'을 입력하고 [OK] 버튼을 눌러 [Filter Preset]에 저장합니다. **03** [Layers] 팔레트에서 'Layer 1' 레이어의 [Blend] 모드를 'Soft Light'로 전환합니다.

02 '도로' 레이어에 [Bevel & Emboss]
   를 적용하여 효과를 완성합니다.
   04 [Layers] 패널에서 '도로' 레이
   어를 선택합니다. 하단의 [Add A
   Layer Style] 버튼(*fx.*)을 클릭하여
   팝업 메뉴 리스트를 열고 [Bevel &
   Emboss]를 클릭합니다.
   05 [Layer Style] 대화상자에서
   [Bevel & Emboss] 옵션을 적
   용합니다.

03 [Layer Style] 대화상자의 좌측
   리스트에서 [Bevel & Emboss]
   하단의 [Texture]를 선택합니
   다. 체크 버튼이 아닌 라벨 부분
   을 클릭하여 옵션 설정을 엽니
   다. [Texture] 옵션 설정에서
   [Texture] 섬네일을 클릭하여 목
   록을 열고 패턴으로 저장해 놓은
   '패턴'을 선택합니다. [Scale]을
   '50%'로 설정하고 [OK] 버튼을
   눌러 적용합니다.

레이어

레이어는 그림을 그릴 수 있는 투명한 셀로판 종이와 비슷합니다. 레이어를 하나씩 추가할 때마다 눈에 보이지 않는 투명 종이가 깔린다고 생각하면 됩니다. 레이어 기능이 필요한 이유는 수정 작업을 용이하게 하기 위함입니다.

■ [Layers] 패널 살펴보기

◉ 예제 파일
Sample\1부\Theme01\Lesson05\layer.psd

❶ Blend Mode 레이어의 합성 상태를 여러 모드로 선택할 수 있습니다.

❷ Opacity 백그라운드 레이어를 제외한 레이어 이미지의 불투명도를 조절합니다. 수치가 작을수록 투명해집니다.

❸ Lock(🔒)

　ⓐ 투명 부분 잠그기(▨): 레이어 이미지의 투명 영역에는 모든 기능이 적용되지 않습니다.

　ⓑ 이미지 잠그기(🖌): 레이어 이미지가 변형되지 않지만, 이동은 가능합니다.

　ⓒ 위치 잠그기(✛): 레이어 이미지가 이동되지 않습니다.

　ⓓ 모두 잠그기(🔒): 레이어 이미지의 모든 기능을 잠급니다.

❹ Fill [Opacity]와 마찬가지로 레이어 이미지 불투명도를 조절합니다. 그러나 [Opacity]와 달리 [Layer style]과 [lend Mode]에는 아무런 영향을 끼치지 않고 이미지의 투명도만 조절합니다.

❺ 눈 아이콘(👁) 레이어 이미지를 보이지 않게 가려줍니다.

❻ Add A Layer Style(𝑓𝑥.) 레이어에 스타일을 적용하고 해당 레이어를 더블클릭하면 스타일 창이 열려 다시 적용할 수 있습니다.

❼ Add A Mask(▣) 레이어 마스크를 만듭니다.

❽ Create A New Set(📁) 레이어들을 하나의 폴더로 묶어 세트로 만들고, 관리 색상을 수정 가능한 보정 레이어로 만듭니다.

❾ Create New Layer(🗔) 새로운 레이어를 추가합니다.

❿ Delete Layer(🗑) 선택된 레이어를 지웁니다.

■ 레이어의 의미와 필요성 알아보기

1. 레이어는 '층'이라는 의미로, 포토샵에 사용하는 이미지에 따라 하나만 나타낼 수 있고, 여러 개로 나타낼 수도 있습니다.
2. 포토샵으로 작업하는 이미지가 여러 개로 구성되어 있을 때 레이어의 순서에 따라 이미지의 순서도 정해집니다.
3. 레이어 패널에서 확인할 수 있으며, 여러 개로 나타낼 경우 레이어를 이동하여 이미지를 이동, 복사, 삭제할 수 있습니다.

■ 레이어 숨기고 나타내기

1. 레이어를 선택한 후 눈 아이콘(👁)을 클릭하면 선택한 레이어가 사라집니다. 레이어가 많거나 작업이 필요 없을 때 레이어를 잠시 숨겨 놓으면 편리합니다. 숨겨진 레이어를 다시 나타내려면 없어진 눈 아이콘(👁) 부분을 다시 클릭하면 됩니다.

2. 하나의 레이어를 제외한 모든 레이어를 숨기려면 Alt 를 누른 채 해당 레이어의 눈 아이콘(👁)을 클릭하면 됩니다.

■ 여러 가지 방법으로 레이어 만들어 보기

포토샵에서 작업을 할 때 불러온 이미지의 레이어만 가지고 작업을 할 수
없을 때가 있습니다. 이 때에는 레이어를 추가하여 작업을 해야 합니다.

1. [Layers] 패널에서 [Create New Layer](🗍)를 클릭하여 새로운 레
  이어를 생성합니다.

클릭

2. [Layers] 패널의 오른쪽 윗부분에 있는 ▼≡ 버튼을 클릭하여 [New
  Layer]를 선택합니다.

■ [New Layer] 대화상자

❶ Name 레이어의 이름을 입력합니다.

❷ Use Previous Layer to Create Clipping Mask 이 항목에 체크하면 아래 레
  이어에 새로운 레이어를 만듭니다. 새로 만들어지는 레이어는 마스크 역할을 하
  여 아래 레이어의 영역만큼만 보이게 됩니다.

❸ Color [Layers] 패널에 나타나는 레이어의 색상을 지정합니다.

❹ Mode 블렌딩 모드를 지정합니다.

❺ Opacity 레이어의 투명도를 조절합니다. 100%일 때는 투명도가 적용되지 않
  습니다.

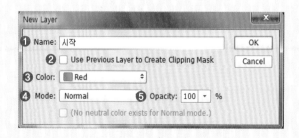

■ 레이어 복사하고 삭제하기

작업 중인 파일에 다른 이미지를 추가하거나 작업 화면에 있는 이미지를 복사하여 붙여 넣기를 해도 레이어가 추가됩니다.

1. 복사할 레이어를 [Create A Newlayer] 아이콘(□)으로 드래그합니다. [Layers] 패널의 오른쪽 윗부분에 있는 ▦ 버튼을 클릭하여 [Duplicate Layer]를 선택하거나 단축키 Ctrl+J를 눌러도 됩니다.

2. 삭제할 레이어를 선택한 후 [휴지통] 아이콘(🗑)으로 드래그하거나 [Layers] 패널의 오른쪽 윗부분에 있는 ▦ 버튼을 클릭하여 [Delete Layer]를 선택합니다.

■ 레이어 이름 변경하기

[Layers] 패널에서 레이어 이름을 더블클릭한 후 원하는 이름을 입력합니다.

■ 레이어 순서 변경하기

1. 여러 개의 레이어로 이루어진 [Layers] 패널은 레이어 순서대로 정렬된
   것이 하나로 합쳐져 이미지로 표현됩니다.

2. 다음 그림은 [Layers] 패널에서 '꽃' 레이어를 드래그하여 '나무' 레이어
   위로 이동한 이미지입니다.

[Background] 레이어 이동하기

작업을 하다 보면 [Background] 레이어를 이동하거나 삭제해야 하는 경우가 있습니다. 이미지를 불러오면 기본적으로 나타나는 [Background] 레이어는 이동하거나 삭제할 수 없습니다. 이 경우 [Background] 레이어를 더블클릭하면 'Layer0'이라는 이름으로 나타납니다. 이름을 수정한 후 레이어 옆에 있던 열쇠 모양(🔒)의 잠금 표시가 없어지면 이동과 삭제가 가능합니다.

■ 레이어 합치기, 링크 걸기

1. Merge Layers

[Layers] 패널에서 두 개의 레이어를 Ctrl을 누른 채 선택한 후 [Layers] 패널의 오른쪽 윗부분에 있는 ≡ 버튼을 클릭하고 메뉴의 [Merge Layers]를 선택합니다.

레이어를 합치는 이유는?

복잡한 이미지 작업을 할 때 레이어를 계속 추가하면 용량도 늘어납니다. 레이어가 포함되어 있는 이미지는 용량이 큰 PSD 포맷으로만 저장할 수 있습니다. [Layers] 패널을 정리하고 작은 용량의 파일로 저장하려면, 완성한 작업의 레이어를 하나로 만들어야 합니다.

2. Merge Down

레이어가 많은 이미지를 효율적으로 작업하기 위해서는 완성된 레이어 이미지를 합쳐주는 것이 좋습니다. Merge Down은 선택한 레이어 이미지와 바로 아래에 있는 레이어 이미지를 합쳐줍니다.

3. Merge Visible

전체 레이어 중에서 눈 아이콘(👁)이 켜져 있는 레이어만 합쳐줍니다.

4. Flatten Image

모든 레이어를 하나로 합칩니다. 단, 눈 아이콘( )이 꺼져 있는 레이어가 있는 경우, 삭제할 것인지를 묻는 대화상자가 나타납니다.

■ 레이어 링크 걸기

레이어끼리 연결하여 작업하고 싶을 때 선택한 레이어들에 링크를 걸어 사용하기도 합니다. 두 개 이상의 레이어를 선택한 후 [Layer] 패널 하단의 아이콘을 클릭하면, 각 레이어 이름 옆에 아이콘이 표시됩니다. 만약 링크를 해제하고 싶다면 똑같은 방법으로 [Layer] 패널 하단의 아이콘을 클릭합니다.

01 사진 속 비뚤어진 수평 수정 및 공간 구도 보정하기

사진을 찍다 보면 수평이 맞지 않아 구도가 좋지 않은 사진이 나오거나 사진을 접하는 과정에서 공간이 왜곡된 사진들을 버릴 수 없어 고민을 하는 경우가 있습니다.

예제 파일 Sample\1부\Theme01\실무테크닉\Lens-예제.jpg   Sample\1부\Theme01\실무테크닉\줄자-예제.jpg
완성 파일 Sample\1부\Theme01\실무테크닉\Lens-완성.jpg   Sample\1부\Theme01\실무테크닉\줄자-완성.jpg

- 도구 상자의 자 툴(▦)을 이용하여 자동으로 수평을 맞춥니다.
- [Content-Aware]를 선택하여 사용합니다.
- 메뉴의 [Lens Correction]을 이용하여 왜곡을 보정합니다.
- 메뉴의 [Warp]와 [Liquify]로 부분적인 왜곡을 바로잡습니다.

02 배경과 건물을 살리는 화사한 사진 표현하기

밝은 하늘에 노출을 맞추자니 배경과 건물이 어둡게 나오고, 건물과 배경에 노출을 맞추자니 하늘에 설정한 보정이 취소됩니다. 이러한 점을 보완하는 방법과 좀 더 화사한 느낌을 주는 이미지로 변경하는 방법을 알아보겠습니다.

예제 파일 Sample\1부\Theme01\실무테크닉\해외배경-예제.jpg
완성 파일 Sample\1부\Theme01\실무테크닉\해외배경-완성.jpg

- [Curves] 대화상자를 이용하여 하늘 영역과 푸른 초원의 이미지를 보정합니다.
- [Hue/Saturation] 보정 레이어를 추가하여 이미지 전체의 채도 값을 살짝 올려줍니다.

실무 테크닉 03 강한 이미지를 살려주는 효과주기

[Contrast Masking]은 사진 클럽에서 많이 사용하고 있는 보정 기법입니다. 이는 역광 사진에서 섀도 부분을 강제로 살려 강한 이미지를 주는 방법입니다. 이 방법은 경우에 따라 조금 어색할 수도 있지만 하이라이트와 섀도의 질감을 살려 밋밋한 사진을 좀 더 선명하게 만들기 위한 효과적인 방법이라 할 수 있습니다.

예제 파일 Sample\1부\Theme01\실무테크닉\하와이-예제.jpg
완성 파일 Sample\1부\Theme01\실무테크닉\하와이-완성.jpg

- 레이어를 복제한 후 흑백 이미지를 만들고 하이라이트와 섀도를 반전시킵니다.
- [Gaussian Blur]와 [Overlay]로 배경 이미지와 합성합니다.
- [Shapen] 효과와 포토 필터로 이미지를 완성합니다.

인물 사진 보정 살펴보기

스마트폰을 사용하는 사용자들은 모두 사진을 많이 찍어 가까운 지인들과 자신의 사진을 여러 가지 방법으로 공개하며 관리하고, 추억을 만들기도 합니다. 이번 테마에서는 찍은 사진을 더욱 예쁘게 보정하여 보관하고, 인물의 외모나 체형을 다양한 방법으로 보정하는 효과에 대해 알아 보겠습니다.

01 색상 또는 이미지를 자유롭게 채우기

각 브러시들의 부드럽고 섬세한 음영과 그라데이션 효과를 만들 수 있으며, 클릭하고 있는 시간 동안 색과 이미지를 계속 뿌리기 때문에 오래 누르고 있을수록 색상과 이미지의 농도가 선명해집니다.

 툴 이해하기

브러시 툴( )

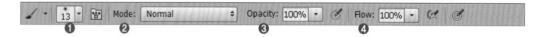

❶ **브러시의 크기 조정** 사용자의 취향이나 작업 환경에 따라 수치대로 고를 수 있습니다. 수치가 커지면 큰 브러시가 되고, 작아지면 작은 브러시가 됩니다. 진한 브러시와 뿌연 브러시 중에서 고를 수 있습니다. 포토샵 CC 버전이 되면서 브러시의 종류와 기능이 강화되었습니다.

브러시 크기 조정
브러시의 크기는 키보드의 [(누르면 작게),] (누르면 크게)를 이용해 조정할 수 있습니다.

❷ **Mode** 브러시가 이미지에 합성되는 방식을 설정합니다.
❸ **Opacity** 투명도를 설정하는 부분으로, 같은 색깔이라도 수치가 낮아질수록 밑그림이 환하게 보이는 투명한 상태가 되는 것을 의미합니다.
❹ **Flow** '흐른다'라는 뜻으로, 수치가 높을수록 완벽한 선으로 이어진 브러시가 그려집니다.

:: 연필 툴()

연필 툴()의 사용법은 브러시 툴()과 같지만, 브러시의 경계에 안티 에일리어싱을 적용할 수 없기 때문에 브러시 툴보다 거칠게 표현하고자 할 때 사용합니다. 브러시 툴()은 도트 그림이나 얇은 라인을 그릴 때 주로 사용합니다. 컨트롤 패널 역시 브러시 툴과 동일합니다.

❶ **Opacity** 페인팅되는 연필의 투명도를 나타내는 것으로, 수치가 낮아질수록 투명해 보입니다.

❷ **Auto Erase** 이 옵션에 체크하고 전경색으로 그린 부분을 겹쳐 그리면 배경색으로 그려집니다.

:: 히스토리 브러시 툴()

히스토리 브러시 툴()은 [History] 패널에 기록된 작업 과정이나 저장된 스냅샷 이미지로 되돌려줄 때 사용하는 기능입니다. 히스토리 브러시 툴()로 드래그하는 곳만 원래 이미지로 되돌이오기 때문에 특정 오브젝트를 특별히 부각시키는 효과를 주고 싶을 때 주로 사용합니다.

❶ **Brush** 히스토리 브러시의 크기를 조절합니다.
❷ **Mode** 히스토리 브러시를 사용할 때 합성되는 과정에서 줄 수 있는 다양한 효과를 지정합니다.
❸ **Opacity** 히스토리 브러시의 농도를 조절하는 기능을 합니다. 수치가 낮을수록 농도가 낮게 나타나고, 높을수록 높게 나타납니다.

❹ Flow 툴이 적용되는 정도를 조절합니다.

[Hue/Staturation] 이미지 보정

히스토리 브러시 툴(🖌) 적용

∷ 아트 히스토리 브러시 툴(🖌)

아트 히스토리 브러시 툴(🖌)은 히스토리 브러시 툴(🖌)에 회화적인 기능을 더한 툴로, 다양한 스타일의 브러시 효과를 줄 수 있습니다.

❶ Brush 브러시의 크기와 모양을 선택합니다.
❷ Mode 브러시가 이미지에 적용되는 방식을 설정합니다. 샘플 이미지에 임의의 색상을 칠한 후 각 모드를 선택하여 이미지가 있던 자리로 드래그하면 변형된 각 모드가 적용된 이미지가 나타납니다.
❸ Opacity 불투명도를 조정합니다. 100%를 적용하면 이미지나 색이 정확하게 재생되며, 수치가 낮을수록 복사되는 이미지가 투명하게 적용됩니다.
❹ Style 브러시의 모양을 설정합니다.
❺ Area 0부터 500픽셀까지 마우스를 한 번 클릭했을 때 적용되는 브러시의 크기 영역을 설정합니다.
❻ Tolerance 원본 이미지의 색상 허용 범위를 설정합니다. 수치가 높을수록 원본과 같은 색상이 나타나며, 낮을수록 원본과 다른 색상이 나타납니다.

TIP

Style 종류
아트 히스토리 브러시 툴(🖌)의 컨트롤 패널에서 항목에 있는 브러시 모양들을 바꿔가면서 차이점을 비교해보세요. 브러시 크기와 모양에 따라 각각 다른 효과를 줄 수 있습니다.

01

흑백 사진을
밝게 표현하기

예제 파일 Sample\1부\Theme02\Lesson01\메이크업.jpg
완성 파일 Sample\1부\Theme02\Lesson01\메이크업-완성.png

키 워 드 브러시 툴, 지우개 툴, [Curves] 패널

길라잡이 흑백 사진에 다채로운 블렌딩과 색상 모드를 가미하면 분위기 있는 사진을 연출할 수 있습니다. 흑
백 사진에 레이어 블렌딩 모드와 색상을 흑백 사진에 채색하되, 자연스럽게 색상을 입혀보는 것입니다.

01 **01** Ctrl+O를 눌러 [Open] 대화상
자에서 새로운 이미지를 불러옵니
다. **02** 도구 상자의 전경색을 클릭하
여 [Color Picker] 대화상자가 나
타나면 피부색의 기본 색상인 피부
색(#cac0ad)을 선택하고 [OK] 버
튼을 클릭합니다.

02 **03** 전경색이 바뀌면 [Layers] 패널
에서 [New Layer] 버튼(🔲)을 클
릭하여 'Layer 1'이라는 새 레이어
를 생성합니다. 그리고 단축키 Alt+
Delete를 눌러 전경색으로 채워주
고 레이어 이름을 '전체피부'로 변
경한 후 [블렌딩 모드]를 'Color',
[Opacity]를 '60%'로 설정합니다.
04 이미지 전체에 살색이 자연스럽
게 채워졌습니다.

03 **05** 눈과 배경에도 색상이 채워져 있
으므로 [Layers] 패널에서 '전체피
부' 레이어를 선택한 후 **06** 도구 상
자에서 지우개 툴(🖌)을 선택하고
조심스럽게 눈과 배경 부분을 드래
그하여 지워주면 좀 더 자연스러워
집니다.

전체 피부에 음영 표현하기

01 **01** 전체 피부에 음영을 표현하기 위해 [Layers] 패널에서 새 레이어를 만든 후 이름을 '음영피부'라고 변경하고 전경색을 진한 피부색(#doad99)으로 변경합니다. Alt+Delete 를 눌러 전경색을 채워주고 레이어의 [블렌딩 모드]는 'Soft Light', [Opacity]를 '70%'로 설정하면 **02** 전체 얼굴에 음영이 표현되는 것을 확인할 수 있습니다.

02 **03** 눈과 배경에도 색상이 채워져 있으므로 [Layer]패널에서 '음영피부' 레이어를 선택한 후 **04** 툴박스에서 지우개툴( )을 선택합니다. 브러시 크기를 적당히 설정하고 조심스럽게 눈과 배경 부분을 드래그하여 지워주면 좀더 자연스러워 보입니다.

STEP 03 T존 부분과 볼터치에 색상 입히기

01 **01** [Layers] 패널에서 새 레이어를 만든 후 이름을 'T존 부분'이라고 변경하고 눈, 코, 볼, 턱 등의 하이라이트를 표현하기 위해 전경색을 밝은 색(#dcc8b0)으로 설정합니다. 블렌딩 모드를 'Soft Light'로 설정하고 도구 상자에서 브러시 툴( )을 선택한 후 **02** 눈, 코, 볼, 턱 등을 드래그하여 그려줍니다.

02 **03** [Layers] 패널에서 새 레이어를 만든 후 이름을 '볼터치'로 변경하고, 전경색을 붉은색 계열(#cc9f81)로 설정합니다. 그런 다음 [블렌딩 모드]를 'Multiply', [Opacity]를 '25%'로 설정하고 도구 상자에서 브러시 툴(🖌)을 선택한 후 **04** 양쪽 볼의 부분을 드래그하여 터치하면서 가볍게 그려 줍니다.

STEP 04 입술, 눈, 머리에 색상 입히기

01 **01** 새 레이어를 생성한 후 이름을 '입술'로 변경합니다. 그런 다음 브러시 툴(🖌)을 이용해 **02** 핑크색으로 입술 부분만 채색하고 [블렌딩 모드]를 'Color'로 설정합니다.

02 **03** 새 레이어를 생성한 후 이름을 '눈'으로 변경합니다. 전경색을 진한 갈색(#7d5935)으로 설정한 후 브러시 툴(🖌)을 이용해 **04** 눈동자를 채색하고 [블렌딩 모드]를 'Color'로 설정합니다.

03 **05** 새 레이어를 생성한 후 '머리'
로 변경합니다. 전경색을 진한 갈
색(#7d5935)으로 설정한 후 브러
시 툴(🖌️)을 이용해 **06** 눈동자를 채
색하고 [블렌딩 모드]를 'Color'로
설정합니다.

STEP 05 좀 더 선명한 사진 만들기

01 **01** [Layers] 패널에서 [Create new
fill or adjustment layer(⬤)] 버
튼을 클릭한 후 [Curves]를 선택합
니다. **02** [Layers] 패널에 새롭게 추
가된 레이어를 확인할 수 있습니다.

02 **03** [Properties-Curves] 패널을
연 후 S자 곡선을 만들어주면 멋진
이미지가 완성됩니다. **04** 원본 이미
지와 비교해보면 선명한 색상의 깊
이감이 살아 있는 사진으로 보정된
것을 알 수 있습니다.

기능
실습

카메라 로 필터(Camera Raw Filter)로
깊이 있는 흑백 사진 만들기

02

예제 파일 Sample\1부\Theme02\Lesson01\흑백.jpg
완성 파일 Sample\1부\Theme02\Lesson01\흑백-보정.jpg

키 워 드 [Camera Raw Filter], [Levels] 활용법
길라잡이 포토샵의 카메라 로 필터(Camera Raw Filter) 기능을 활용하면 좀 더 괜찮은 느낌의 흑백 사진으
로 보정할 수 있습니다. 컬러 사진에서 채도(Saturation)를 낮춰 흑백으로 만들면 밋밋하고 심심한 느낌으로 바
뀌기 때문에 포토샵의 '카메라 로 필터'를 활용해 좀 더 깊이 있는 흑백 사진으로 바꿔봤습니다. '카메라 로 필
터'와 '레벨'을 적용하면 피사체가 명확하게 표현되고, 입체감이 느껴지는 사진이 완성됩니다.

01 **01** 사진을 불러오기 위해 단축키 Ctrl+O를 누르거나 메뉴의 [File-Open]을 클릭합니다. 원본 사진이 흑백입니다.

T**IP**

흑백 사진으로 변경되는 메뉴들
컬러 사진을 포토샵의 [Image-Adjustments-Desaturate] 메뉴 또는 [Black & White]를 통해 채도를 낮추어도 위와 비슷한 결과물이 나타납니다.

02 **02 03** 메뉴의 [Filter-Camera Raw Filter]를 클릭하거나 단축키 Shift+Ctrl+A를 누릅니다.

❶ 클릭

Filter	
Filter Gallery	Ctrl+F
Convert for Smart Filters	
Filter Gallery...	
Adaptive Wide Angle...	Alt+Shift+Ctrl+A
Camera Raw Filter...	Shift+Ctrl+A
Lens Correction...	Shift+Ctrl+R
Liquify...	Shift+Ctrl+X
02 Vanishing Point...	Alt+Ctrl+V

❷ 선택

03 **04** [Camera Raw Filter]가 실행된 첫 화면 우측의 설정 창에서 사진의 노출을 보정해줄 수 있는데, 전체적으로 대비를 높인 결과가 만들어졌습니다.

04 **05** 상단의 Detail 아이콘(▲)을 클릭한 후 [Noise Reduction] 항목의 [Luminance]와 [Luminance Detail]의 수치를 조절했습니다. 선명도는 유지된 채로 배경에 블러 효과와 같이 적용되어 피사체가 돋보이는 결과가 만들어졌습니다.

05 **06** 좀 더 피사체가 주목되는 효과를 주기 위해 [Effects] 아이콘(fx)을 클릭한 후 [Amount]와 [Midpoint] 값을 조절하여 비네팅 효과를 주었습니다. 현재 상태로 [OK] 버튼을 눌러 이미지에 적용합니다.

01 **01** 흑백 사진을 복제하기 위해 [La-
　 yers] 패널에서 'Background' 레
　 이어를 클릭한 후 단축키 Ctrl+J 를
　 눌러 레이어를 복사합니다.

02 **02** [Layers] 패널에서 'Layer 1' 레
　 이어를 선택한 후 [Create new fill
　 or adjustment layer] 버튼(　)을
　 클릭하여 [Levels]를 선택합니다.
　 03 [Layers] 패널에 새롭게 추가된
　 레이어를 확인할 수 있습니다.

03 **04** [Levels]의 미드 톤 슬라이더를
　 좌측으로 이동하여 전체적으로 사
　 진을 밝게 조절합니다. **05** [Levels]
　 의 [Layer Mask] 섬네일을 클릭합
　 니다.

마스크 부분을 편집하여 사진의 깊이 표현하기

01 **01** 브러시 툴(🖌)을 선택한 후 **02** 전
경색을 검은색으로 변경합니다.

02 브러시 크기를 늘린 후 **03** 사람과 길
을 제외한 나머지 부분을 마스크로
가려주고 마무리합니다.

STEP 04 풍부한 느낌을 주는 사진 완성하기

01 **01** [Layers] 패널에서 'Levels 1' 레이
어를 클릭한 후 [Create new fill or
adjustment layer] 버튼(◑)을 클릭
하여 [Curves]를 선택합니다.
02 [Layers] 패널에 새롭게 추가된
레이어를 확인할 수 있습니다.

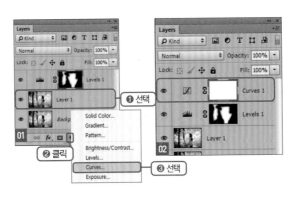

02 **03** 마지막으로 새도 영역의 노출을
다시 조정하기 위해 그림처럼 S 곡
선으로 설정합니다. **04** 깊이감을 느
낄 수 있는 흑백 사진이 완성되었습
니다.

추억의 흑백 사진
만들기

03

예제 파일 Sample\1부\Theme02\Lesson01\흑백[1].jpg
완성 파일 Sample\1부\Theme02\Lesson01\흑백-완성.png

키 워 드 밝은 영역 선택, 블렌딩 모드, [Curves] 활용, [Black & White], [High Pass], [Unsharp Mask] 필
터 활용법

길라잡이 옛날에 찍은 사진들은 흑백으로 된 것을 많이 볼 수 있습니다. 그런데 요즘은 다채로운 색상을 가
진 컬러 사진들이 많이 나옵니다. 그래서 옛날 사진 같은 흑백 사진이 오히려 눈에 뛰는 경우도 종종 있습니다.
컬러 사진에 좀 더 다양한 효과를 주어 세밀한 흑백 사진을 만들어 보겠습니다.

STEP 01 밝은 영역 선택하기

01 **01** 흑백 사진으로 수정할 사진을 불러온 후 단축키 [Ctrl]+[Alt]+[2]를 눌러 밝은 부분을 선택합니다. 선택 영역을 반전시키기 위해 단축키 [Shift]+[Ctrl]+[I]를 누릅니다.

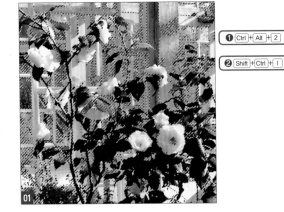

❶ [Ctrl]+[Alt]+[2]

❷ [Shift]+[Ctrl]+[I]

T_IP

간단하게 선택하는 단축키
[Ctrl]+[Alt]+[2] : 사진에서 아주 밝은 하이라이트 선택 영역을 자동으로 선택합니다.
[Shift]+[Ctrl]+[I] : 선택 영역을 반전시켜 선택합니다.

STEP 02 사진을 좀 더 밝게 표현하기

01 **01** [Layers] 패널에서 [Create new fill or adjustment layer] 버튼(◐.)을 클릭한 후 [Curves]를 선택합니다. **02** [Layers] 패널에 새롭게 추가된 레이어를 확인할 수 있습니다.

❶ 클릭

❷ 선택

T_IP

레이어 이미지 보정
[Create new fill or adjustment layer] 버튼(◐.)은 보정 레이어를 만들어 색상을 보정합니다.

02 **03** [Properties-Curves] 패널을 연 후 곡선을 그림처럼 설정하여 좀 더 밝게 표현합니다.

03 [Layers] 패널에서 [Curves 1] 레이어의 마스크 영역을 클릭하면 새도 영역이 선택됩니다.

04 [Layers] 패널에서 [Create new fill or adjustment layer] 버튼(◉)을 클릭한 후 [Curves]를 선택합니다. 05 [Layers] 패널에 새롭게 추가된 레이어를 확인할 수 있습니다.

04 06 새도 영역의 노출을 다시 조정하기 위해 [Properties-Curves] 패널을 연 후 그림처럼 S곡선으로 설정합니다.

05 07 다시 [Properties-Curves] 패널을 추가한 후 곡선을 위쪽으로 조금 올려 톤을 밝게 보정합니다.

01 **01** [Layers] 패널에서 모든 레이어를 선택한 후 **02** 단축키 [Ctrl]+[E]를 눌러 하나의 레이어로 합칩니다.

❶ 클릭

❷ [Shift]+클릭

❸ [Ctrl]+[E]

02 **03** [Layers] 패널에서 [Create new fill or adjustment layer] 버튼(◑)을 클릭한 후 [Black & White]를 선택합니다. [Layer] 패널에 새롭게 추가된 레이어를 확인할 수 있습니다. **04** [Properties-Black & White] 패널을 추가한 후 각각의 값을 조정하여 흑백 사진으로 변환합니다.

❶ 선택

❷ 설정

03 **05** 단축키 [Ctrl]+[E]를 눌러 **06** 두 개의 레이어를 합친 후 **07** 단축키 [Ctrl]+[J]를 눌러 흑백으로 전환된 레이어를 복사합니다.

간단한 레이어 단축키
[Ctrl]+[E] : 선택한 레이어들을 합치거나 선택한 레이어와 바로 아래 레이어를 합칩니다.
[Ctrl]+[J] : 선택한 레이어를 복제 또는 복사합니다.
[Ctrl]+[Shift]+[J] : 새로운 레이어를 추가합니다.

❶ [Ctrl]+[E]

❷ [Ctrl]+[J]

STEP 04 흑백 사진의 밝기를 강조하기

01 **01** [Layers] 패널에서 'Layer 1' 레이어를 선택한 후 이미지의 경계를 또렷하게 만들기 위해 메뉴의 [Filter-Other-High Pass]를 선택합니다.

02 **02** [High Pass] 대화상자가 나타나면 [Radius]에 '30'을 입력한 후 [OK] 버튼을 클릭합니다.

자연스러운 이미지 수정 명령
[Filter-Other-High Pass] 메뉴에서 'High Pass'는 이미지의 밝은 부분을 강조하며, 그 밖의 영역은 회색 모드로 전환합니다.

STEP 05 블렌딩 모드 설정하기

01 **01** [Layers] 패널에서 [High Pass] 가 적용된 레이어의 [블렌딩 모드] 를 'Soft Light'로 설정하면 이미지의 테두리만 또렷해집니다.

02 **02** 단축키 Ctrl+E 를 눌러 **03** 레이어
를 합친 후 **04** 단축키 Ctrl+J 를 눌
러 다시 레이어를 복사합니다.

STEP 06 이미지 채도 높이기

01 **01** 메뉴의 [Filter-Shapen-Unsharp
Mask]를 클릭하여 [Unsharp Mask]
대화상자가 나타나면 [Amount]에
'10%', [Radius]에 '120Pixels' 값
을 입력한 후 [OK] 버튼을 클릭합
니다.

이미지 가장자리를 뚜렷하게 정리
메뉴의 [Filter-Sharpen-Unsharp Mask] 메뉴에서
'Unsharp Mask'는 픽셀의 색상 대비를 증가함으로써
이미지의 채도를 높여 선명도를 조절합니다.

02 **02** 마지막으로 [Properties-Curves]
패널을 추가한 후 **03** 약간 위쪽으로
드래그하여 전체 톤을 보정합니다.
04 선명하고 세련된 흑백 사진이 완
성되었습니다.

[Black & White] 패널

채널 믹서와 동일한 기능으로 적용되는 [Black & White]는 채널 믹서보다 세분화된 조절 슬라이드를 이용해 흑백 변환 작업을 대체할 수 있습니다.

■ [Black & White] 패널 이해하기

[Black & White] 패널을 이용하면 세부 옵션 설정에 따라 섬세한 흑백 사진을 만들 수 있습니다. Reds, Yellows, Greens, Cyans, Blues, Magentas 색상별로 농도를 조정할 수 있기 때문에 깊은 톤의 흑백 이미지를 표현할 수 있습니다. [Tint] 옵션을 이용하면 듀오톤의 이미지를 손쉽게 만들 수 있습니다.

❶ **Preset** 미리 저장되어 있는 색상 Filter를 적용할 수 있습니다.

❷ **Tint** 흑백 이미지를 듀오톤으로 만듭니다. 체크를 하면 흑백 이미지와 배합할 색상 아이콘이 활성화되고, 색상 아이콘을 클릭하면 색상을 바꿀 수 있습니다.

❸ **슬라이드** 클릭한 후 이미지의 색상 위에서 직접 드래그하면 선택한 색상의 값을 조절합니다. 색상 슬라이드 바를 조절하여 값을 조절합니다.

❹ **Auto** 색상 값을 자동으로 조정하여 흑백 이미지를 만듭니다.

■ [Desaturate] 명령

[Desaturate] 명령은 사진의 색상을 제거하여 [Grayscale] 이미지로 만듭니다. 메뉴의 [Image-Mode-Grayscale], [Image-Adjustments-Desaturate], [Hue/Saturation]의 [Saturation] 설정을 이용한 방법이 있습니다. 이 세 가지 방법 중에서 [Hue/Saturation] 명령을 이용한 [Grayscale] 전환이 가장 효율적입니다. [Adjustment Layer]로 [Hue/Saturation] 명령을 추가하면 재편집 및 명령 복사, 제거를 손쉽게 진행할 수 있습니다.

02 피부 잡티 및 인위적 얼굴 제거하기

모든 사람의 사진을 보면 얼굴이나 피부에 상처, 주름, 얼룩, 잡티, 점 등이 있습니다. 그러나 연예인, 모델 등의 사진을 보면 누구나 부러워할 만큼 피부가 깨끗합니다. 그 이유는 대개의 경우 포토샵으로 얼굴을 보정했기 때문입니다.

핵심 기능 ✎ 힐링 브러시 툴과 스폿 힐링 브러시 툴 이해하기

힐링 브러시 툴(✐)과 스폿 힐링 브러시 툴(✐)을 사용하면 이미지의 먼지나 얼룩, 얼굴의 주름이나 상처 등을 간단하게 제거할 수 있습니다. 이 툴들은 이미지를 그대로 복사하는 도장 툴과 달리 이미지를 복제할 때 자동으로 명암, 빛, 질감과 기타 속성들을 처리하기 때문에 자연스러운 보정이 가능합니다. 특히 스폿 힐링 브러시 툴(✐)은 단 한 번의 클릭만으로도 결점을 수정할 수 있습니다. 스폿 힐링 브러시 툴(✐)은 비교적 작은 영역이나 여드름 자국 등을 수정하고 싶을 때 사용하며, 맨 처음 클릭한 곳을 복제하여 드래그하는 마지막까지 이미지를 자연스럽게 연결시킵니다.

∷ 힐링 브러시 툴(✐) 컨트롤 패널

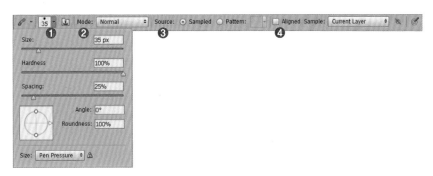

❶ Brush 브러시의 크기와 보양을 결정합니다.

❷ Mode 복사된 이미지가 기존의 이미지에 복사되는 방식을 결정합니다. 색상, 채도, 명도 등을 강조하여 복사할 수 있습니다.

❸ Source 힐링 브러시 툴이 복사하는 대상을 결정하는 옵션입니다.
• Sampled: Alt 를 누른 상태에서 마우스로 클릭한 이미지를 복사합니다.
• Pattern: 패턴 스탬프와 같이 패턴 패널에서 선택한 이미지를 복사할 환경에 최적화하여 복사합니다.

❹ **Aligned** 체크를 하면, 복사 대상이 이미지 샘플인 경우 이미지 샘플과 처음 클릭하여 드래그한 간격을 기준으로 복사합니다. 패턴이 복사 대상인 경우에는 패턴 스탬프 툴과 같이 처음 클릭하여 드래그한 곳을 기준으로 일정 간격을 유지하면서 복사를 계속할 수 있습니다.

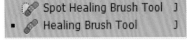

⠿ 스폿 힐링 브러시 툴( ) 컨트롤 패널

❶ **Brush** 브러시의 크기와 모양을 결정합니다.

❷ **Mode** 복사된 이미지가 기존의 이미지에 복사되는 방식을 결정합니다. 색상, 채도, 명도 등을 강조하여 복사할 수 있습니다.

❸ **Type**
- Proximity Match: 선택의 가장자리 주위에 선정한 부분을 샘플에 적용시킵니다.
- Create Texture: 선택한 부분의 픽셀을 사용하여 새로운 텍스처를 만든 후 샘플에 적용시킵니다.
- Content-Aware: 주변 이미지를 인식하여 이미지를 채워줍니다.

❹ **Sample All Layers** 이곳에 체크하면 모든 레이어의 이미지가 함께 복사되고, 체크를 해제하면 같은 레이어에 있는 이미지만 복사됩니다. 힐링 브러시 툴은 주변의 이미지를 복제하여 보정할 부분에 복사한 이미지를 붙여 넣을 수 있습니다. 얼굴의 주름이나 다크 서클, 넓은 면적의 잡티 등을 없앨 때 유용하며, 사용 방법은 도장 툴과 비슷합니다.

01

얼굴이나 피부의
잡티 제거하기

예제 파일 Sample\1부\Theme02\Lesson02\피부.jpg
완성 파일 Sample\1부\Theme02\Lesson02\피부-완성.jpg

키 워 드 스폿 힐링 브러시 툴(🩹), [Smart Blur] 필터 활용, 히스토리 브러시 툴(🖌), [Hue/Saturation] 활용법
길라잡이 스폿 힐링 브러시 툴(🩹)로 여드름과 머리카락 및 얼룩을 자연스럽고 깨끗하게 보정해보겠습니다.

01 도구 상자에서 스폿 힐링 브러시
   툴(🩹)을 선택한 후 02컨트롤 패
   널에서 [Proximity Match] 항목
   을 선택하고, 브러시의 [Diameter]
   항목을 '40px'로, [Hardness]는
   '50'으로 설정합니다.

02 03볼에 있는 점을 클릭하거나 드래
   그하면 주변의 깨끗한 피부가 복사
   되면서 채워집니다. 같은 방법으로
   볼에 있는 잡티를 제거합니다.

잡티 수정 방법
무조건 드래그하기보다는 그림의 점을 한 번 눌러준 후
살짝 드래그를 하다 보면 점이 없어진 것을 확인할 수
있습니다.

01 이번에는 삐져나온 머리카락을 정리
   하기 위해 도구 상자에서 스폿 힐링
   브러시 툴(🩹)을 클릭한 후 컨트롤
   패널에서 [Proximity Match] 항
   목을 선택합니다.

02 브러시의 [Diameter] 항목을 '70
px'로, [Hardness]는 '70'으로 설
정합니다.

STEP 03 이마 위의 머리카락 잡티 제거하기

01 위와 같은 방법으로 이마에 있는
머리카락을 클릭하거나 드래그하면
주변의 깨끗한 피부가 복사되면서
채워집니다.

02 얼굴 주변을 깨끗하게 정리한
후 단축키 Ctrl+J를 눌러 'Back-
ground' 레이어를 복사합니다.

피부 잡티 제거
피부가 복사되어 어색하다면 단축키 Ctrl+J를 눌
러 이전으로 되돌린 후 다시 작업하면 됩니다. 다른 피
부가 복사되어 어색한 경우에는 드래그의 방향을 바꿔
작업합니다.

Ctrl + J

01 01 피부 전체를 매끄럽게 만들기 위해 메뉴의 [Filter-Blur-More Blurs-Smart Blur]를 클릭하여 필터를 선택합니다. [Smart Blur] 대화상자에서 [Radius]를 '3', [Threshold]를 '25'로 설정하고 필터를 적용합니다.

02 피부결을 제외한 눈, 코, 눈썹, 머리 등에는 [Smart Blur] 효과가 적용되지 않도록 해야 합니다. 02 도구 상자에서 히스토리 브러시 툴(⟋)을 클릭하고 선명하게 표현되어야 할 눈, 코, 눈썹, 머리 등을 드래그하여 이전으로 되돌립니다.

01 01 [Layers] 패널에서 [Create new fill or adjustment layer] 버튼(◑)을 클릭한 후 [Hue/Saturation]을 선택합니다.
02 채도를 약간 높여주기 위해 [Properties-Hue/Saturation] 패널을 연 후 [Saturation] 값을 다음과 같이 변경합니다.

02
사진 속 얼굴의 음영 수정하기

예제 파일 Sample\1부\Theme02\Lesson02\음영.jpg
완성 파일 Sample\1부\Theme02\Lesson02\음영-완성.jpg

키 워 드 [Curves] 활용, [Soft Light] 블렌드 모드, [Hue/Saturation] 색상 보정, [Unsharp Mask] 필터 활용법

길라잡이 스마트폰으로 인물 사진을 찍다 보면 얼굴에 그림자가 생기면서 어둡거나 칙칙하게 찍히는 경우가 많습니다. 이 경우 얼굴이나 피부를 좀 더 화사하게 표현하기 위해 사진을 보정하는 방법을 알아보겠습니다.

01 **01** 새로운 이미지를 불러오기 위해
단축키 Ctrl+O를 누르면 나타나는
[Open] 대화상자에서 이미지를 불
러옵니다. **02** 사람 이미지를 복제하
기 위해 [Layers] 패널에서 'Bac-
kground' 레이어를 선택한 후 단
축키 Ctrl+J를 눌러 레이어를 복사
합니다.

02 **03** 색상을 보정하기 위해 [Layers]
패널에서 'Layer 2' 레이어를 선택
한 후 메뉴의 [Image-Adjustme-
nts-Curves]를 클릭하면 [Cur-
ves] 대화상자가 나타납니다. [Cu-
rves] 대화상자에서 [Auto] 버튼
을 클릭하여 전체적인 색감을 자동
으로 맞춰줍니다.

01 **01** 새로운 레이어를 생성한 후 **02** 전
경색의 색상을 연한 회색으로 설정
합니다. **03** 도구 상자에서 브러시 툴
(　)을 이용해 **04** 그림처럼 얼굴 부
분을 드래그하며 색을 칠합니다.

02 좀 더 화사하게 표현하기 위해 **05** 'Layer 2' 레이어를 선택한 후 [블렌딩 모드]를 'Soft Light'로 설정합니다. 그러면 전체적인 얼굴이 좀 더 화사하게 느껴집니다.

03 **06** [Layers] 패널에서 [Create new fill or adjustment layer( )] 버튼을 클릭한 후 [Curves]를 선택합니다. **07** [Layers] 패널에 새롭게 추가된 레이어를 확인할 수 있습니다.

04 **08** [Properties-Curves] 패널에서 가운데 지점을 클릭한 후 조금 위쪽으로 드래그하여 전체 이미지를 화사하게 표현합니다.

01 **01** [Layers] 패널에서 [Create new fill or adjustment layer()] 버튼을 클릭한 후 [Hue/Saturation]을 선택합니다. **02** [Layers] 패널에 새롭게 추가된 레이어를 확인할 수 있습니다.

02 **03** [Properties-Hue/Saturation] 패널에서 [Saturation]을 오른쪽으로 살짝 드래그하여 채도를 높입니다.

03 **04** [Layers] 패널의 모든 레이어들을 선택한 후 **05** 단축키 Ctrl + E 를 눌러 모든 레이어를 합칩니다.

01 **01** 전체적으로 또렷한 효과를 주기 위해 메뉴의 [Filter-Shapen-Unsharp Mask]를 클릭합니다. [Unsharp Mask] 대화상자가 나타나면 적당한 값을 입력한 후 [OK] 버튼을 클릭합니다.

02 **02** 전체적으로 사진의 어두운 부분들이 많이 없어지면서 화사한 이미지가 되었습니다.

[Unsharpen Mask] 필터와 [Smart Blur] 필터

[Unsharpen Mask]는 Edges 효과를 값으로 조절하며, [Smart Blur]는 이미지의 윤곽선을 보호하는 경계선 부분을 선명하고 깨끗하게 만드는 필터 명령입니다.

■ [Unsharpen Mask] 필터

· 메뉴의 [Filter-Sharpen-Unsharpen Mask]를 클릭합니다.
· 이미지의 채도를 높여 선명도를 조절합니다.

[원 본]

[Amount 50% / Radius 100 Pixels]

[Amount 100% / Radius 2 Pixels]

[Amount 100% / Radius 10 Pixels / Threshold 100 levels]

❶ **Amount** 이미지의 선명도를 조절합니다.
❷ **Radius** 선명하게 될 반경을 조절합니다.
❸ **Threshold** 이미지 주변 영역의 픽셀과 선명하게 된 픽셀의 사이의 경계를 조절합니다.

■ [Smart Blur] 필터

- 메뉴의 [Filter–Blur–Smart Blur]를 클릭합니다.
- 이미지의 윤곽을 보호하면서 Blur를 적용합니다.

▲ 원본

▲ Smart Blur

❶ **Radius** Blur의 적용 범위를 조절합니다.
❷ **Threshold** 경계선의 Blur를 조절합니다.
❸ **Quality** Blur의 품질을 선택합니다.
❹ **Mode** 적용 방법을 선택합니다.

■ [Soft Light] 블렌드 모드

부드러운 조명을 비추는 것처럼 이미지가 부드럽게 합성됩니다. 레이어의 색이 회색(50% Gray)보다 밝으면 더욱 밝아지고, 어두우면 더욱 어두워집니다.

▲ [Background] 레이어

▲ [Layer 1] 레이어

▲ [Soft Light] 적용

03 [Liquify] 필터 마법 활용하기

인터넷을 하다 보면 기괴하거나 인형 같은 외모의 사진 등을 많이 보게 됩니다. 이는 포토샵을 이용하여 사진 속의 눈을 확대하거나 코를 오똑하게 만들고, 턱 선을 갸름하게 만든 사진인 경우가 많습니다.

 [Liquify] 대화상자 이해하기

●예제 파일
Sample\1부\Theme02\
Lesson03\기쁨-16.jpg

[Liquify] 필터는 왜곡을 도와주는 필터로, 인물의 턱을 깎거나 눈을 확대할 수 있기 때문에 포토샵 성형에 많이 사용됩니다.

❶ Load Last Mesh   저장한 Mesh를 불러옵니다.
❷ Brush Size   브러시의 크기를 조정합니다.
❸ Brush Pressure   브러시의 압력을 조정합니다.
❹ Stylus Pressure   태 블릿에서 압력에 따라 왜곡의 정도를 조정할 때 체크합니다.
❺ Reconstruct Options   변형된 이미지를 설정값에 따라 복구합니다.

:: Forward Warp Tool

마우스로 드래그하면 이미지가 마우스가 이
동하는 방향으로 변형됩니다.

▲ Forward Warp Tool

:: Reconstruct Tool

마우스로 드래그하는 부분의 왜곡된 이미지
가 복구됩니다.

▲ Reconstruct Tool

:: Pucker Tool

마우스로 클릭하거나 드래그하는 지점을 중
심으로 이미지가 축소됩니다.

▲ Pucker Tool

:: Bloat Tool

마우스로 클릭하거나 드래그하는 지점을 중
심으로 이미지가 확대됩니다.

▲ Bloat Tool

:: Push Left Tool

마우스로 드래그하면 픽셀이 움직이는 방향
과 수직으로 이동합니다.

▲ Push Left Tool

:: Hand Tool

마우스로 클릭, 드래그하여 이미지를 이동합
니다.

▲ Hand Tool

:: Zoom Tool

이미지 크기를 확대합니다.

▲ Zoom Tool

01

사진 속
얼굴 성형하기

예제 파일 Sample\1부\Theme02\Lesson03\기쁨-94.jpg
완성 파일 Sample\1부\Theme02\Lesson03\기쁨-94-완성.jpg

키 워 드 [Liquify] 대화상자, [Curves] 활용법
길라잡이 포토샵으로 사진의 얼굴을 수정해주는 효과를 배워봅니다.

01 **01** 단축키 Ctrl+O를 눌러 [Open]
대화상자에서 새로운 이미지를 불
러옵니다.
02 메뉴의 [Filter-Liquify]를 선택
합니다.

02 **03** [Liquify] 대화상자가 나타나면
미리 보기 화면을 클릭하여 화면을
확대한 후 [Bloat] 툴(◈)을 선택
하고 양쪽 눈 위를 두 번 클릭하여
눈의 크기를 확대합니다.

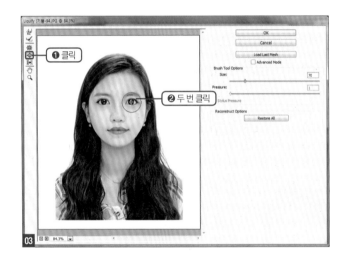

03 **04** [Forward Warp] 툴(👋)을 선
택한 상태에서 [Brush Size]를 확
대한 후 턱을 조심스럽게 안쪽으로
드래그하여 작업자가 원하는 얼굴
형으로 만듭니다.

04 05 브러시 크기를 작게 만들어 코가
들린 부분을 수정한 후 콧대를 살짝
드래그하여 코를 높이고 [OK] 버튼
을 클릭합니다.

이미지 확대 및 축소
수정한 이미지가 마음에 들지 않을 경우 Alt 를 누르
면 [Cancel] 버튼이 [Reset] 버튼으로 바뀝니다. 이때
클릭하면 이전 이미지로 되돌릴 수 있습니다.

STEP 02 [Curves] 설정하기

01 01 [Layers] 패널에서 [Create new
fill or adjustment layer( )] 버
튼을 클릭한 후 [Curves]를 선택하
면 [Layers] 패널에 새롭게 추가된
레이어를 확인할 수 있습니다. 02 그
런 다음 나타난 대화상자에서 그림
과 같이 설정합니다.

02 사진 속 얼굴이 전체적으로 조금씩
수정된 것을 확인할 수 있습니다.

02
사진 속 체형
성형하기

예제 파일   Sample\1부\Theme02\Lesson03\체형.jpg
완성 파일   Sample\1부\Theme02\Lesson03\체형-완성.jpg

키 워 드   [Liquify] 대화상자 활용
길라잡이   [Liquify] 필터를 이용하면 얼굴 성형뿐만 아니라 체형 수정도 가능합니다. 얼굴에서 체형에 이르기
까지 전체적으로 수정의 폭을 넓혀 [Liquify] 필터를 활용합니다.

STEP 01 팔뚝과 골반 라인 다듬기

01 **01** 글래머 몸매를 수정하기 위해 메뉴의 [Filter-Liquify]를 선택합니다.

02 **02** 선택한 [Forward Warp] 툴(✋)을 이용해 팔뚝과 골반 라인을 수정합니다. 크기를 조절하고, 화면을 확대하면서 좀 더 세밀하게 다듬습니다.

STEP 02 허리, 무릎, 종아리, 가슴 라인 다듬기

01 **01** [Forward Warp] 툴(✋)을 이용해 허리와 무릎, 종아리 라인을 수정합니다. 브러시의 크기를 조절하고, 화면을 확대하면서 좀 더 세밀하게 다듬습니다.

02 [02] [Bloat] 툴(◈)을 선택한 후 왼
　　쪽 가슴과 오른쪽 가슴을 번갈아 클
　　릭하면 해당 지점이 볼록하게 수정
　　됩니다. [Pucker] 툴(❀)을 선택한
　　후 허리에 모아지는 지점을 클릭하
　　여 이미지를 안쪽으로 모읍니다.

03 좀 더 슬림한 몸매로 다듬어보았습
　　니다. 여러분들도 자신의 모습을 아
　　름답게 다듬어보세요.

[Puppet Warp] 기능
이해하기

사람의 포즈를 마음대로 변경할 수 있는 재미있는 기능으로, 물체를 변형할 때도 사용할 수 있습니다. Puppet Warp 기능을 이용하면 사람뿐만 아니라 도형의 외형도 마음대로 변경할 수 있습니다.

1. 메뉴의 [Edit-Puppet Warp]를 클릭한 후 돌고래의 위쪽 부분을 클릭하면 키포인트가 생성됩니다. 두 번째 키포인트를 클릭한 후 드래그하면 돌고래 모양을 변형시킬 수 있습니다.

이미지 변경 명령어

↻ Remove all pins: 지정한 키 포인트 제거

⊘ Cancel Puppet Warp(ESC): 지금까지의 작업 취소

✔ Commitl Puppet Warp(Enter): 지금까지의 작업 적용

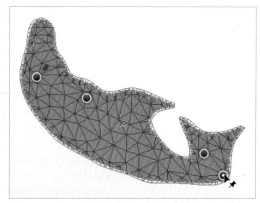

2. 포인트(Alt+클릭하고 지점을 통해 이동)를 드래그 또는 회전한 후 원하는 방향으로 개체를 이동합니다. Alt를 누른 채 오른쪽으로 조금 드래그합니다.

3. [Commitl Puppet Warp] 버튼(✔)을 클릭하거나 Enter.┘를 누르면 원하는 결과물이 완성됩니다.

사진을 찍다 보면 사진 속의 얼굴색이나 피부색이 유달리 붉은색을 띠는 경우가 종종 있습니다. 또는 그림자가 생기면서 좀 어두운 사진보다 붉은빛을 띠는 사진이 좀 더 지저분하게 보일 때가 있습니다. 그런 사진을 좀 더 자연스럽게 표현하기 위해 사진을 보정합니다.

예제 파일 Sample\1부\Theme02\실무테크닉\기쁨-29.jpg
완성 파일 Sample\1부\Theme02\실무테크닉\기쁨-29-보정.jpg

- 메뉴의 [Adjustments-Threshold]를 이용하여 하이라이트 영역과 섀도 영역의 색상을 추출합니다.
- 메뉴의 [Adjustments-Curves]를 이용하여 하이라이트 영역과 섀도 영역의 색상에 맞게 조절합니다.

최근에는 오래된 사진, 빛바랜 사진들이 유난히 인기가 있습니다. 따라서 이번에는 배경이 있는 사진에 효과를 입혀 오래된 느낌과 은은한 분위기를 풍기는 사진으로 수정해보겠습니다.

예제 파일 Sample\1부\Theme02\실무테크닉\미소.jpg
완성 파일 Sample\1부\Theme02\실무테크닉\미소-완성.jpg

• 블렌딩 모드인 [Exclusion]을 사용합니다.
• 사진을 선명하게 만들기 위해 [Unsharp Mask]를 적용합니다.

학습 동영상

포토샵에서는 사진이나 이미지에 수작업 느낌을 살려주는 방법으로 필터와 블렌딩 모드를 사용합니다. 이번에는 간단한 블렌딩 모드 기능으로 연필을 이용한 연필 스케치를 알아보겠습니다.

예제 파일 Sample\1부\Theme02\실무테크닉\기쁨25.jpg
완성 파일 Sample\1부\Theme02\실무테크닉\기쁨25-흑백완성.jpg   Sample\1부\Theme02\실무테크닉\기쁨25-칼라완성.jpg

• 블렌딩 모드 중 [Saturation], [Linear Dodge]를 이용해 연필 스케치 효과에 적용합니다.
• [Black & White] 이미지 보정을 이용해 깨끗한 흑백 이미지를 표현합니다.

실무 테크닉 04 거친 손 표현하기

필터와 레이어의 블렌딩 모드를 이용해 거친 재질을 패턴으로 추가하여 멋진 거친 느낌을 주는 손을 표현해보겠습니다.

예제 파일 Sample\1부\Theme02\실무테크닉\기쁨-77.jpg
완성 파일 Sample\1부\Theme02\실무테크닉\기쁨-77-완성.png

- 필터 중 Glowing Edges 필터와 Noise 필터를 사용하여 거친 효과를 줍니다.
- 레이어 블렌딩 모드를 적용하여 자연스러움을 표현합니다.
- 메뉴의 [Pattern]을 활용하여 좀 더 거친 느낌을 살려줍니다.

영상 동영상

03

광고 디자인

광고는 광고주가 판매를 촉진할 목적으로 다양한 매체를 이용하여 주로 유료로 행하는 일방 또는 쌍방의 마케팅 커뮤니케이션입니다. 즉, 상품이나 서비스를 대중에게 널리 알려 그 상품을 구매하도록 설득하는 것을 말합니다.

01 핸드폰 광고 디자인

핸드폰이 없는 사람은 거의 없습니다. 집에 컴퓨터는 없더라도 핸드폰 없는 사람은 찾기 힘듭니다. 그렇기 때문에 너도 나도 핸드폰 광고를 합니다. 핸드폰 광고는 대세가 아니라 필수가 되고 있습니다.

 핵심 기능 이미지 선택하기

포토샵에서 가장 많이 사용되는 툴 중의 하나인 선택 툴에 대해 알아보겠습니다. 선택 툴은 이미지 중 원하는 부분에 효과를 주거나 다른 이미지와 합성할 때 선택한 부분을 클립보드에 복사해두었다가 다른 이미지 또는 같은 이미지에 붙여 넣기 위해 사용합니다.

∷ 마키 툴(Marquee Tool)

▪ [] Rectangular Marquee Tool	M
○ Elliptical Marquee Tool	M
▭ Single Row Marquee Tool	
▯ Single Column Marquee Tool	

사각 선택 툴()

사각형으로 선택 영역을 지정할 때 사용합니다.

● 예제 파일
Sample\1부\Theme03\
Lesson01\토마토.jpg

• 선택 도구 상자를 사용하는 방법

선택 도구 중 사각형 선택 툴, 원형 선택 툴을 클릭한 후 작업 화면을 클릭하고 마우스에서 손을 떼지 않은 상태에서 드래그하면 드래그한 모양대로(사각 또는 원형) 선택됩니다.

중심에서 퍼지는 영역을 만들고 싶을 때는 단축키 Shift+Alt를 누른 상태에서 드래그하면 정사각형, 정원 모양으로 선택됩니다.

사각형 선택 툴의 컨트롤 패널

❶ 선택 모드: 다중 선택을 할 때 선택 방법을 결정합니다.

ⓐ New Selection(□): 한 곳의 새로운 이미지를 선택할 때 사용하며, 이미지의 손상 없이 선택 영역만 이동할 때도 사용합니다.

ⓑ Add to Selection(□): 기존 선택 영역에서 선택 영역을 추가할 때 사용합니다.

ⓒ Subtract from Selection(□): 기존 선택 영역에서 새로 선택한 영역을 제외할 때 사용합니다.

ⓓ Intersect with Selection(□): 기존에 선택한 영역과 새로 선택한 영역의 교차하는 부분을 남길 때 사용합니다.

❷ Feather 선택된 이미지의 테두리를 부드럽고 자연스럽게 처리하도록 설정하는 것입니다. 값이 커질수록 부드럽게 처리되는 영역이 넓어집니다. 값은 최소 1px부터 250px까지 설정할 수 있습니다. 수치가 높을수록 가장자리가 부드럽게 표현됩니다.

Feather: 0 px

원형 선택 툴(◯)

원형 선택 툴(◯)은 선택 영역을 원형으로 지정할 때 사용합니다. 사용 방법은 사각형 선택 툴(▦)과 같으며, 안티 에일리어싱을 적용하면 선택 영역의 경계를 부드럽게 표현하거나 거칠게 표현할 수 있습니다.

선택 영역 이동 방법

사각형 툴(▦)과 원형 툴(◯)을 선택 툴로 사용할 때는 SpaceBar가 유용하게 쓰입니다. 일시적으로 영역 선택이 정지되기 때문에 마우스를 드래그해도 영역이 늘어나거나 줄어들지 않고 점선으로 된 선택 영역을 이동할 수 있습니다. 단, 마우스에서 손을 떼지 않은 상태에서만 가능합니다.

가로선 선택 툴()과 세로선 선택 툴()은 가로나 세로 방향으로 한 픽셀씩 선택 영역을 지정할 때 사용하는 툴로, 마우스를 클릭하여 선택 영역을 지정합니다. 단, 가로선/세로선 선택 툴을 사용하려면 이미지를 확대하여 픽셀이 보이는 상태여야 하고, Feather 값이 '0'이 되어 있어야 합니다.

• Single Row Marquee Tool(가로 한 픽셀 도구): 가로로 한 픽셀만 선택할 수 있습니다.

• Single Column Marquee Tool(세로 한 픽셀 도구): 세로로 한 픽셀만 선택할 수 있습니다.

픽셀(Pixel)
이미지를 구성하는 하나의 작은 단위를 말합니다. 마치 세포가 모여 하나의 물체가 되듯이 그래픽으로 제작된 이미지는 바로 이 픽셀들이 모여서 하나의 이미지로 보이는 것입니다. 픽셀이라는 용어는 비트맵 방식에서 사용하는 단위인데, 포토샵에서 그림을 최대로 확대해보면 작은 사각형으로 구성되어 있는 것을 알 수 있습니다. 각각의 사각형에는 한 가지씩의 색상이 들어 있습니다.

⠿ 올가미 툴(Lasso Tool)

❶ **선택 모드** 선택 영역을 더하거나 뺄 때 사용하는 옵션으로, 사각형 선택 툴의 옵션과 기능이 같습니다.

❷ **Feather** 선택 영역의 가장자리를 부드럽게 표현할 때 사용하며, 수치가 높을수록 가장자리가 부드럽게 표현됩니다.

❸ **Anti-alias** 선택 영역의 경계 부분을 중간색으로 채워 곡선을 부드럽게 표현합니다.

❹ **Refine Edge** 선택 영역이 있으면 [Refine Edge] 버튼이 활성화되는데, 대화상자에서 세부 설정을 통해 섬세한 선택을 할 수 있습니다.

올가미 툴(🔵)

이미지 중 원하는 부분을 자유롭게 선택하는 툴로, 마우스를 클릭한 채 드래그한 후 마우스에서 손을 떼는 순간까지의 드래그 범위를 선택 영역으로 만들어줍니다. 단, [Alt]를 누른 채 사용하면 다각형 올가미 툴(🔺)로 바뀝니다.

다각형 올가미 툴(🔺)

드래그가 아닌 클릭으로 이미지를 선택합니다. 각이 있는 이미지를 선택할 때 용이하며, [Shift]와 함께 사용하면 직선으로 선택할 수 있습니다. 마우스를 클릭하면서 이미지를 선택하는 툴로, 직선 이미지를 정교하게 선택할 수 있습니다.

● **전 단계 영역 취소 방법**
[BackSpace]를 한 번씩 누를 때마다 최근에 클릭한 점부터 순서대로 취소됩니다.

마그네틱 올가미 툴(🔺)

이미지의 색상, 명도, 채도의 차이에 따라 자동으로 따라가면서 선택 영역을 지정합니다. 선택할 영역의 시작점에서 한 번 클릭해주고 그 다음부터 마우스에서 손을 떼고 드래그하는 대로 선택 영역을 지정해 주며, 이미 지나온 부분도 되돌아가서 수정할 수 있습니다.

:: 마술봉 툴(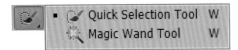)(Magic Wand Tool)

마술봉 툴(🪄)

유사한 색상으로 이루어진 이미지를 한꺼번에 선택할 수 있는 툴입니다. 이미지 중 마우스로 클릭한 지점부터 옵션 패널의 [Tolerance]에서 정한 범위 내의 비슷한 색상을 모두 선택해줍니다.

Tolerance 값을 '30'으로 지정했을 때

[Tolerance] 값을 '70'으로 지정했을 때

[Tolerance]
한 번 클릭으로 선택할 영역의 범위를 지정하는 기능입니다. 값은 0부터 255까지 넣을 수 있고, 기본 값은 '32'입니다. 설정 값의 범위가 작으면 보다 세밀한 범위를 선택할 수 있습니다.
'32'가 기본으로 잡혀 있는 수치이고, 선택 영역의 폭을 조절합니다. 입력 수치가 높을수록 많은 범위를 선택합니다.

[Contiguous]
클릭한 범위와 연속되는 색상의 픽셀만 선택합니다. 체크하지 않고 선택하면 이미지에서 클릭한 부분과 같이 떨어져 있는 부분의 색상도 선택됩니다.

☑ Contiguous 체크했을 때

☐ Contiguous 체크 해제했을 때

:: 빠른 선택 툴()

빠른 선택 툴(Quick Selection Tool)은 컨트롤 패널 브러시의 크기를 조정하여 선택할 부분을 붓으로 그리듯이 드래그하여 선택 영역을 지정하는 툴입니다.

❶ **Selection** 새로운 선택 영역을 만들거나 추가할 선택 영역의 옵션을 설정합니다.

❷ **Brush** 브러시 크기로 색상의 허용 범위를 설정합니다. 브러시가 클수록 선택 범위가 넓어지고, 작을수록 좁아집니다.

❸ **Sample All Layers** 체크를 하면 선택한 색상이 레이어에 상관없이 모두 선택되고, 체크를 해제하면 현재 레이어에만 색상이 선택됩니다.

❹ **Auto-Enhance** 자동으로 선택 영역을 깔끔하게 처리합니다.

❺ **Refine Edge** 선택 범위의 경계를 부드럽게 하거나 선택 범위를 확장, 축소할 수 있으며, 특히 부자연스러운 선택 범위를 부드럽게 처리할 수 있습니다.

[Refine Edge] 대화상자 이해하기

❶ **View Mode** 미리 보기 모드로 선택 영역을 어떻게 보여줄 것인지를 선택합니다. 미리 보기는 결과물의 상태를 확인하면서 수정할 때 사용하며, 다양한 배경을 통해 선택 영역을 살펴볼 수 있습니다.

❷ **Edge Detection** 선택 영역의 경계선을 다듬어줍니다. 선택 영역의 경계선을 따라 드래그하면 선택 영역이 추가되면서 수정됩니다. 브러시의 크기는 단축키 [[ ]와 [ ]]를 이용하여 조정하면서 작업하면 편리합니다. [Alt]를 누르면서 드래그하면 잘못 선택한 선택 영역을 제외할 수 있습니다.

ⓐ Smart Radius: 체크를 하면 [Radius]의 크기만큼 적용된 경계선이 자동으로 디테일하게 수정됩니다.

ⓑ Radius: 적용한 수치만큼 선택 영역의 경계선이 추가되면서 수정됩니다.

❸ **Adjust Edge** 선택 영역의 경계선을 세밀하게 보정합니다.

ⓐ Smooth: 선택 영역 경계선의 불규칙한 가장자리를 매끄럽게 만듭니다.

ⓑ Feather: 선택 영역의 경계선과 주변 픽셀 사이의 가장자리를 부드럽게 만듭니다.

ⓒ Contrast: 선택 영역의 경계선을 선명하게 만들어주기 때문에 흐릿한 부분이나 노이즈를 제거할 수 있습니다.

ⓓ Shift Edge: 선택 영역의 안쪽 또는 바깥쪽으로 경계선을 축소하거나 확장시킵니다.

❹ **Decontaminate Colors** 수정 과정에서 남은 찌꺼기와 배경 색상을 제거합니다.

❺ **Amount** [Decontaminate Colors]를 적용할 때 범위를 선택합니다.

❻ **Output To** 선택 영역을 새로운 레이어나 새 문서로 생성합니다.

:: 선택 영역 이동하기

선택 영역 표시를 이동시키는 것과 선택 영역으로 지정된 이미지를 이동시키는 것은 다릅니다. 선택 영역 표시는 도구 상자의 선택 툴이 선택된 상태에서 이동시켜야 하며, 선택 영역으로 지정된 이미지는(▶┿) 을 선택한 상태에서 이동시켜야 합니다.

- 이동할 때 [Alt]를 동시에 누르면 복사됩니다.
- Auto Select Layer: 체크하면 자동으로 레이어가 선택됩니다.
- Show Bounding Box: 체크하면 위에서 나온 변형이 가능한 박스가 나타납니다.

빠른 선택 툴(▨)
이미지의 일부분을 선택합니다.

이동 툴(▶┿)
[Alt]를 누른 채 이동시키면 복사된 것을 확인할 수 있습니다.

:: 레이어 마스크

마스크란, 간단히 말하자면 이미지의 어느 한 부분을 가림으로써 사용자에게 보이지 않도록 자연스럽게 지워주는 것을 말합니다. 이미지에 마스크를 씌우는 것으로 이해하면 됩니다.

- 레이어 패널에서 볼 수 있듯이 마스크가 적용되면 일반 레이어와는 달리 창이 두 개 생깁니다. 하나는 이미지를 보여주는 것이고, 나머지 하나는 마스크를 보여주는 것입니다.

●예제 파일
Sample\1부\Theme03\
Lesson01\마스크-1.jpg, 마스
크-2.jpg

▲ 일반 레이어　　　　　　　　　　　　　　　▲ 마스크 레이어

- 자연스러운 효과를 주기 위해 그레이던트 툴(■)을 선택합니다. 그리고 전경색을 검은색으로 지정합
  니다. 그레이던트 편집 창에서 두 번째인 투명 그레이던트를 선택합니다. 상단 옵션 바에서 직선 그레
  이던트 도구를 선택합니다.

- 마스크에서는 기본적으로 이미지를 봤을 때 검은 부분은 안 보이고, 흰 부분은 보이는 기능을 합니다.
  그라데이션을 이용하여 드래그하면 자연스러운 마스크가 적용됩니다.

Soft Bank

New Style

가을을 생각나게 하는
핸드폰 배경화면 만들기

01

예제 파일 Sample\1부\Theme03\Lesson01\기쁨-17.jpg, 기쁨-17[1].jpg, 레드핸폰.psd, 나뭇잎.psd, 헤드
셋.psd
완성 파일 Sample\1부\Theme03\Lesson01\핸드폰-완성.jpg

키 워 드 마스크 레이어 활용, [Motion Blur] 필터, [Paste Into] 기능 활용법
길라잡이 다섯 개의 이미지 파일들과 마스크 레이어 활용법을 이용하여 부드러운 핸드폰 광고를 디자인해
봅니다.

01 **01** 메뉴의 [File-New]를 클릭합니다. [New] 대화상자의 [Width]는 '800', [Hight]는 '600', [Resolution]는 '72'를 입력합니다. [Color Mode]는 'RGB Color'로 설정합니다. 원하는 용지 사이즈인 새 문서 창이 생성된 것을 확인할 수 있습니다.

02 메뉴의 [File-Open]을 클릭합니다. 도구 상자에서 이동 툴(▸+)을 선택한 후 이미지를 클릭, 드래그하여 복사합니다.

◎ 예제 파일
Sample\1부\Theme03\Lesson01\기쁨-17.jpg

01 복사한 레이어를 선택한 후 메뉴의 [Edit-Transform-Flip Horizontal]을 선택합니다.

02 배경 이미지를 수평 대칭으로 조절
　　합니다.

STEP 03 마스크 레이어 활용하기

01 **01**자연스러운 효과를 주기 위해
　　그레이던트 툴(▣)을 선택합니다.
　　02그런 다음 전경색을 검은색으로
　　지정합니다. **03** 그레이던트 편집 창
　　에서 투명 그레이던트를 선택합니
　　다. 상단 옵션 바에서 직선 그레이던
　　트 도구를 선택합니다.

02 **04**배경 여자의 이미지를 자연스럽
　　게 표현하기 위해 'Layer 1' 레이
　　어 창의 맨 하단에 있는 마스크 레
　　이어 도구 상자(▣)를 클릭합니다.
　　05다음 그림처럼 배경 여자 이미지
　　를 '좌에서 우' 또는 '우에서 좌'로
　　클릭, 드래그하여 그레이던트 효과
　　를 표현합니다.

03 **06**[Opacity] 값을 '25%'로 낮춥
　　니다.

01 **01**단축키 Ctrl+O를 누르면 나타
나는 [Open] 대화상자에서 새로
운 핸드폰을 불러옵니다. **02**삽입
한 사람 이미지의 가장자리 부분을
정리하기 위해 **03**메뉴의 [Layer-
Matting-Defringe]를 선택한 후
[Width] 값에 '1Pixels'를 입력하
고 [OK] 버튼을 클릭합니다.

◉예제 파일
Sample\1부\Theme03\Lesson01\레드핸폰.psd

02 **04**단축키 Ctrl+O를 누르면 나타나
는 [Open] 대화상자에서 또 다른
이미지를 불러옵니다. 그런 다음 단
축키 Ctrl+A를 눌러 사진 전체를 선
택하고 메뉴의 [Edit-Copy]를 선
택하여 복사합니다.

◉예제 파일
Sample\1부\Theme03\Lesson01\기쁨-17[1].jpg

03 **05**[Layers] 패널에서 '핸폰' 레이
어를 선택한 후 **06**그림처럼 마술봉
툴(🪄)을 이용해 **07**핸드폰 화면 영
역을 선택합니다.

01 선택한 영역 안에 사람 이미지를 삽입하기 위해 **01** 메뉴의 [Edit-Paste Special-Paste Into]를 선택합니다.

[Paste Into]
선택 영역 안에만 이미지를 붙여 넣는 기능입니다.

02 **02** 단축키 Ctrl+O를 눌러 [Open] 대화상자에서 새로운 이미지를 불러옵니다. 도구 상자에서 이동 툴(⯈)을 선택한 후 이미지를 클릭, 드래그하여 작업한 이미지 창으로 이동한 다음 복사합니다.

◎예제 파일
Sample\1부\Theme03\Lesson01\헤드셋.psd

Ctrl+O

03 단축키 Ctrl+T를 눌러 [Free Transform]을 실행합니다. **03** 조절점을 드래그하여 헤드셋 이미지를 축소한 후 그림처럼 이동하고 Enter.┘를 눌러 적용합니다.

❶ Ctrl+T
❷ Enter

01 **01** 헤드셋 이미지에 움직이는 효과를 주기 위해 [Layers] 패널에서 'Layer 3' 레이어를 선택한 후 **02** 단축키 Ctrl+J 를 두 번 눌러 레이어를 두 개 복사합니다.

02 **03** 헤드셋 이미지에 움직이는 효과를 주기 위해 [Layers] 패널에서 'Layer 3 Copy' 레이어를 선택한 후 **04** 메뉴의 [Filter-Blur-Motion Blur]를 클릭합니다.

[Filter-Blur-Motion Blur]
메뉴의 [Motion Blur]는 이미지가 움직이는 듯한 효과를 표현합니다.

03 **05** 그림처럼 [Motion] 효과 방향인 [Angle] 값은 움직이는 방향을 잘 보고 잡아주어야 합니다. 여기에서는 [Angle] 값에 '90°'를, [Distance] 값에 '80Pixels'를 입력합니다.

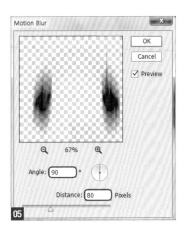

04 06 [Layers] 패널에서 'Layer 3 Copy 2' 레이어를 선택한 후 07 메뉴의 [Filter-Blur-Motion Blur]를 클릭합니다. [Angle] 값에 '90°'를, [Distance] 값에 '100Pixels'를 입력합니다.

STEP 07 나뭇잎 이미지 크기 조절하기

01 01 단축키 Ctrl+O를 누르면 나타나는 [Open] 대화상자에서 새로운 이미지를 불러옵니다. 도구 상자에서 이동 툴(⊕)을 선택한 후 이미지를 클릭, 드래그하여 작업한 이미지 창으로 이동하여 복사합니다.

◎ 예제 파일
Sample\1부\Theme03\Lesson01\나뭇잎.psd

02 02 단축키 Ctrl + T 를 눌러 [Free Trans
form]을 실행합니다. 조절점을 드
래그하여 나뭇잎 이미지를 축소한
후 그림처럼 이동하고 Enter.⏎를 눌
러 적용합니다.

STEP 08 나뭇잎에 [Motion Blur] 필터 활용하기

01 01 나뭇잎이 움직이는 효과를 주
기 위해 [Layers] 패널에서 '나뭇
잎-1' 레이어를 선택한 후 02 단축
키 Ctrl + J 를 두 번 눌러 레이어를
두 개 복사합니다.

02 03 나뭇잎이 움직이는 효과를 주기 위해 [Layers] 패널에서 '나뭇잎-1 Copy' 레이어를 선택한 후 메뉴의 [Filter-Blur-Motion Blur]를 클릭합니다.

03 04 다음 그림처럼 [Motion] 효과 방향인 [Angle] 값은 움직이는 방향을 잘 보고 잡아주어야 합니다. 여기에서는 [Angle] 값에 '-31°'를, [Distance] 값에 '80Pixels'를 입력합니다.

04 05 다시 한 번 [Layers] 패널에서 '나뭇잎-1' 레이어를 선택한 후 메뉴의 [Filter-Blur-Motion Blur]를 클릭합니다. 06 [Motion Blur] 대화상자의 [Angle] 값에 '-31°'를, [Distance] 값에 '100Pixels'를 입력합니다.

05 **07** 나뭇잎들의 움직이는 효과를 좀 더 부드럽게 표현하기 위해 [Layers] 패널에서 '나뭇잎-1' 레이어와 '나뭇잎-1 copy' 레이어를 선택한 후 **08** [Opacity] 값을 '50%'으로 설정합니다.

STEP 09 문자 삽입하기

01 **01** 문자를 삽입하기 위해 문자 툴 (T)을 이용하여 원하는 글자를 입력합니다. 문자 색은 흰색으로 지정한 후 문자 툴의 옵션 바에서 글꼴과 문자 크기를 설정합니다.

02 **02** 완성된 것을 확인할 수 있습니다.

[New] 대화상자와 [Paste Into] 이해하기

새 파일을 만드는 기능으로, 메뉴의 [File-New] 명령을 사용하며 [Paste]와 같은 기능을 하지만, 메뉴의 [Edit-Paste Special-Paste Into] 명령은 붙여 넣을 이미지의 선택 영역 안에만 붙여 넣기가 가능합니다.

■ [New] 대화상자 이해하기

메뉴의 [File-New]를 클릭하거나 단축키 Ctrl+N 을 누르면 [New] 대화상자가 나타납니다. [New] 대화상자가 나타나면 파일의 이름, 작업 화면의 가로와 세로의 크기, 해상도, 이미지 모드, 배경을 무엇으로 채울 것인지를 지정한 후 [OK] 버튼을 클릭합니다.

❶ **Name** 새로 만들 파일의 이름을 입력합니다.

❷ **Image Size** 이미지 크기와 해상도 등 전반적인 부분을 설정합니다.

❸ **Width** 새로 만들 파일의 가로 크기를 입력합니다.

❹ **Height** 새로 만들 파일의 세로 크기를 입력합니다.

❺ **Resolution** 픽셀당 해상도를 지정합니다. 인쇄물 작업을 할 경우에는 300 이상으로 해주는 것이 좋으며, 특별한 경우가 아닌 이상 이 항목을 바꿀 필요는 없습니다.

❻ **Color Mode** 이미지가 표현하는 색상 체계를 선택합니다.

❼ **Background Contents** 새 창의 바닥 색 종류를 선택합니다.

　ⓐ **White** 바탕 색상이 흰색으로 지정된 파일이 만들어집니다.

　ⓑ **Background Color** 현재 백그라운드 컬러로 지정된 색상의 파일이 만들어집니다.

　ⓒ **Transparent** 배경이 투명한 파일을 만듭니다.

❽ **Cancel** New 명령을 취소하는 것으로 Alt 를 누르면 [Cancel] 버튼으로, Ctrl 을 누르면 [Reset] 버튼으로 바뀌며, 설정 상태를 초기화합니다.

■ [Paste Into] 이해하기

[Paste]는 이미지 안의 가운데로 자르거나 복사한 이미지를 붙여 넣는 반면, [Paste Info]는 선택한 영역 안으로 마스크를 이용하여 붙여 넣습니다. [Paste Into]를 이용하면 건물 안에 사람이 들어가 있거나 내부의 다른 이미지들을 더욱 자연스럽게 합성할 수 있습니다.

① 사진 전체를 선택한 후 메뉴의 [Edit–Copy]를 선택하여 복사합니다.

◎예제 파일
Sample\1부\Theme03\Lesson01\배경.jpg, 건물.jpg

② 빠른 선택 툴(　)을 이용해 파란 하늘 영역을 선택합니다.

③ 선택한 영역 안에 배경 이미지를 삽입하기 위해 메뉴의 [Edit–Paste Special–Paste Into]를 선택합니다.

④ 그림처럼 이동한 후 [Enter↵]를 눌러 적용합니다. 완성된 것을 확인할 수 있습니다.

02 핸드폰 케이스 광고 디자인

요즘 많은 핸드폰들이 나오면서 그에 따른 케이스 역시 많이 나오고 있습니다. 핸드폰의 종류가 다양한 것과 비례하여 케이스 역시 제품에 따라 여러 가지 종류가 나오고 있지요. 핸드폰 대리점이나 직영점, 핸드폰 액세서리를 판매하는 매장에서는 전시하는 데 한계가 있기 때문에 일부 인기 있는 제품들만 들여온다고 합니다.

핵심 기능 ▶ 문자(Type Tool) 기본 사항 파악하기

문자 툴(T.)은 문자를 입력하는 툴로, 문자를 입력하기 전이나 입력한 문자를 선택한 후 컨트롤 패널에서 글자체, 크기, 형태 등을 지정합니다.

∷ 문자 툴(T.) 입력 도구 종류

T	▪ T Horizontal Type Tool	T
	↓T Vertical Type Tool	T
	T̈ Horizontal Type Mask Tool	T
	↓T̈ Vertical Type Mask Tool	T

가로 문자 도구(T.)
일반적인 방식으로 가로 쓰기 입력 방식입니다.

세로 문자 도구(IT.)
세로 쓰기 입력 방식입니다.

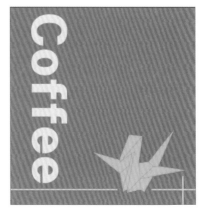

▲ 가로 문자 도구

▲ 세로 문자 도구

가로 문자 마스크 도구( )

가로 쓰기 입력 방식으로, 입력 창이 마스크 모드로 변경되며, 입력을 마치고 적용하면 문자가 선택 영역(점선)으로 변경됩니다.

세로 문자 마스크 도구( )

세로 쓰기 입력 방식으로, 입력 창이 마스크 모드로 변경되며, 입력을 마치고 적용하면 문자가 선택 영역(점선)으로 변경됩니다.

마스크 타입을 사용할 때

1. 마스크 타입 툴을 사용하면 글씨대로 선택 영역을 만들 수 있습니다.

    [Type Mask] 툴로 글자를 입력할 경우 작업 창이 빨간색으로 변하는데, 그 이유는 마스크 모드로 자동 변경되기 때문입니다. Indexed Color 모드일 경우에도 이와 같은 현상이 나타납니다. 이 경우 메뉴의 [Image—Mode—RGB Color]를 클릭하여 변경해주어야 합니다. 도구 상자에서 [Quick Mask Mode]가 선택되어 있을 때도 같은 현상이 일어납니다. 옆에 있는 [Standard Mode] 버튼을 클릭한 후 글을 입력하면 해결됩니다.

:: 타입 툴의 옵션 바

① **Change The Text Orientation** 가로 방향으로 문자 입력이 기본으로 되어 있고, 클릭하면 세로 방향을 입력할 수 있습니다.

② **Font Family** 시스템에 설치한 폰트 리스트를 보여주며, 원하는 대로 골라 사용할 수 있습니다.

③ **Font Style** 선택한 폰트가 지원하는 폰트 스타일을 지정할 수 있습니다.

ⓐ Regular: 폰트 기본 속성 값이 입력됩니다.

ⓑ italic: 폰트에 기울기 속성이 적용됩니다.

ⓒ Bold: 폰트에 굵기 속성이 적용됩니다.

ⓓ Bold italic: 폰트에 굵기와 기울기 속성이 적용됩니다.

④ **Font Size** Point(pt) 단위로 문자 사이즈를 지정합니다.

⑤ **Anti-aliasing** 폰트에 안티 에일리어싱 적용 방법을 설정합니다.

ⓐ None: 폰트의 경계가 안티 에일리어싱 효과가 없이 거칠게 적용됩니다. 주로 웹 폰트는 이 속성을 가지고 있습니다. 적당한 사이즈일 때는 가장 뚜렷하게 표현됩니다.

ⓑ Sharp: 폰트의 경계가 부드럽고 선명하게 적용됩니다.

ⓒ Crisp: 폰트의 경계가 안쪽으로 부드럽게 적용됩니다.

ⓓ Strong: 폰트의 경계가 바깥쪽으로 부드럽게 적용됩니다.

ⓔ Smooth: 폰트의 경계가 부드럽게 적용됩니다.

⑥ **Align** 폰트의 정렬 방식을 설정합니다(왼쪽, 중앙, 오른쪽 정렬).

⑦ **Text Color** 클릭하면 [Color Picker] 대화상자에서 폰트 색상을 지정할 수 있습니다.

⑧ **Warped Text** 문자를 다양한 형태로 변화시킬 수 있습니다.

ⓐ Style: 적용할 왜곡 스타일을 지정합니다.

ⓑ Horizontal/Vertical: 왜곡의 방향 축을 가로/세로로 지정합니다.

ⓒ Bend: 구부림과 같은 왜곡 정도를 조절합니다.

ⓓ Horizontal Distortion: 수평 방향의 왜곡 정도를 조절합니다.

ⓔ Vertical Distortion: 수직 방향의 왜곡 정도를 조절합니다.

❾ Palettes　폰트 속성을 변경할 수 있는 대화상자가 나타납니다. 캐릭터(character) 및 패러그래프 (Paragraph) 패널에서 폰트 속성 및 단락 속성을 설정할 수 있습니다.

내부의 수납공간이 디자인되어 명함,카및 지폐 보관이 가능합니

내용물을 안전하게 보관하며 쉽게 변형되지 않습니

New Style

핸드폰 케이스
포스터 만들기

예제 파일 Sample\1부\Theme03\Lesson02\블루핸폰.psd, 핸폰케이스.psd, card.psd
완성 파일 Sample\1부\Theme03\Lesson02\케이스-완성.jpg

키 워 드 그라데이션 설정, 마스크 레이어 적용, [Linear Dodge] 모드 설정, 문자 툴 적용, [Motion Blur] 필
터, [Ocean Ripple] 필터, [Polar Coordinates] 필터 활용법
길라잡이 물결의 색상은 그라데이션으로 표현한 후 다양한 필터를 활용하여 반사 물결 배경을 만들고, 여러
가지 예제들을 배치합니다.

01 01 메뉴의 [File-New]를 클릭하면
　　나타나는 [New] 대화상자에서 다
　　음과 같이 [단위]에 mm(밀리미터),
　　[용지 사이즈]에 '297×210', [해
　　상도]에 '72'를 입력한 후 [Mode]
　　는 'RGB Color'를 선택합니다. 원
　　하는 용지 사이즈인 새 문서 창이 생
　　성된 것을 확인할 수 있습니다.

02 02 배경 이미지를 만들기 위해 그라
　　데이션 툴(■)을 선택한 후 03 컨트
　　롤 패널에서 직선 그라데이션 모드
　　(■)를 선택합니다. 04 그라데이션
　　편집 창(■■■▼)을 클릭한 후
　　그림처럼 설정합니다.

03 05 [Layers] 패널에서 [Create a
　　newlayer] 아이콘(■)을 클릭한
　　후 레이어 이름을 '배경색'으로 변
　　경합니다. 06 '배경색' 레이어를 선
　　택한 후 위에서 작업한 그레이딘트
　　를 아래쪽으로 드래그하면 반사 효
　　과를 만들 준비가 된 것입니다.

01 **01** 두 개의 새로운 이미지를 각각 불러오기 위해 단축키 Ctrl+O를 누르거나 메뉴의 [File-Open]을 클릭합니다. **02** 도구 상자에서 이동 툴(▶⊕)을 선택한 후 이미지를 클릭, 드래그하여 복사합니다.

◉ 예제 파일
Sample\1부\Theme03\Lesson02\핸폰케이스.psd, 블루핸폰.psd

02 그럴듯한 반사 효과를 만들기 위해 핸드폰을 복제하여 반전시킵니다. **03** [Layers] 패널에서 '핸폰' 레이어를 선택한 후 단축키 Ctrl+J를 눌러 레이어를 복사합니다. 그런 다음 **04** 단축키 Ctrl+T를 누르고 마우스 오른쪽 버튼을 클릭한 후 [Flip Vertical]을 클릭하여 복제된 핸드폰을 반전시킵니다.
05 원본 구의 아래쪽에 복제된 구의 위쪽이 살짝 닿을 듯 말 듯하도록 복제된 '핸폰 copy' 레이어를 아래로 이동합니다.

TIP
수평, 수직으로 이동할 때
이동할 때 Shift 를 누르고 있으면 좌우로 흔들리지 않고 수직 방향으로만 움직일 수 있습니다.

03 이제 점차 사라져 가는 효과를 조금 적용하여 깊이가 있는 듯한 효과를 내보기로 합니다. 이 효과를 내기 위해서는 레이어 마스크를 사용해야 합니다. **06** '핸폰 copy' 레이어를 선택한 상태에서 [Add layer mask](▣) 아이콘을 클릭합니다. '핸폰 copy' 레이어에 레이어 마스크가 생겼습니다.

04 **07** 전경색을 검은색, 배경색을 흰색으로 설정한 후 **08** 컨트롤 패널에서 직선 그레이디언트 모드(■)를 선택합니다.

❶ 설정

❷ 선택

05 **09** '핸폰 copy' 레이어의 마스크 부분을 클릭한 후 아랫부분에서 시작하여 맨 위까지 드래그합니다. 이제 아래쪽으로 점차 사라져가는 효과를 적용합니다.

❶ 클릭

❷ 드래그

STEP 03 [Motion Blur] 필터 적용하기

01 좋은 이미지를 훌륭한 이미지로 바꾸기 위하여 아주 작은 것을 가미해 보겠습니다.
01 메뉴의 [Filter-Blur-Motion Blur]를 선택한 후 **02** '10Pixels'와 '90°'를 입력하고 모션 블러 효과를 표현합니다.

❶ 클릭

❷ 선택

❸ 선택

❹ 입력

❺ 입력

02 **03** [Layers] 패널에서 '배경색' 레이어와 '핸폰 copy' 레이어를 선택한 후 **04** Ctrl+E를 눌러 두 개의 레이어를 합칩니다.

물결을 자연스럽게 작업하기 위해
물결 효과에 일관성을 부여하기 위하여 배경을 이루는 레이어들을 모두 하나로 병합할 필요가 있습니다.

03 **05** 물결 효과를 적용하기 위하여 [Layers] 패널에서 '핸폰 copy' 레이어의 위치를 그림처럼 밑으로 이동합니다.

STEP 04 실감나는 물결 작업하기

01 **01** 메뉴의 [Filter-Distort-Ocean Ripple]을 클릭합니다. 크기(size)는 '10'으로, 넓이(magnitude)는 '15'로 설정하여 적용합니다.

02 **02** 실감나는 물을 만들기 위하여 메뉴의 [Filter-Blur-Motion Blur]를 클릭한 후 [Angle]은 '0°'로, [Distance]는 '30Pixels'로 설정하여 적용합니다.

STEP 05 물결의 파동 표현하기

01 앞에서 우리가 만든 핸드폰은 물 위에 떠 있습니다. 이번에는 핸드폰이 수면에 살짝 닿도록 해보겠습니다. **01** '핸드폰 copy' 레이어를 선택한 후 **02** 원형 툴(◯)을 선택하여 **03** 그림처럼 타원 모양으로 선택 영역을 작업합니다.

❶ 설정

Feather Selection

Feather Radius: 10 pixels

☐ Apply effect at canvas bounds

OK ── ❷ 클릭

Cancel

04

02 **04** 부드러운 효과를 내기 위하여 [Feather]를 적용합니다. 메뉴의 [Select-Modify-Feather]를 실행한 후 '10Pixels'로 설정합니다.

03 **05** 메뉴의 [Filter-Distort-Polar Coordinates]를 선택한 후 **06** [Rectangular to Polar] 항목을 선택하고 [OK] 버튼을 클릭합니다. **07** 그런 다음 단축키 Ctrl+D를 눌러 선택 영역을 해제합니다.

❶ 클릭

Filter

Motion Blur — Ctrl+F

Convert for Smart Filters

Filter Gallery...
Adaptive Wide Angle... — Alt+Shift+Ctrl+A
Camera Raw Filter... — Shift+Ctrl+A
Lens Correction... — Shift+Ctrl+R
Liquify... — Shift+Ctrl+X
Vanishing Point... — Alt+Ctrl+V

3D ▶
Blur ▶
Blur Gallery ▶
❷ 선택 Distort ▶ — Displace...
Noise ▶ — Pinch...
Pixelate ▶ — ❸ 선택 — Polar Coordinates...
05 Render ▶ — Ripple...

Polar Coordinates

OK ── ❻ 클릭
Cancel

100%

◉ Rectangular to Polar — ❹ 선택
○ Polar to Rectangular

06

07

T.IP

[Polar Coordinates]
이 필터를 적용하면 직선 모양의 픽셀들이 원 모양으로, 또는 그 반대로 매핑됩니다.

04 **08** 핸드폰 이미지를 복제하기 위해 [Layers] 패널에서 '핸폰 copy' 레이어를 선택한 후 단축키 Ctrl+J를 눌러 레이어를 복사합니다.
09 복사한 '핸폰 Copy 2' 레이어를 선택한 후 [블렌딩 모드]를 'Linear Dodge' 모드로 설정하고 [Opacity] 값을 '35%'로 설정합니다. 아주 작은 변형과 다소의 상상력으로 만들어 낼 수 있는 결과입니다.

❹ 설정

Layers
Kind
Normal — Opacity: 100%
Lock: — Fill: 100%

핸폰
Layer 1
핸폰 copy 2
핸폰 copy
Background

08

Layers
Kind
Linear Dodge (Add) — Opacity: 35% ── ❺ 설정
Lock: — Fill: 100%

핸폰
Layer 1
핸폰 copy 2 ── ❸ 선택

09

❶ 선택

❷ Ctrl+J

01 ☐ 단축키 Ctrl+O를 눌러 [Open] 대화상자에서 새로운 이미지를 불러 옵니다. 도구 상자에서 이동 툴(▶+) 을 선택한 후 작업한 이미지 창으로 이동하여 복사합니다. 단축키 Ctrl+ T를 눌러 [Free Transform]을 실행한 후 조절점을 드래그하여 크 기를 조절하고 Enter↵를 눌러 적용 합니다.

◉ 예제 파일
Sample\1부\Theme03\Lesson02\card.psd

❶ Ctrl+O
❷ Ctrl+T
❸ Enter

02 ☐ 문자를 삽입하기 위해 문자 툴 (T)을 이용하여 원하는 글자를 입 력합니다. 문자 색은 흰색으로 지정 한 후 문자 툴의 옵션 바에서 글꼴과 문자 크기를 설정합니다. ☐ 완성된 것을 확인할 수 있습니다.

폰트 속성 및
단락 속성에 필요한
팔레트 기능들

폰트 속성을 변경할 수 있는 대화상자의 [character] 및 [Paragraph] 팔레트에서 폰트 속성 및 단락 속성을 설정할 수 있습니다.

■ [Character] 대화상자

❶ Leading 줄 간격(행간)을 조정합니다.

❷ Kerning 커닝은 영문에만 적용되는 옵션으로, 커서가 두 문자 사이에 있을 때만 사용합니다. 주로 Auto로 지정하여 사용합니다.

❸ Tracking 글자와 글자 사이인 자간을 조정합니다.

❹ Vertically Scale 글자의 세로 방향 비율을 %로 설정합니다.

❺ Horizontally Scale 글자의 가로 방향의 비율을 %로 설정합니다.

❻ Baseline[shift] 선택한 글자의 높이를 설정합니다.

❼ Faux Bold 체크하면 문자가 진하게 나옵니다.

❽ Faux italic 체크하면 문자가 기울여집니다.

❾ All Caps 영문은 대문자만, 한글은 쌍자음만 나오게 됩니다. 키보드의 Caps Lock 을 누른 효과를 나타냅니다.

❿ Small Caps All Caps와는 반대 기능입니다.

⓫ Superscript 윗첨자입니다.

⓬ Subscript 아랫첨자입니다.

⓭ UnderLine 밑줄 긋기입니다.

⓮ Strikethrough 가운데 줄 긋기입니다.

■ [Paragraph] 대화상자

❶ Align Left 왼쪽을 기준으로 문자를 정렬합니다.

❷ Align Center 가운데를 기준으로 정렬합니다.

❸ Align Right 오른쪽을 기준으로 정렬합니다.

❹ Justify Last Left 선택된 문단을 왼쪽으로 정렬하며, 문단이 계속되는 줄에서는 양쪽 모두 정렬합니다.

❺ Justify Last Center 선택된 문단을 가운데로 정렬하며, 문단이 계속되는 줄에서는 양쪽 모두 정렬합니다.

❻ Justify Last Right 선택된 문단을 오른쪽으로 정렬하며, 문단이 계속되는 줄에서는 양쪽 모두 정렬합니다.

❼ Justify All 선택된 문단을 양쪽으로 정렬합니다.

LESSON

03 모니터 광고 디자인

컴퓨터의 자원과 컴퓨터 수행 시간을 효율적으로 사용하기 위해 여러 개의 독립적인 작업들의 실행 상태를 감독하고 컴퓨터의
전체적인 동작을 제어하는 텔레비전 모양의 주변 장치로, 많은 사람들이 활용하는 노트북 등에 사용됩니다.

핵심
기능 지우개 툴 이해하기

:: 지우개 툴( )

●예제 파일
Sample\1부\Theme03\
Lesson03\과일.jpg

이미지의 일부분을 지울 때 사용하는 툴로, 페인팅을 하듯이 이미지 위를 마우스로 드래그하면 지워진
부분이 배경색으로 채워집니다.

[Erase to History]: 이 옵션에서 체크한 후 [History] 패널에서 되돌아가고 싶은 단계를 선택해 놓으면 원
하는 단계로 되돌려줍니다. 즉, 히스토리 브러시 툴( )입니다.

:: 배경 지우개 툴( )

배경 지우개 툴은 드래그하는 대로 이미지를 지워 투명하게 만들어주는 툴입니다. 지우개 툴은 이미지를
지우면 배경색이 채워지지만, 배경 지우개 툴은 지운 부분이 투명하게 처리됩니다.

- [Tolerance]: 지워질 범위를 지정하는 것으로, 수치가 낮을수록 샘플 색상과 비슷한 색상만 지워집니다.
- [Sampling]: 이미지 중 어떤 색상을 지울 것인지를 지정하는 부분입니다.
- [Protect Foreground Color]: 이 옵션에 체크하면 전경색으로 지정되어 있는 색상이 사용된 부분은 지워지지 않습니다. 주로 이미지 중 한 가지 색상만 지우고 싶지 않을 때 사용합니다.

:: 마술 지우개 툴( )

이미지 중 마술 지우개 툴( )로 클릭한 부분과 색상을 가진 부분을 자동적으로 투명하게 만들어주는 것으로, 마술봉 툴( )과 배경 지우개 툴( )을 합쳐놓은 것이라고 할 수 있습니다.

- [Tolerance]: 클릭한 부분과 얼마나 비슷한 색상을 찾아서 지워줄 것인지를 지정하는 것으로, 수치가 높을수록 한 번에 더 많은 영역이 지워집니다. 수치는 0부터 255까지로, 값이 클수록 더 많은 영역을 지웁니다.
- [Contiguous]: 이 옵션에 체크하면 클릭한 부분과 비슷한 색상을 가지고 있는 주위의 픽셀들만 지워주고, 체크하지 않으면 클릭한 부분과 비슷한 색상을 이미지 전체에서 찾아 모두 지워줍니다.

사무용 최적화 노트북
빠른 스피드, 놀라운 성능

기능
실습

생동감 있는
노트북 광고 디자인 만들기

01

예제 파일 Sample\1부\Theme03\Lesson03\바탕.psd, 노트북.psd, SKATING.jpg, 스케이트선수.jpg
완성 파일 Sample\1부\Theme03\Lesson03\노트북-완성.jpg

키 워 드 문자 툴, [Curves] 적용, [Soft Light] 모드 적용, [Motion Blur] 필터 활용법
길라잡이 스케이트 선수의 시원한 움직임처럼 속도가 빠른 노트북을 소개하기 위한 디자인입니다.

01 **01** 단축키 Ctrl+O 를 누르면 나타나
는 [Open] 대화상자에서 배경으로
작업할 이미지를 불러옵니다.

◉예제 파일
Sample\1부\Theme03\Lesson03\바탕.psd

Ctrl + O

02 **02** 단축키 Ctrl+O 를 누르면 나타나
는 [Open] 대화상자에서 새로운 이
미지를 불러옵니다. **03** 도구 상자에
서 빠른 선택 툴( )을 이용하여 다
음 그림처럼 '스케이트 Layer 1'을
선택합니다. **04** 옵션 바에서 [Refine
Edge] 버튼을 클릭한 후 **05** 그림처
럼 설정합니다.

❶ 선택

❷ 클릭

03 도구 상자에서 이동 툴(🔀)을 선택한 후 02에서 선택한 '스케이트 Layer 1' 이미지를 클릭, 드래그하여 1번에서 작업한 배경 이미지 창으로 이동하여 복사합니다. 단축키 Ctrl+T를 눌러 [Free Transform]을 실행합니다. 조절점을 드래그하여 '스케이트 Layer 1' 이미지를 축소한 후 그림처럼 이동하고 Enter. 를 눌러 적용합니다.

STEP 02 이미지 반사 표현하기

01 01 'Layer 1' 이미지를 복제하기 위해 [Layers] 패널에서 'Layer 1' 레이어를 선택한 후 Ctrl+J를 눌러 레이어를 복사합니다. 02 '스케이트 Layer 1' 이미지를 수직으로 대칭하기 위해 단축키 Ctrl+T를 눌러 [Free Transform]을 실행한 후 마우스 오른쪽 버튼을 클릭하여 [Flip Vertical]을 선택합니다.

❶ 선택
❷ Ctrl + J

❸ Ctrl + T
❹ 오른쪽 클릭
❺ 선택

02 [Layers] 패널에서 'Layer 1 copy' 레이어를 선택한 후 [블렌딩 모드]를 'Soft Light' [Opacity] 값을 '60%'로 설정합니다. 빙판에 비치는 사람의 이미지를 좀 더 자연스럽게 조절합니다.

STEP 03 달리는 효과 표현하기

01 스케이트를 타는 사람의 이미지에 달리는 효과를 주기 위해 'Layer 1' 레이어를 선택한 후 Ctrl+J를 두 번 눌러 레이어를 두 개 복사합니다.

02 스케이트를 타는 사람의 이미지에 달리는 효과를 주기 위해 [Layers] 패널에서 'Layer 1 copy 2' 레이어를 선택한 후 메뉴의 [Filter-Blur-Motion Blur]를 클릭합니다.

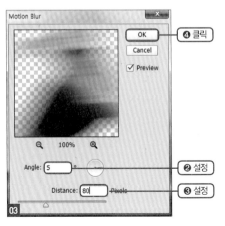 그림처럼 [Motion] 효과 방향인 [Angle] 값은 달리는 방향을 잘 보고 잡아주어야 합니다. 여기에서 [Angle] 값은 '5°', [Distance] 값은 '80Pixels'로 설정합니다.

03 **04** 'Layer 1' 레이어를 선택한 후
다시 한 번 메뉴의 [Fillter-Blue-
Motion Blue]를 선택합니다. 그림
처럼 Angle 값은 '5°', Distance
값은 '100'으로 설정합니다.

04 **05** [Layers] 패널에서 'Layer 1' 레
이어와 'Layer 1 copy2' 레이어를
클릭한 후 이동 툴을 선택하여 앞의
02번과 03번에서 작업한 Motion
Blue 효과 이미지를 그림처럼 오른
쪽으로 이동합니다. 그리고 **06** 그림
처럼 Motion Blue 효과 이미지 주
위를 다듬기 위해 지우개 툴(🖌)을
선택하여 자연스럽게 지워줍니다.

05 **07** [Layers] 패널에서 모든 레이어를
선택한 후 **08** Ctrl + E 를 눌러 모든
레이어를 합칩니다.

06 **09** [Layers] 패널에서 'Layer 1' 레이어를 선택한 후 Ctrl+J 를 눌러 레이어를 복사합니다. 'Layer 1 copy 2' 레이어를 선택한 후 [블렌딩 모드]를 'Soft Light' [Opacity] 값을 '50%'로 설정합니다.

❶ 선택

07 **10** 지금까지 작업한 이미지를 메뉴의 [File-Save As]를 클릭하여 저장합니다.

●완성 파일
Sample\1부\Theme03\Lesson03\바탕선수.psd

STEP 04 빈 문서 생성 및 이미지 파일 불러오기

01 **01** 메뉴의 [File-New]를 클릭합니다. 용지 사이즈는 '600×480', 해상도는 '72', [Mode]는 'RGB Color'로 설정하고 [OK] 버튼을 클릭합니다.

02 **02** 새로운 이미지를 불러오기 위해 단축키 Ctrl+O를 누르거나 메뉴의 [File-Open]을 클릭합니다. **03** 도구 상자에서 이동 툴(➤₊)을 선택한 후 이미지를 클릭, 드래그하여 복사합니다.

◉ 예제 파일
Sample\1부\Theme03\Lesson03\스케이트선수.jpg

STEP 05 전체 이미지 수평 대칭하기

01 **01** 복사한 레이어를 선택한 후 메뉴의 [Edit-Transform-Flip Horizontal]을 클릭하고 배경 이미지를 수평 대칭으로 조절합니다.

02 **02** [Opacity] 값을 '35%'로 낮춥니다.

STEP 06 새로운 이미지 불러오기

01 **01** 메뉴의 [File-Open]을 클릭합니
다. 도구 상자에서 이동 툴(▶╋)을 선
택한 후 이미지를 클릭, 드래그하여
복사합니다.

◉ 예제 파일
Sample\1부\Theme03\Lesson03\노트북.psd

02 **02** 삽입한 모니터 이미지의 가장자
리 부분을 정리하기 위해 메뉴에서
[Layer-Matting-Defringe]를 클
릭합니다. 그런 다음 [Width] 값에
'1Pixels' 입력하고 [OK] 버튼을 클
릭합니다.

03 **03** 단축키 [Ctrl]+[T]를 눌러 [Free
Transform]을 실행합니다.
조절점을 드래그하여 모니터 이미
지를 축소한 후 그림처럼 이동하고
[Enter.]를 눌러 적용합니다.

STEP 07 또 다른 새로운 이미지 불러오기

01 **01** 위에서 저장한 파일을 불러오기
위해 메뉴의 [File-Open]을 클릭합
니다. 도구 상자에서 이동 툴(▶╋)을
선택한 후 이미지를 클릭, 드래그하
여 복사합니다.

◉ 예제 파일
Sample\1부\Theme03\Lesson03\바탕선수.psd

02 **02** 단축키 Ctrl+T를 눌러 [Free Transform]을 실행합니다.
03 조절점을 드래그하여 앞 01번에서 불러온 이미지를 축소한 후 그림처럼 이동하고 Enter.↵를 눌러 적용합니다.

STEP 08 Layer 패널을 활용한 이미지 배치하기

01 **01** [Layers] 패널에서 'Layer 1 copy' 레이어를 '노트북' 레이어 아래로 이동합니다.

02 **02** [Layers] 패널에서 '노트북' 레이어를 선택한 후 **03** 도구 상자의 다각형 툴(▼)을 이용해 **04** 그림처럼 노트북 위쪽의 일부분을 선택합니다.

❷ 선택

03 05 [Layers] 패널에서 '노트북' 레이
　　어를 선택한 후 위에서 선택한 부분
　　을 삭제하기 위해 Delete 를 누릅니다.
　　06 그런 다음 [Create new fill or
　　adjustment layer] 버튼(◑)을 클
　　릭하고 [Curves]를 선택합니다.

STEP 09 [Curves] 패널을 활용하여 마무리하기

01 01 [Layers] 패널에 새롭게 추가된
　　레이어를 확인할 수 있습니다.
　　02 [Properties-Curves] 패널을
　　연 후 S자 곡선을 만들어주면 멋진
　　이미지가 완성됩니다.

02 03 원본 이미지와 비교해보면 선명
　　한 색상의 깊이감이 살아 있는 사진
　　으로 보정된 것을 알 수 있습니다.

01 **01** 문자를 삽입하기 위해 문자 툴 (T)을 이용하여 원하는 글자를 입력합니다. 문자 툴의 옵션 바에서 색상, 글꼴과 문자 크기를 지정한 후 입력합니다. **02** 완성된 결과물을 확인할 수 있습니다.

어느 각도에서나 뚜렷하게

178도 광시야각 ...

 기능
실습

각도를 자유롭게 표현하는
모니터 광고 만들기

02

학습 예영상 ●

예제 파일　Sample\1부\Theme03\Lesson03\그림.jpg, 측면 모니터.psd, 그리드.ai
완성 파일　Sample\1부\Theme03\Lesson03\모니터-완성.jpg

키 워 드　일러스트 파일 불러오기, 마스크 레이어 활용, 문자 툴 활용법
길라잡이　일러스트로 작업한 그리드를 불러온 후 이미지를 그리드 영역에 맞추어 배치합니다. 정면, 측면에
위치한 이미지들을 바닥에 자연스럽게 반사 효과로 표현합니다.

01 **01** 메뉴의 [File-New]를 클릭합니다. 용지 사이즈는 '297×210', 해상도는 '72', [Mode]는 'RGB Color'로 설정하고 [OK] 버튼을 클릭합니다.

02 **02** 메뉴의 [File-Open]을 클릭합니다. 도구 상자에서 이동 툴(▶+)을 선택한 후 이미지를 01에서 만든 새문서로 클릭, 드래그하여 복사합니다.

◉ 예제 파일
Sample\1부\Theme03\Lesson03\측면 모니터.psd

03 **03** Ctrl+T를 눌러 [Free Transform]을 실행합니다. 조절점을 드래그하여 모니터 이미지를 축소한 후 그림처럼 이동하고 Enter를 눌러 적용합니다.

① Ctrl+T
② Enter

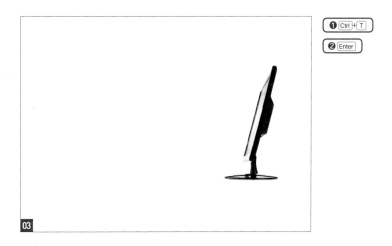

01 **01** 일러스트레이터에서 작업한 그리드를 불러오기 위해 메뉴의 [File-Place Embedded]를 선택합니다. **02** [Open As Smart object] 대화상자의 [Crop To] 옵션에서 [Bounding Box]로 설정하여 불러옵니다. **03** 이미지 삽입 작업을 완료하기 위해 이동 툴(▶)을 선택한 후 이미지를 클릭, 드래그하여 이동합니다.

○예제 파일
Sample\1부\Theme03\Lesson03\그리드.ai

01 **01** 메뉴의 [File-Open]을 클릭합니다. 도구 상자에서 이동 툴(▶)을 선택한 후 이미지를 클릭, 드래그하여 복사합니다.

○예제 파일
Sample\1부\Theme03\Lesson03\그림.jpg

02 **02** 단축키 [Ctrl]+[T]를 눌러 [Free Transform]을 실행합니다. 앞에서 불러온 그리드를 중심으로 조절점을 드래그하여 그림 이미지 크기를 그림처럼 조절한 후 [Enter.]를 눌러 적용합니다.

STEP 04 그리드 영역에 맞추어 크기 조절하기

01 **01** '스케이트 Layer 1' 이미지를 복제하기 위해 [Layers] 패널에서 'Layer 1' 레이어를 선택한 후 단축키 [Ctrl]+[J]를 세 번 눌러 레이어를 복사합니다.

02 **02** 각 레이어를 클릭한 후 단축키 [Ctrl]+[T]를 눌러 [Free Transform]을 실행합니다. 앞에서 불러온 그리드를 중심으로 조절점을 드래그하여 그림 이미지의 크기를 조절한 후 [Enter.]를 눌러 적용합니다.

01 반사되는 이미지를 작업하기 위해 [Layers] 패널에서 'Layer 1' 레이어를 선택한 후 단축키 Ctrl+J를 눌러 레이어를 복사합니다. **01** 'Layer 1 copy 4' 레이어를 선택한 후 이미지를 수직으로 대칭하기 위해 단축키 Ctrl+T를 눌러 [Free Transform]을 실행하고 마우스 오른쪽 버튼을 클릭하여 [Flip Vertical]을 선택합니다.

02 **02** 자연스러운 효과를 주기 위해 그레이던트 툴(■)을 클릭한 후 전경색을 검은색으로 지정합니다. 그레이던트 편집 창에서 두 번째인 투명 그레이던트를 선택한 후 상단 옵션 바에서 직선 그레이던트 도구를 선택합니다.

03 **03** 위에서 작업한 그림 이미지를 자연스럽게 표현하기 위해 레이어 창의 맨 하단에 있는 마스크 레이어 도구 상자(■)를 클릭합니다. **04** 그런 다음 그림처럼 그림 이미지를 아래에서 위로 클릭, 드래그하여 그레이던트 효과를 표현합니다. [Opacity] 값을 '35%'로 낮춥니다.

04 05 앞에서 배치한 이미지들을 각각 의 레이어에 복제한 후 그림처럼 작업합니다. 06 이미지를 아래에서 위로 클릭, 드래그하여 그레이디언트 효과를 표현합니다. [Opacity] 값을 '25%'로 낮춥니다.

STEP 06 문자 입력하기

01 01 문자를 삽입하기 위해 문자 툴 (T.)을 이용하여 원하는 글자를 입력합니다. 문자 색을 '흰색'으로 지정한 후 문자 툴의 옵션 바에서 글꼴과 문자 크기를 설정합니다.

02 02 완성된 것을 확인할 수 있습니다.

Transform 이해하기

선택된 이미지의 이동, 확대, 축소, 반전 등을 자유롭게 할 수 있습니다. [Free Transform]을 선택하면 선택 영역 주위에 있는 박스를 이용하여 확대, 축소가 가능합니다.

1 메뉴의 [Edit-Transform]을 클릭하거나 단축키 Ctrl + T 를 눌러 [Free Transform]을 실행합니다.

2 조절점을 드래그하여 크기나 형태를 조절한 후 더블클릭하거나 Enter↵ 를 눌러 적용합니다.

▲ Scale

▲ Rotate

▲ Skew

▲ Distort

▲ Perspective

▲ Warp

▲ Rotate 180

▲ Rotate 90 CW

▲ Rotate 90 CCW

▲ Flip Horizontal

▲ Flip Vertical

04 간판 디자인

카페로 들어오게 하는 마법의 주문 같은 것이 간판 디자인입니다. 아무리 예쁜 카페라도 어떤 것이 있는지 모르면 발길이 쉽게 닿지 않지요. 메뉴판을 밖에 놓아두면 훨씬 많은 사람을 끌어모을 수 있어요. 낡은 듯한 이미지나 고물 느낌을 전달하기 위해서는 세련되고 깔끔한 이미지보다 더 많은 손질이 필요합니다.

핵심 기능 레이어 스타일(Layer Style) 알아보기

- 레이어 스타일(Layer Style)은 다양한 효과가 레이어 이미지에 링크된 상태로 존재하며, 이미지에 변형이 가해지면 자동으로 변화에 적용된 상태로 유지됩니다.
- 레이어에 레이어 스타일을 적용하면 레이어 이름의 우측에 'f'라는 아이콘이 표시됩니다.
- 레이어에 적용된 레이어 스타일들은 레이어 하단에 리스트로 나열되며, Style 이름을 더블클릭하면 옵션을 수정할 수 있습니다.

예제 파일 Sample\1부\Theme03\Lesson04\스타일.psd

❶ Bevel & Emboss 하이라이트와 그림자로 인한 다양한 효과를 이미지에 적용합니다. 선택한 레이어 이미지에 다양한 입체 효과를 만듭니다.

ⓐ Contour 다양한 윤곽을 지정할 수 있습니다.

ⓑ Texture 다양한 재질감을 지정할 수 있습니다.

❷ Stroke 작업 중인 레이어에 외곽선을 만들 수 있습니다.

❸Inner Shadow 선택한 레이어의 이미지 내부에 그림자 스타일을 적용합니다. 문자 레이어에 많이 사용합니다.

❹Inner Glow 레이어의 외곽 테두리에 외부 광선 스타일을 적용합니다.

❺Satin 레이어 표면에 광택 효과를 만듭니다. [Contour] 옵션을 조절하면 부드러운 광택 효과를 얻을 수 있습니다.

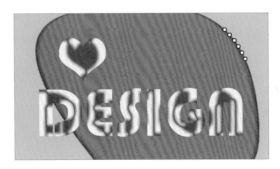

❻Color Overlay 작업 중인 레이어에 색상을 덮어씌웁니다. 블렌드 모드와 투명도를 조절하여 색상 그대로를 덮어씌우거나 부드럽게 덮어씌울 수 있습니다.

❼ Gradient Overlay 작업 중인 레이어에 그라데이션 색상을 덮어씌웁니다. 블렌드 모드와 투명도를 조절하여 그라데이션 색상을 덮어씌울 수 있습니다.

❽ Pattern Overlay 작업 중인 레이어에 패턴을 채웁니다.

❾ Outer Glow 레이어의 외곽 테두리에 외부 광선 스타일을 적용합니다.

❿ Drop Shadow 선택한 레이어에 그림자 스타일을 적용합니다.

01
커피숍 메뉴판 디자인 만들기

예제 파일 Sample\1부\Theme03\Lesson04\메뉴판.psd, orange.psd, 물잎.psd, cafe-1.ai, cafe-2.ai
완성 파일 Sample\1부\Theme03\Lesson04\메뉴판-완성.jpg

키 워 드 [Brightness/Contrast] 적용, [Clouds], [Bas Relief], [Texturizer], [Craquelure] 필터 활용, 일러스트 파일 사용하기
길라잡이 좀 더 낡아 보여야 하고, 더욱 지저분할 필요가 있는 이미지에 오래된 고철 질감을 표현하기 위한 필터 조합 과정을 살펴봅니다.

01 **01** 메뉴의 [File-New]를 클릭합
니다. 용지 사이즈에 '800×600',
해상도에 '72', [Color Mode]는
'RGB Color'를 선택합니다. [OK]
버튼을 클릭합니다.

02 **02** 도구 상자에서 전경색과 배경색
을 기본색으로 지정합니다. 그런 다
음 **03** 메뉴의 [Filter-Render-Cl-
ouds]를 선택합니다.

구름 효과 만들기

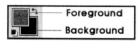
Foreground
Background

전경색(Foreground): 작업 화면에 페인팅 작업을 했을
때 나타나는 색상
배경색(Background): 지우개 툴 또는 Delete 로 지웠
을 때 나타나는 색상

[Filter-Render-Clouds] 명령
전경색과 배경색을 섞어 구름 효과를 만들어줍니다. 미
리 선택 영역을 만들어두면 그 영역에만 효과가 적용됩
니다.

01 **01** 메뉴의 [Filter-Sketch-Bas Re-
   lief]를 클릭합니다.
   02 그런 다음 메뉴의 [File-Save
   As]를 클릭하여 완성된 이미지를
   'pattern.psd' 파일로 저장합니다.

   ● 예제 파일
   Sample\1부\Theme03\Lesson04\pattern.psd

[Filter-Sketch-Bas Relief] 메뉴
이미지의 명암 차이에 의해 조각칼로 파낸 듯 입체 효
과를 표현합니다.

01 **01** 새로운 이미지를 불러오기 위해
   단축키 [Ctrl]+[O]를 누르면 나타나는
   [Open] 대화상자에서 표지판 제목
   으로 작업할 이미지를 불러옵니다.

   ● 예제 파일
   Sample\1부\Theme03\Lesson04\orange.psd

[Ctrl]+[O]

02 **02** 메뉴의 [Filter-Filter Gallery]
를 실행한 후 [Filter Gallery] 대
화상자의 [Texture-Texturizer]를
선택합니다.
[Texture] 옵션 설정의 화살표 버
튼(▶)으로 [Load Texture] 명령
을 실행합니다. **03** [Load Texture]
대화상자에서 'pattern.psd' 파일
을 소스로 불러들입니다. **04** [OK]
버튼으로 효과를 적용합니다.

◉예제 파일
Sample\1부\Theme03\Lesson04\pattern.psd

[Texture-Texturizer] 메뉴
사용자가 원하는 질감을 만들어 적용할 수 있습니다. 예
를 들어 벽돌, 삼베, 캔버스 등의 질감을 낼 수 있습니다.

03 **05** 중간 부분이 자연스럽게 우그러
져 접혀진 느낌을 표현하기 위해 올
가미 툴(◯)로 **06** 그림처럼 선택합
니다.

01 **01** 메뉴의 [Image-Adjustments -Brightness/Contrast]를 선택 합니다.

02 **02** [Brightness/Contrast] 대화 상자의 [Brightness]에 '-30'을 입력하고 [OK] 버튼을 클릭합니다.

01 **01** 단축키 Ctrl+D를 눌러 선택 영 역을 해제합니다. 메뉴의 [Filt- er-Filter Gallery]를 실행한 후 [Filter Gallery] 대화상자의 [Te- xture-Craquelure]를 선택합니다.

02 **02** [File-Save As]를 선택한 후 파일 형식은 'JPEG(*.Jpg)'를 선택하고, 완성된 이미지를 'orange.jpg' 파일로 저장합니다.

[Texture-Craquelure] 메뉴
작업 이미지의 표면에 균열이 생긴 것처럼 만들어줍니다. 벽에 바른 진흙이 말라 균열이 생긴 질감을 표현합니다.

STEP 06 새로운 포토샵 파일 불러오기 및 배치하기

01 **01** 새로운 이미지를 불러오기 위해 Ctrl+O를 누르거나 메뉴의 [File-Open]을 클릭합니다.

◉ 예제 파일
Sample\1부\Theme03\Lesson04\메뉴판.psd

02 **02** 다시 한 번 앞에서 저장한 파일을 불러오기 위해 Ctrl+O를 눌러 파도 이미지를 불러옵니다. **03** 이 동 툴(▶+)을 선택한 후 이미지를 클릭, 드래그하여 복사합니다. Ctrl+T를 눌러 [Free Transform]을 실행한 후 조절점을 드래그하여 크기를 조절하고 그림처럼 이동하고 Enter.↵를 눌러 적용합니다.

◉ 예제 파일
Sample\1부\Theme03\Lesson04\orange.jpg

01 **01** 일러스트레이터 파일을 불러오기 위해 메뉴의 [File-Place Embedded]를 선택합니다. **02** [Open As Smart object] 대화상자의 [Crop To] 옵션에서 [Bounding Box]로 설정하여 불러옵니다. 이미지 삽입 작업을 완료하기 위해 이동 툴(▶⊕)을 선택한 후 이미지를 클릭, 드래그하여 이동합니다.

◉ 예제 파일
Sample\1부\Theme03\Lesson04\cafe-1.ai

02 **03** Ctrl + T 를 눌러 [Free Transform]을 실행합니다. 조절점을 드래그하여 커피잔 이미지를 축소한 후 그림처럼 이동하고 Enter.┘ 를 눌러 적용합니다.

❶ Ctrl + T

❷ Enter

03 **04** 01, 02를 반복한 후 **05** 일러스트
레이터 파일과 포토샵 파일을 불러
와 **06** 그림처럼 배치합니다.

◎예제 파일
Sample\1부\Theme03\Lesson04\cafe-2.ai, 물
잎.psd

04 **07** 문자를 삽입하기 위해 문자 툴
(T)을 이용하여 원하는 글자를 입
력합니다. 문자 색을 흰색으로 지정
한 후 문자 툴의 옵션 바에서 글꼴과
문자 크기를 설정합니다. 완성된 것
을 확인할 수 있습니다.

카페 로고 만들기

02

예제 파일 Sample\1부\Theme03\Lesson04\cafe-1.ai, 간판.jpg, 문자.psd
완성 파일 Sample\1부\Theme03\Lesson04\간판-완성.jpg

키 워 드 [Gradient Overlay], [Bevel & Emboss], [Inner Glow], [Drop Shadow] 스타일 적용, 스타일 복
사 및 붙여 넣기, 일러스트 파일 불러오기
길라잡이 [Gradient Overlay] 효과로 채색하고, [Bevel & Emboss]로 볼륨감을 표현합니다. [Inner Glow]로
두 겹으로 이루어진 고무 효과를 만들고, [Drop Shadow]로 그림자를 만듭니다.

01 **01** 새로운 이미지를 불러오기 위해 `Ctrl`+`O`를 누르거나 메뉴의 [File-Open]을 선택합니다.

●예제 파일
Sample\1부\Theme03\Lesson04\문자.psd

02 **02** [Layers] 패널에서 'us' 레이어를 선택합니다.

선택

STEP 02 [Gradient Overlay] 스타일 적용하기

01 **01** [Layers] 패널에서 'su' 레이어를 선택한 후 레이어 창의 하단에서 **02** [Layer Effect] 도구 상자(*fx.*)를 클릭하고 [Gradient Overlay]를 선택합니다.

❶ 선택

❷ 클릭

❸ 선택

02 **03** [Gradient Editor] 대화상자에
서 그림처럼 그라데이션 색을 설정
합니다. 그런 다음 **04** 레이어 스타일
에서 [Gradient Overlay] 옵션에
[Angle]을 '-90°'로 적용합니다.

TIP

[Angle] 지정과 [Reverse]의 혼용
[Gradient Overlay] 옵션의 [Reverse] 기능은 진행 방향
을 반대로 바꿔줍니다. [Angle] 지정과 [Reverse] 기능을
필요에 따라 선택적으로 사용합니다.

STEP 03 [Bevel & Emboss] 스타일 적용하기

01 **01** [Layer Style] 대화상자의 좌측
리스트에서 [Bevel & Emboss]를
적용합니다.

02 **02** [Layer Style] 대화상자의 좌측 리스트에서 [Bevel & Emboss] 하단의 [Contour]를 선택합니다. [Contour] 옵션 설정에서 [Contour: Half Range]를 적용합니다.

STEP 04 [Inner Glow] 스타일 적용하기

01 **01** [Layer Style] 대화상자의 [In-ner Glow]를 선택합니다. [Inner Glow] 옵션의 [Gradient] 색상 막대를 클릭하여 [Gradient Edi-tor] 대화상자를 엽니다.

02 **02** [Gradient Editor] 대화상자의 [Gradient] 편집 막대에서 '0%' 지점에 백색(#FFFFFF) [Color Stop], '100%' 지점에 Brown 계열색(R: 211, G: 0, B: 0, #D30000) [Color Stop]을 넣습니다. '0', '75%' 지점에 '0%' [Opacity Stop]를 만들고, '72%' 지점에 '100%' [Opacity Stop]을 추가합니다. [OK] 버튼을 클릭하여 [Gradient]를 적용합니다.

01 **01** [Layer Style] 대화상자의 좌측 리스트에서 [Drop Shadow]를 선택합니다.

02 **02** [Layers] 패널의 'us' 레이어에 마우스 오른쪽 버튼을 클릭한 후 [Copy Layer Style]을 선택하여 지금까지 작업한 레이어 스타일을 복사합니다. **03** [Layers] 패널의 'su' 레이어에 마우스 오른쪽 버튼을 클릭한 후 [Paste Layer Style]을 선택하여 레이어 스타일을 붙여 넣습니다.

각 레이어 스타일 수정하기

01 **01** [Layers] 패널의 'su' 레이어 하단 [Effects] 리스트에서 [Gradient Overlay]를 더블클릭하여 [Layer Style] 대화상자를 엽니다.
[Gradient] 색상을 [Deepskyblue] 계열색(R: 0, G: 168, B: 255, #00A8FF)에서 백색(#FFFFFF)으로 이루어진 [Gradient]로 교체합니다.

02 **02** [Bevel & Emboss] 옵션에서 [Shadow Mode] 색상을 [Darkblue] 계열색(R: 0, G: 31, B: 133 #001F85)으로 교체합니다.

03 **03** [Layer Style] 대화상자의 좌측 리스트에서 [Inner Glow]를 선택하여 옵션을 수정합니다. **04** [Inner Glow]에 사용된 [Gradient]를 'black opacity wave'로 교체하여 수정을 마칩니다.

01 **01** 메뉴의 [File-Save As]를 클릭
한 후 완성된 이미지를 '문자-완성.
psd' 파일로 저장합니다.

◉ 예제 파일
Sample\1부\Theme03\Lesson04\문자-완
성.psd

02 **02** 새로운 파일을 불러오기 위해
Ctrl + O 를 누르거나 메뉴의 [File
-Open]을 선택합니다.

◉ 예제 파일
Sample\1부\Theme03\Lesson04\간판.jpg

03 **03** Ctrl + O 를 눌러 '문자-완성.jpg'
파일을 불러옵니다. 이동 툴( )을
선택한 후 이미지를 클릭, 드래그하
여 복사합니다.

◉ 예제 파일
Sample\1부\Theme03\Lesson04\문자-완성.jpg

04 **04** Ctrl + T 를 눌러 [Free Trans-
form]을 실행한 후 조절점을 드래
그하여 크기를 조절하고 그림처럼
이동한 다음 Enter 를 눌러 적용합
니다.

❶ Ctrl + T
❷ Enter

01 **01** [Layer Style] 대화상자의 좌측 리스트에서 [Drop Shadow]를 선택합니다.

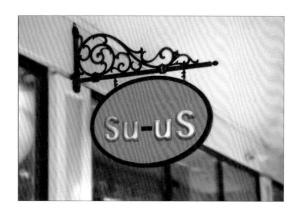

02 일러스트레이터 파일을 불러오기 위해 메뉴의 [File-Place Embedded]를 선택합니다. **02** [Open As Smart object] 대화상자의 [Crop To] 옵션에서 [Bounding Box]로 설정하여 불러옵니다. **03** 이미지 삽입 작업을 완료하기 위해 이동 툴(▶+)을 선택한 후 이미지를 클릭, 드래그하여 이동합니다. 완성된 이미지를 확인할 수 있습니다.

[Brightness/Contrast] 명령 이해하기

이미지 색상의 밝기와 선명도를 조절하는 간단한 기능입니다. 색상을 손쉽게 조절할 수 있지만, 섬세하지는 못하기 때문에 간단한 작업을 할 때 많이 사용합니다.

▲ [Brightness/Contrast] 대화상자

▲ 원본 이미지

❶ **Brightness** 이미지의 밝기를 조절합니다. 슬라이더의 수치가 높을수록 밝아집니다.
❷ **Contrast** 이미지의 선명도를 조절합니다. 슬라이더의 수치가 높을수록 선명해집니다.

▲ [Brightness/Contrast] 설정값

▲ 적용된 이미지

▲ [Brightness/Contrast] 설정값

▲ 적용된 이미지

05 포스터 디자인

이번에는 시간이 흐르면서 낡아버린 포스터 이미지를 만들어 보겠습니다. 흠집도 생기고, 거친 흐름을 표현하는 [Grungy look] 이라는 트렌드를 통해 자주 접하는 그래픽 스타일입니다. 낡아서 더욱 매력적인 오래된 포스터를 표현해봅니다.

 채널(Channels) 알아보기

◎예제 파일
Sample\1부\Theme03\
Lesson05\채널.jpg

포토샵으로 제작한 이미지는 이미지의 색상 정보를 포함하고 있는 채널을 가지고 있습니다. 예를 들어 [RGB Color] 모드 이미지는 빛의 3원소로 표현되는 이미지이기 때문에 빛의 3원소인 빨강, 녹색, 파랑이라는 색상 채널을 가지고 있습니다. 채널 패널은 색상에 대한 정보와 선택 영역을 저장하는 두 가지 용도로 사용합니다.

색상별 채널 표시
이미지에 레이어가 있는 경우, 각 레이어
별로 채널을 가지고 있습니다.

:: 채널 패널에 색상 적용하기

01 [Channels] 패널에서 각 채널이 흑백으로 나타날 때 컬러로 보이게 하려면 메뉴의 [Edit-Preference-Interface]를 선택합니다.

02 [Preference-Interface] 대화상자의 [Show Channels in Color]에 체크합니다.

03 대화상자에서 해당 요소에 체크하면 [Channels] 패널에 적용된 모습을 확인할 수 있습니다.

04 채널을 선택하면 이미지가 각 채널의 색상으로 나타납니다. 여러 개의 채널을 동시에 선택하려면 Shift를 누른 채 클릭합니다.

채널 숨기기, 보이기
[Channels] 패널의 왼쪽 칸에 눈 아이콘(👁)이 있어야만 채널을 화면에서 볼 수 있습니다. 즉, 눈 아이콘(👁)을 클릭할 때마다 채널이 보이거나 감춰집니다.

∷ 알파 채널 만들기

◉예제 파일
Sample\1부\Theme03\
Lesson05\과일.jpg

 선택 도구 상자를 이용해 이미지를 선택한 후 채널로 저장하기

01 도구 상자에서 선택 툴을 클릭해 작업 공간에 있는 이미지의 선택 영역을 지정합니다. 이미지에 선택 영역을 지정한 후 메뉴의 [Select-Save Selection] 명령을 실행합니다. 그리고 [Save Selection] 대화상자에서 채널 'Name'에 '조각사과'를 입력하고 [OK] 버튼을 클릭합니다.

02 [Channels] 패널의 선택 영역이 새로운 알파 채널로 저장됩니다. 또 다른 오브젝트 역시 지금까지의 과정처럼 선택 영역으로 지정해 채널로 저장해봅니다.

03 [Channels] 패널에 등록된 선택 영역을 불러오기 위해 메뉴의 [Select-Load Selection] 명령을 실행하여 '조각사과' 채널을 선택합니다.

04 다음과 같이 '조각사과' 채널 중 흰색에 해당하는 부분이 선택 영역으로 불러집니다.

01 [Channels] 패널에서 상단 오른쪽의 ![] 버튼을 클릭한 후 [New Channel]을 선택합니다.

02 [New Channel] 대화상자가 나타납니다. 이 대화상자의 [Name] 항목에 원하는 알파 채널 이름을 입력합니다.

[New Channel] 대화상자

❶ **Name** 알파 채널의 이름을 입력합니다.
❷ **Color Indicates** [Masked Areas]를 선택하면 선택 영역이 검은색 배경에 흰색으로 나타나고, [Selected Areas]를 선택하면 선택 영역이 흰색 배경에 검은색으로 나타납니다.
❸ **Color, Opacity** 알파 채널의 눈 아이콘(👁)을 클릭했을 때 화면에 나타나는 알파 채널 영역의 색상과 투명도를 지정합니다. 기본색은 빨간색으로 지정되어 있습니다.

03 새로 만든 [Alpha 1] 채널을 선택한 후 사용자 원형 선택 툴(◉)을 이용해 그림처럼 원 모양을 그려줍니다. 이때 선택 영역 안은 반드시 흰색으로 채워져야 합니다.

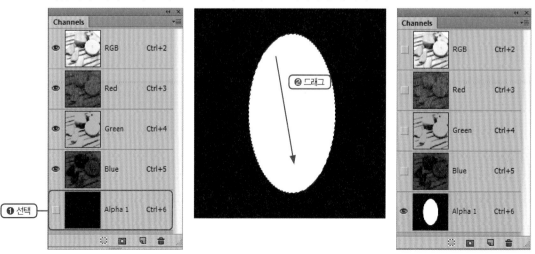

04 [Channels] 패널에서 [RGB] 채널을 선택합니다. 그러면 그림처럼 [Alpha 1] 채널을 제외한 모든 채널의 눈 아이콘(👁)이 켜집니다.

05 메뉴의 [Select-Load Selection] 명령을 실행하여 [Alpha 1] 채널을 불러오면 다음과 같이 알파 채널 중에서 흰색에 해당하는 부분이 선택 영역으로 불러집니다.

01

피자 포스터
디자인 만들기

예제 파일 Sample\1부\Theme03\Lesson05\간판-02.psd, 나무.ai, 피자.ai, 나뭇잎.ai
완성 파일 Sample\1부\Theme03\Lesson05\간판-02-완성.psd

키 워 드 문자 툴, 채널 활용, 레이어 마스크 적용, [Brightness/Contrast], [Solid Color] 이미지 보정,
[Multiply] 모드, [Torn Edges], [Color Halftone], [Cloud], [Posterize], [Clipping Mask], [Halftone Pattern],
[Clouds], [Grain], [Mezzotint] 필터 활용법
길라잡이 [Halftone Pattern]으로 망점을 표현하고, [Cloud], [Grain] 필터를 조합하여 지저분한 종이 표면을
표현합니다.

Ctrl+O

01 01 새로운 이미지를 불러오기 위해 Ctrl+O를 누르면 나타나는 [Open] 대화상자에서 배경으로 작업할 이 미지를 불러옵니다.

◎예제 파일
Sample\1부\Theme03\Lesson05\간판-02.psd

02 02 도구 상자에서 [Default Fore-ground and Background Colors] 버튼을 클릭하여 전경색과 배경색 을 기본 색상으로 전환합니다.

01 01 스페이드 이미지의 경계를 불 규칙하게 잘라낸 것처럼 표현하기 위해 [Layers] 패널에서 Ctrl을 누 른 채 '노랑색' 레이어를 선택하여 02 선택 영역을 지정한 후 03 메뉴에 서 [Select-Save Selection] 명령을 실행합니다.

❶ Ctrl+클릭

02 04 [Name] 항목에 '노랑색'을 입력
합니다. Ctrl+D를 누른 후 선택 영
역을 해제합니다.

STEP 03 [Torn Edges] 필터 적용하기

01 01 [Channels] 패널을 열고 '노랑
색' 채널을 선택합니다. 02 메뉴에
서 [Filter-Filter Gallery]를 실
행한 후 [Filter Gallery] 대화상자
의 [Sketch-Torn Edges] 필터를
선택하고, 그림처럼 설정합니다.

[Torn Edges] 필터
메뉴의 [Filter-Filter Gallery]의 [Sketch-Torn
Edges] 명령은 이미지의 형태를 파서 도장으로 찍어낸
것 같은 효과입니다.

레이어 마스크로 전환하기

01 **01** [Channels] 패널에서 노란색 채
    널을 [Ctrl]을 누른 채 선택하여 선택
    영역을 추출합니다. **02** [Layers] 패
    널을 열고 '노랑색' 레이어를 선택
    합니다.

02 **03** [Add layer mask] 버튼(　)을 클
    릭한 후 선택 영역을 마스크로 전환
    합니다.

새로운 채널 만들기

01 **01** 얼룩진 망점 효과를 표현하기 위
    해 [Channels] 패널을 연 후 [Create
    new channel] 버튼(　)으로 새 채
    널을 만들고 채널명을 'dot'으로 변
    경합니다.

02 도구 상자의 전경색을 50% 회색
(#808080)으로 지정하고, Alt +
Delete 로 'dot' 채널에 회색을 채웁
니다.

STEP 06 [Color Halftone] 필터 적용하기

01 메뉴의 [Filter-Pixelate-Color H-alftone] 명령을 적용합니다.

02 [Color Halftone] 대화상자에서 기본 값으로 '8'을 적용하고 [OK] 버튼으로 효과를 적용합니다.

[Color Halftone] 필터
메뉴의 [Filter-Pixelate-Color Halftone] 명령은 픽셀들을 망점화, 이미지가 세분화되는 효과를 표현합니다.

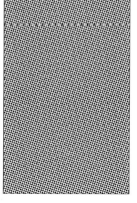

STEP 07 새로운 채널 생성 및 [Cloud] 필터 적용하기

01 01 [Channels] 패널을 연 후 [Create new channel] 버튼(⬚)으로 새 채널을 만듭니다. 채널명을 'stain'으로 변경합니다. 02 도구 상자에서 [Default Foreground and Background Colors] 버튼을 눌러 전경색과 배경색을 기본 색상으로 전환합니다.

02 03 메뉴의 [Filter-Render-Cloud] 명령을 적용합니다.

[Cloud] 필터
메뉴의 [Filter-Render-Cloud] 명령은 이미지의 선택 영역에 구름무늬 효과를 나타냅니다.

STEP 08 [Posterize] 이미지 보정하기

01 01 메뉴의 [Image-Adjustments - Posterize] 명령을 실행합니다. 02 [Posterize] 대화상자에서 'Levels'에 '4'를 입력하고, [OK] 버튼으로 명령을 적용합니다.

[Image-Adjustments-Posterize] 명령
이미지의 형태와 색상을 단순화시키는 효과입니다. [Levels]를 입력하여 각 채널에 사용되는 색상을 제어합니다. 예를 들어 [RGB] 모드의 이미지에서 [Posterize] 명령 옵션으로 [Levels: 2]를 주었다면 여섯 개의 색상으로 단순화된 이미지를 표현합니다. 여섯 개의 색상은 [Red Channel: 2], [Green Channel: 2], [Blue Channel: 2]로 구성됩니다.

02 **03** [Channels] 패널에서 'stain' 채널을 Ctrl 을 누른 채 클릭하여 **04** 선택 영역을 추출합니다.

05 'dot' 채널을 선택하고 **06** Delete 를 눌러 이미지를 삭제합니다.

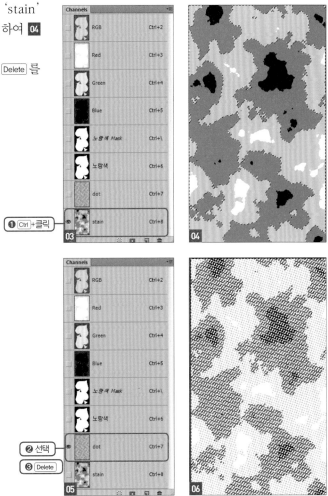

❶ Ctrl +클릭

❷ 선택

❸ Delete

STEP 09 [Clipping Mask] 활용하기

01 **01** [Channels] 패널에서 'dot' 채널을 Ctrl 을 누른 채 클릭하여 **02** 선택 영역을 추출합니다. **03** [Layers] 패널을 열고 [Create new fill or adjustment layer] 버튼(◉)을 클릭하여 [Solid Color]를 선택합니다.

❶ Ctrl +클릭

❸ 선택   ❷ 클릭

02 04 [Color Picker] 대화상자의 [o-
range] 계열색(R: 237, G: 194,
B: 61, #EDC23D)을 선택한 후
[OK] 버튼으로 새 레이어를 생성
합니다. 05 [Layers] 패널을 연 후
'Color Fill 1' 레이어를 선택하고
마우스 오른쪽 버튼을 클릭한 다음
[Create Clipping Mask] 명령을
선택하여 '노란색' 레이어 그룹에 포
함시킵니다.

Photoshop CC의 마스크 종류
도구 상자의 [Quick Mask]는 브러시 도구를 이용하여
부드러운 형태의 선택 영역을 만드는 데 효과적으로 사
용됩니다. [Layers] 패널에서 [Layer Mask]와 [Vector
Mask]로 이미지에 마스크 효과를 적용할 수 있으며,
[Clipping Mask]를 이용하면 레이어 자체를 마스크로
활용할 수도 있습니다. 여러 레이어를 [Clipping Mask]
영역에 포함시킬 수 있어 다중 레이어를 제어하는 마스
크로 활용할 수 있습니다.

STEP 10 [Halftone Pattern] 필터 적용하기

01 01 작은 망점 효과를 주기 위해
[Channels] 패널을 연 후, [Cre-
ate new channel] 버튼(🔲)으로
새 채널을 만들고 채널명을 'small
dot'로 변경합니다. 02 도구 상자의
전경색을 50% 회색(#808080)으
로 지정하고, 03 Alt + Delete 로 'sm-
all dot' 채널에 회색을 채웁니다.

02 메뉴의 [Filter-Sketch-Half-
tone Pattern] 명령을 적용하고,
그림처럼 설정합니다.

[Halftone Pattern] 필터
메뉴의 [Filter-Sketch-Halftone Pattern] 명령은 전
경색과 배경색을 섞어 사용함으로써 중간 톤을 만들
어 망판 형식으로 표현합니다.

STEP 11 [Brightness/Contrast] 이미지 보정 설정하기

01 메뉴의 [Image-Adjustments
-Brightness/Contrast] 명령을
실행합니다.

02 [Brightness/Contrast] 대화
상자에서 'Brightness'에 '20',
'Contrast'에 '100'을 입력하고,
[OK] 버튼으로 명령을 적용합니다.

01 ┃01┃ [Channels] 패널에서 'small dot' 채널을 Ctrl을 누른 채 클릭하여 선택 영역을 추출합니다. ┃02┃ 메뉴에서 [Select-Inverse] 명령으로 선택 영역을 반전시킵니다. ┃03┃ [Layers] 패널을 열고 [Create new fill or adjustment layer] 버튼(◉)으로 [Solid Color]를 선택합니다.

02 ┃04┃ [Color Picker] 대화상자에서 84% 회색(#D5D5D5)을 선택하고 [OK] 버튼으로 새 레이어를 생성합니다. ┃05┃ [Blend Mode]를 [Multiply]로 전환합니다.

01 01 흠집과 변색된 효과를 표현하기 위해 [Channels] 패널을 열고, [Create new channel] 버튼(🔲)으로 새 채널을 만들어 채널명을 'grain'으로 변경합니다.

02 02 도구 상자에서 [Default Foreground and Background Colors] 버튼을 클릭하여 전경색과 배경색을 기본 색상으로 전환합니다. 03 메뉴의 [Filter-Render-Clouds] 명령을 적용합니다.

01 메뉴의 [Filter-Texture-Grain] 명령을 적용합니다.

[Grain] 필터
메뉴의 [Filter-Texture-Grain] 명령은 이미지 위에 고운 입자를 뿌려 놓은 듯한 질감을 표현합니다.

02 메뉴의 [Filter-Pixelate-Mezzotint] 명령을 실행하고 [Mezzotint] 대화상자의 [Type:Short Lines]를 적용합니다. [OK] 버튼으로 효과를 적용합니다.

[Mezzotint] 필터
메뉴의 [Filter-Pixelate-Mezzotint] 명령은 동판화의 기법처럼 직선 스크래치 느낌을 줍니다.

03 **04** [Channels] 패널에서 'grain' 채널을 Ctrl을 누른 채 클릭하여 선택 영역을 추출합니다. **05** [Layers] 패널을 열고 [Create new fill or adjustment layer] 버튼()으로 [Solid Color]를 실행합니다.

STEP 15 [Multiply] 블렌드 모드 적용하기

01 **01** [Color Picker] 대화상자의 [yellow] 계열색(R: 237, G: 194, B: 61, #edc23d)을 선택한 후 [OK] 버튼으로 **02** 새 레이어를 생성하고 레이어 블렌드 모드를 'Multiply'로 전환합니다.

02 [03] [Layers] 패널에서 '테두리' 레이어의 눈 아이콘(👁)을 체크하면 모든 레이어가 켜진 상태를 확인할 수 있습니다.

STEP 16 일러스트 파일 불러오기

01 [01] 일러스트레이터 파일을 불러오기 위해 메뉴의 [File-Place Embedded]를 선택합니다.

[02] [Open As Smart object] 대화상자의 [Crop To] 옵션에서 [Bounding Box]로 설정하여 불러옵니다.

◎ 예제 파일
Sample\1부\Theme03\Lesson05\피자.ai

02 03 이미지 삽입 작업을 완료하기 위해 Ctrl+T를 눌러 [Free Transform]을 실행하여 크기를 조절합니다.

03 04 일러스트레이터 파일을 불러오기 위해 메뉴의 [File-Place Embedded]를 선택합니다.
05 그런 다음 [Open As Smart object] 대화상자의 [Crop To] 옵션에서 [Bounding Box]로 설정하여 불러옵니다. Ctrl+T를 눌러 [Free Transform]을 실행하여 크기를 조절합니다.

◉ 예제 파일
Sample\1부\Theme03\Lesson05\나뭇잎.ai

04 일러스트레이터 파일을 불러오기 위해 메뉴의 [File-Place Embedded]를 선택합니다. 06 그런 다음 [Open As Smart object] 대화상자의 [Crop To] 옵션에서 [Bounding Box]로 설정하여 불러옵니다. 07 Ctrl+T를 눌러 [Free Transform]을 실행하여 크기를 조절합니다.

◉ 예제 파일
Sample\1부\Theme03\Lesson05\나무.ai

05 08 [Layers] 패널에서 '피자' 레이
어를 선택한 후 Ctrl+J를 3번 눌러
레이어를 복사합니다. 이미지 삽입
작업을 완료하기 위해 이동 툴(▶⊹)
을 선택한 후 이미지를 클릭, 드래그
하여 이동합니다. 09 Ctrl+T를 눌러
[Free Transform]을 실행하여 크
기를 조절합니다.

❸ Ctrl+T

❶ 선택

❷ Ctrl+J ×3

STEP 17 문자 입력하기

01 01 간판 제목에 문자를 삽입하기 위
해 문자 툴(T)을 이용하여 원하는
글자를 입력합니다.
레이어 창의 하단에서 [Layer Eff-
ect] 도구 상자(fx.)를 선택한 후 [D-
rop Shadow]를 선택하여 그림
자 효과를 표현합니다. 02 완성된 결
과물을 확인할 수 있습니다.

클릭

[Halftone Pattern] 필터를 이용한 도트 패턴 이미지 제작하기

포토샵 필터 갤러리의 하프톤 패턴(Halftone Pattern)을 사용하면 도트 이미지를 만들 수 있습니다. 이때 전경색으로 설정된 색상으로 만들어지는데, 레이어 또는 마스크와 [Opacity] 등을 활용하면 색상이 들어간 도트 느낌이 만들어집니다.

■ **패턴 1** [Dot] 패턴 적용하기

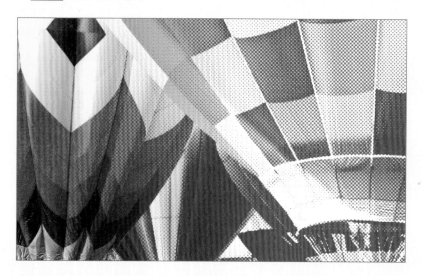

• 사진을 불러오기 위해 Ctrl+O를 누르거나 메뉴의 [File–Open]을 선택합니다. [Layers] 패널에서 'Background' 레이어를 선택한 후 Ctrl+J를 눌러 레이어를 복사합니다. 전경색을 브라운색으로 설정합니다.

【예제 파일】 Sample\1부\Theme03\Lesson05\하프톤[1].jpg

[Halftone Pattern] 필터에서 [Dot] 일 때

Size 항목의 수치를 늘리면 해당 [Pattern Type]의 입자를 크게 할 수 있으며, [Contrast] 설정으로 대비를 높일 수도 있습니다.

- [Layers] 패널에서 'Layer 1' 레이어를 선택한 후 메뉴의 [Filter-Filter Gallery]를 실행합니다. [Sketch-Halftone Pattern]을 선택한 후 그림처럼 우측 패널에서 [Size], [Contrast], [Pattern Type]을 설정할 수 있습니다. 여기에서는 [Dot] 패턴을 선택합니다.

- 필터 기능만으로 전경색의 색상으로 설정된 도트 이미지가 만들어졌습니다.

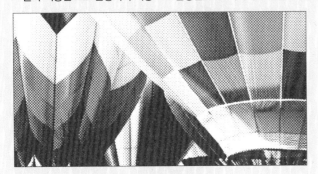

- 이제 점차 사라져 가는 효과를 조금 적용하여 깊이가 있는 듯한 효과를 적용해보려고 합니다. 이 효과를 적용하기 위해서는 레이어 마스크를 사용해야 합니다. 'Layer 1' 레이어를 선택한 상태에서 [Add layer mask] 아이콘()을 클릭합니다. 전경색을 검은색, 배경색을 흰색으로 설정한 후 컨트롤 패널 에서 직선 그레이던트 모드(■)를 클릭합니다.

- 'Layer 1' 레이어의 마스크 부분에서 클릭한 후 왼쪽에서 사진 중앙까지 드래그합니다. 이제 오른쪽으로 점차 사라지는 효과를 적용합니다.

【완성 파일】Sample\1부\Theme03\Lesson05\하프톤[1]-보정.jpg

■ **패턴 2** [Line] 패턴 적용하기

• 사진을 불러오기 위해 [Ctrl]+[O]를 누르거나 메뉴의 [File-Open]을 선택합니다. 전경색을 군청색으로 설정합니다.

【예제 파일】Sample\1부\Theme03\Lesson05\하프톤[2].jpg

• 메뉴의 [Filter-Filter Gallery]를 실행한 후 [Sketch-Halftone Pattern]을 선택하고 그림처럼 우측 패널에서 [Size], [Contrast], [Pattern Type]을 설정합니다. 여기에서는 [Line] 패턴을 선택합니다.

[Halftone Pattern]에서 [Line]일 때
Contrast 수치를 늘리면 사진의 느낌이 많이 사라집니다. 사진에 나타나는 입자의 크기는 이미지 해상도에 영향을 받으며 고해상도일수록 Size의 수치를 늘려야 합니다.

• [Pattern Type] 항목을 [Line]으로 설정했을 때의 결과입니다.

【완성 파일】Sample\1부\Theme03\Lesson05\하프톤[2]-보정.jpg

■ 패턴 3 [Circle] 패턴 적용하기

• 사진을 불러오기 위해 Ctrl+O를 누르거나 메뉴의 [File-Open]을 선택합니다. [Layers] 패널에서 'Background' 레이어를 선택한 후 Ctrl+J를 눌러 레이어를 복사합니다. 전경색을 검은색으로 설정합니다.

【예제 파일】Sample\1부\Theme03\Lesson05\하프톤[3].jpg

• [Layers] 패널에서 'Layer 1' 레이어를 선택한 후 메뉴의 [Filter-Filter Gallery]를 실행합니다. [Sketch-Halftone Pattern]을 선택하고 그림처럼 우측 패널에서 [Size], [Contrast], [Pattern Type]을 설정할 수 있습니다. 여기에서는 [Circle] 패턴을 선택합니다.

• 필터 기능만으로 패턴 타입을 [Circle]로 적용한 결과입니다.

• [Layers] 패널에서 'Layer 1' 레이어를 선택한 후 블렌딩 모드를 [Soft Light] 설정하면 이 결과처럼 원본의 색을 유지한 채 패턴의 무늬만 넣을 수 있습니다.

【완성 파일】 Sample\1부\Theme03\Lesson05\하프톤[3]-보정.jpg

06 옥외 간판 디자인

사람들이 붐비는 곳이면 어디든 빠질 수 없는 것이 바로 이 대형 광고 간판들입니다. 지나가는 사람들의 이목을 끌기 위한 옥외 광고는 사이즈뿐만 아니라 강렬한 임펙트와 개성이 중요합니다.

 핵심 기능 특별한 이미지에 사용하는 필터 효과들 알아보기

포토샵에서 필터(Filter)가 차지하는 비중은 매우 높습니다. 이미지의 보정이나 회화적 표현, 기존의 이 미지들을 전혀 다른 느낌의 이미지로 재창조할 수 있습니다.

Filter / Artistic(이미지에 붓으로 직접 그린 듯한 효과)

• Colored Pencil: 색연필로 그림을 그린 듯한 효과를 줍니다.
• Cutout: 색상을 줄여 이미지를 단순화시킵니다.

▲ Colored Pencil

▲ Cutout

• Dry Brush: 원본 이미지를 마른 붓으로 문지른 효과가 납니다.
• Film Grain: 까칠까칠한 표면의 필름을 입힌 것처럼 표현합니다.

▲ Dry Brush

▲ Film Grain

- Fresco: 갓 칠한 회벽에 수채화로 그리는 화법을 나타냅니다.
- Neon Glow: 네온 빛을 뿜는 듯한 효과가 납니다.

▲ Fresco

▲ Neon Glow

- Paint Daubs: 이미지에 회반죽을 바른 듯이 거친 느낌이 듭니다.
- Palette Knife: 유화에서 쓰는 패널 나이프로 그린 듯한 효과를 냅니다.

▲ Paint Daubs

▲ Palette Knife

- Plastic Wrap: 플라스틱 랩으로 포장한 듯한 느낌을 줍니다.
- Poster Edges: 이미지의 경계선에 검은색을 추가하여 포스터 같은 느낌을 줍니다.

▲ Plastic Wrap

▲ Poster Edges

- Rough Pastels: 파스텔로 그린 듯한 느낌이 듭니다.
- Smudge Sitck: 물감으로 그린 후 덧칠하여 얼룩진 듯한 느낌을 줍니다.

▲ Rough Pastels

▲ Smudge Sitck

- Sponge: 스폰지로 그림을 문지른 듯한 효과를 냅니다.
- Underpainting: 파스텔에 덧칠하여 번진 느낌의 효과를 표현합니다.

▲ Sponge

▲ Underpainting

- WaterColor: 수채화 느낌의 효과를 표현합니다.

▲ WaterColor

:: Filter / Blur(이미지를 흐리게 만드는 효과)

- **Average**: 선택된 영역, 이미지에 분포되어 있는 컬러의 평균 색으로 이미지를 채워주는 필터입니다.
- **Blur**: 아주 적은 양으로 이미지를 흐리게 만드는 효과입니다.

▲ Average

▲ Blur

- **Blur More**: Blur를 두세 번 적용한 효과입니다.
- **Gaussian Blur**: 이미지 흐림 필터입니다.

▲ Blur More

▲ Gaussian Blur

- **Lens Blur**: 카메라 렌즈의 초점이 맞지 않아 흐릿하게 보이는 효과를 비롯하여 흐릿해진 부분을 디테일하게 조절하여 색다른 효과를 줄 수 있습니다.
- **Motion Blur**: 이미지에 운동감이 있도록 각도를 조절하여 흐림을 주는 효과입니다.

▲ Lens Blur

▲ Motion Blur

- Radial Blur: 이미지를 빠르게 회전시켜 줌 아웃(Zoom-out)한 형태를 나타냅니다.
- Smart Blur: 이미지의 윤곽을 보호하면서 블러(Blur)를 적용합니다.

▲ Radial Blur

▲ Smart Blur

▓ Filter / Brush Strokes(이미지 위에 붓으로 덧칠한 효과의 회화적인 느낌)

- Accentde Edges: 이미지의 경계선을 강조하는 효과를 냅니다.
- Angled Strokes: 이미지의 경계선을 따라 빗살무늬 효과가 납니다.

▲ Accentde Edges

▲ Angled Strokes

- Crosshatch: 이미지에 그물 모양의 음영이 들어간 효과를 냅니다.
- Dark Strokes: 검은색 붓으로 이미지의 윤곽선을 따라 덧칠하는 효과를 나타냅니다.

▲ Crosshatch

▲ Dark Strokes

- Ink Outlines: 검은색 잉크로 이미지의 윤곽선을 덧칠한 효과입니다.
- Spatter: 그림 위에 물방울을 떨어뜨려 방울이 번지는 효과가 납니다.

▲ Ink Outlines

▲ Spatter

- Sprayed Strokes: 스프레이를 뿌린 듯한 효과가 납니다.
- Sumie: 이미지의 경계선을 따라 빗살무늬 효과가 납니다.

▲ Sprayed Strokes

▲ Sumie

Filter / Distort(자연 현상을 도구로 사용하여 이미지에 적용)

- Diffuse Glow: 밝은 부분을 더욱 밝게 하여 발광되도록 합니다.
- Displace: Displacememt Map의 이미지에 따라 원래 이미지에 변형을 가합니다. 대화상자가 나타나면 [OK] 버튼을 클릭합니다. 원하는 PSD 파일을 불러오면 원본 이미지와 합성되면서 변합니다.

▲ Diffuse Glow

▲ Displace

- Glass: 굴절 유리를 통해 이미지를 보는 것 같은 효과를 냅니다.
- Ocean Ripple: 약간의 물결이 일어나는 듯한 느낌을 줍니다.

▲ Glass

▲ Ocean Ripple

- Pinch: 오목 렌즈나 볼록 렌즈로 들여다보는 것 같은 느낌을 줍니다.
- Polar Coordinates: 바닷물의 소용돌이 현상이 일어납니다.

▲ Pinch

▲ Polar Coordinates

- Ripple: 한 방향으로 잔잔한 물결이 일어나는 효과입니다.
- Shear: 이미지를 직선이나 곡선으로 굴절시킵니다.

▲ Ripple

▲ Shear

- Spherize: 렌즈를 이용한 것처럼 팽창하거나 수축시킵니다.
- Twirl: 회오리 바람처럼 나선형으로 이미지를 회전시킵니다.

▲ Spherize

▲ Twirl

- Wave: 이미지에 출렁이는 파도를 일으키는 효과를 냅니다.
- ZigZag: 지그재그 형태로 이미지를 굴절시킵니다. 수면에 작은 돌이 떨어질 때 생기는 동심원 물결을 표현할 때 주로 쓰입니다.

▲ Wave

▲ ZigZag

⠿ Filter / Noise(이미지의 잡티인 'Noise'를 추가하거나 제거하여 이미지를 보정)

- Add Noise: 이미지와 유사한 색상의 노이즈를 추가합니다.
- Despeckle: 이미지에 노이즈를 제거합니다. 노이즈를 주변의 색으로 바꾸기 때문에 작은 노이즈를 제거하는 데 효과적입니다.

▲ Add Noise

▲ Despeckle

- Dust & Scratches: 지정하는 픽셀 영역 내에서 중심 색상을 찾아 노이즈를 제거합니다.
- Median: 지정하는 픽셀 영역 내에서 색상과 명도의 평균값을 찾아 노이즈를 대체합니다.

▲ Dust & Scratches

▲ Median

⁚⁚ Filter / Pixelate(이미지의 픽셀들을 변형시키거나 이동)

- Color Halftone: 픽셀들을 망점화시켜 이미지가 세분화되는 효과가 납니다.
- Crystallize: 픽셀들을 크리스털 모양의 결정체로 변형시켜줍니다.

▲ Color Halftone

▲ Crystallize

- Facet: 이미지의 윤곽선을 단순화시켜 붓으로 그린 듯한 효과가 납니다.
- Fragment: 이미지가 진동하듯이 흔들리는 효과가 납니다.

▲ Facet

▲ Fragment

- Mezzotint: 동판화의 기법처럼 직선 스크래치 느낌을 줍니다.
- Mosaic: 이미지를 모자이크 처리할 때 유용합니다.

▲ Mezzotint

▲ Mosaic

- Pointillize: 점묘법을 이용하여 이미지를 점으로 표현합니다.

▲ Pointillize

Filter / Render(이미지에 사실감을 주는 효과)

- Clouds: 이미지의 선택 영역에 구름무늬 효과를 나타냅니다.
- Difference Clouds: 현재의 전경색과 배경색을 반전시킨 색상을 이용하여 구름무늬를 표현합니다.

▲ Clouds

▲ Difference Clouds

• Fibers: 전경색과 배경색을 배합하여 이미지를 섬유 조직처럼 보이게 합니다.
• Lens Flare: 태양을 넣은 것처럼 밝은 섬광을 넣을 수 있습니다.

▲ Fibers

▲ Lens Flare

• Lighting Effects: 이미지에 조명 효과를 줍니다.

▲ Lighting Effects

01

의류 옥외 간판
디자인 만들기

예제 파일   Sample\1부\Theme03\Lesson06\옷.psd, 소스.psd, 과일.psd, 간판.jpg
완성 파일   Sample\1부\Theme03\Lesson06\완성-간판.psd

키 워 드   채널 등록하기, [Soft Light] 모드 적용, [Unsharp Mask], [Gaussian Blur], [Motion Blur] 필터 활
용, [Curves] 패널 적용, 그림자 만들기, 문자 툴, [Paste Into] 적용
길라잡이   의상이라고 해서 다양한 패션 물품을 사용하는 것이 아니라 과일과 식물로 의상을 살려주는 효과
를 다양하게 표현해봅니다.

학습 동영상

01 **01** Ctrl+N을 누르면 나타나는 [N-ew] 대화상자에서 새 문서를 생성합니다. [New] 대화상자에서 각각 '400×500'을 입력하고 해상도는 '72'를 입력합니다. Mode는 'RGB Color'를 선택합니다.

02 **02** 새로운 이미지를 불러오기 위해 Ctrl+O를 누르거나 메뉴의 [File-Open]을 선택합니다. 도구 상자에서 이동 툴( )을 선택한 후 이미지를 클릭, 드래그하여 복사합니다.

◉ 예제 파일
Sample\1부\Theme03\Lesson06\옷.psd

03 **03** Ctrl+T를 눌러 [Free Trans-form]을 실행합니다. 조절점을 드래그하여 옷을 축소한 후 **04** 그림처럼 이동하고 Enter를 눌러 적용합니다.

01 ☐1 Ctrl+클릭으로 '옷-3' 레이어를
 선택한 후 ☐2 메뉴의 [Select-Save
 Selection] 명령을 실행합니다.
 ☐3 그리고 [Save Selection] 대화
 상자에서 채널 이름에 '파란옷'을 입
 력하고 [OK] 버튼을 클릭합니다.

02 ☐4 앞에서 작업한 방법으로 '옷-1'
 레이어를 선택한 후 '바지' 채널로
 등록합니다. [Channels] 패널에
 등록된 것을 확인할 수 있습니다.

01 **01** [Layers] 패널로 이동한 후 새로운 이미지를 불러오기 위해 Ctrl+O를 누르거나 메뉴의 [File-Open]을 선택합니다. 도구 상자에서 이동 툴(▶)을 선택한 후 이미지를 클릭, 드래그하여 복사합니다. Ctrl+T를 눌러 [Free Transform]을 실행합니다. 조절점을 드래그하여 이미지를 축소한 후 그림처럼 이동하고 Enter.를 눌러 적용합니다.

◎예제 파일
Sample\1부\Theme03\Lesson06\소스.psd

Ctrl+O

02 **02** [Layers] 패널에서 'Layer 2 copy' 레이어를 선택한 후 **03** Ctrl+T를 눌러 바로 밑의 'Layer 2' 레이어와 합칩니다.

❷ Ctrl+T

01 **01** [Layers] 패널에서 'Layer 2' 레이어를 선택한 후 [Channels] 패널에 등록된 선택 영역을 불러오기 위해 메뉴의 [Select-Load Selection] 명령을 실행하여 '바지' 채널을 선택합니다.

02 **02** Delete 로 나뭇잎을 삭제하여 나뭇
잎이 바지 뒤에 있는 것처럼 표현합
니다.

01 **01** [Layers] 패널로 이동하여 새로
운 두 개의 이미지를 불러온 후 도구
상자에서 이동 툴(▶+)을 클릭, 드래
그하여 복사합니다. **02** Ctrl+T 를 눌
러 이미지를 축소한 후 그림처럼 배
치합니다. **03** '망고' 레이어를 선택
한 후 Ctrl+J 를 두 번 눌러 레이어
를 복사하고 그림처럼 배치합니다.

◉예제 파일
Sample\1부\Theme03\Lesson06\과일.psd

02 **04** [Layers] 패널의 '망고', '망고
copy', '망고 copy 2' 레이어를 선
택한 후 **05** Ctrl+E 를 눌러 세 개의
레이어를 하나로 합칩니다.

01 **01** [Layers] 패널로 이동한 후 새로
운 이미지를 불러오고 도구 상자에
서 이동 툴(▶+)을 클릭, 드래그하여
복사합니다. Ctrl+T를 눌러 이미지
를 축소한 후 그림처럼 배치합니다.

◉예제 파일
Sample\1부\Theme03\Lesson06\소스.psd

02 **02** 앞에서 불러온 바나나 이미지에서
Ctrl+J를 눌러 레이어를 복사합니
다. Ctrl+E를 눌러 바나나 이미지가
포함된 두 개의 레이어를 합칩니다.

❶ Ctrl+J
❷ Ctrl+E

01 **01** [Layers] 패널에서 'Layer 3 copy'
레이어를 선택한 후 [Channels] 패
널에 등록된 선택 영역을 불러오기
위해 메뉴의 [Select-Load Selection]
명령을 실행하여 '바지' 채널을 선택
합니다.
02 Delete로 바나나를 삭제하여 바
지 뒤에 있는 것처럼 표현합니다.
'Layer 3 copy' 레이어를 선택한
후 'Layer 2' 레이어의 아래로 이동
합니다.

02 **03** [Layers] 패널의 'Background' 레이어를 제외한 모든 레이어들을 선택한 후 **04** Ctrl + E 를 눌러 모든 레이어를 합칩니다.

① 선택

② Ctrl + E

STEP 08 블렌드 모드 적용하기

01 **01** [Layers] 패널에서 'Layer 2' 레이어를 선택한 후 Ctrl + J 를 눌러 레이어를 복사합니다.

② Ctrl + J

① 선택

02 **02** 'Layer 2 copy' 레이어의 블렌딩 모드를 [Soft Light], [Opacity] '35%'로 설정합니다.

[Unsharp Mask] 필터 적용하기

01 **01** Ctrl + E 를 눌러 레이어를 합친
후 메뉴의 [Filter-Shapen-Un-
sharp Mask]를 클릭합니다.

02 **02** [Unsharp Mask] 대화상자가
나타나면 [Amount]와 [Radius]
에 값을 입력한 후 [OK] 버튼을 클
릭합니다.

STEP 10 [Curves] 이미지 보정 설정하기

01 **01** [Layers] 패널에서 'Layer 2' 레
이어를 선택한 후 메뉴의 [Image-
Adjustment-Curves]를 선택합니다.

02 [Curves] 패널을 연 후 S자 곡
선을 만들면 멋진 이미지가 완성됩
니다. 원본 이미지와 비교해보면 선
명한 색상의 깊이감이 살아 있는 사
진으로 보정된 것을 알 수 있습니다.

STEP 11 새로운 이미지 배치한 후 합치기

01 새로운 이미지를 불러오기 위해
Ctrl+O를 누르거나 메뉴의 [File-
Open]을 선택합니다. 도구 상자에
서 이동 툴(▶♣)을 선택한 후 이미
지를 클릭, 드래그하여 복사합니다.
Ctrl+T를 눌러 [Free Transform]을
실행한 후 사람 이미지를 축소하여
그림처럼 이동하고 Enter.◡를 눌러
적용합니다.

◎예제 파일
Sample\1부\Theme03\Lesson06\소스.psd

Ctrl+O

02 [Layers] 패널에서 'Layer 4' 레
이어를 선택한 후 03 Ctrl+E를 눌러
아래에 위치한 'Layer 3' 레이어와
합칩니다.

❶ 선택

❷ Ctrl+E

01 **01** 그림자 효과를 주기 위해 [La-yers] 패널에서 'Layer 4' 레이어를 선택한 후 Ctrl+J를 눌러 레이어를 복사합니다. **02** 그리고 'Layer 4 copy' 레이어를 선택한 후 수직으로 대칭하기 위해 Ctrl+T를 눌러 [Free Transform]을 실행하고, 마우스 오른쪽 버튼을 클릭하여 [Distort]를 선택합니다. **03** 그림처럼 위치를 조절한 후 Enter 를 눌러 적용합니다.

❶ 선택
❷ Ctrl + J

❸ Ctrl + T
❹ 오른쪽 클릭
❺ 선택

❻ Enter

02 **04** [Layers] 패널에서 'Layer 4 copy' 레이어를 아래로 이동시킨 후 'Layer 4 copy' 레이어를 Ctrl을 누른 채 선택하여 그림자 영역을 선택합니다. **05** 전경색을 검은색으로 설정해 놓고 Alt+Delete를 눌러 색을 적용합니다. **06** 그런 다음 단축키 Ctrl+D를 눌러 선택 영역을 해제합니다.

❶ 드래그
❷ Ctrl + 클릭

❸ 설정
❹ Alt + Delete
❺ Ctrl + D

03 07 좀 더 자연스러운 그림자 효과를 주기 위해 메뉴의 [Filter-Blur-Gaussian Blur]를 클릭하여 Radius를 '0.5Pixels'로 설정하고, [OK] 버튼을 클릭합니다.

08 그림자를 부드럽게 보이기 위해 'Opacity' 값을 '15%'로 설정합니다.

STEP 13 새로운 이미지 배치하기

01 01 새로운 이미지를 불러오기 위해 Ctrl+O를 누르거나 메뉴의 [File-Open]을 선택합니다.

02 02 도구 상자에서 이동 툴(▶+)을 선택한 후 이미지를 클릭, 드래그하여 복사합니다. Ctrl+T를 눌러 [Free Transform]을 실행한 후 조절점을 드래그하여 사과 이미지를 축소하고 그림처럼 이동한 다음 Enter.↵를 눌러 적용합니다.

○예제 파일
Sample\1부\Theme03\Lesson06\과일.psd

Ctrl+O

01 **01** 사과가 떨어지는 효과를 주기 위해 '사과' 레이어를 선택한 후 Ctrl + J 를 두 번 눌러 레이어를 두 개 복사합니다.
02 [Layers] 패널에서 '사과 copy' 레이어를 선택한 후 메뉴의 [Filter-Blur-Motion Blur]를 선택합니다. 그림처럼 [Angle] 값을 '90°', [Distance] 값을 '70Pixels'로 설정합니다.

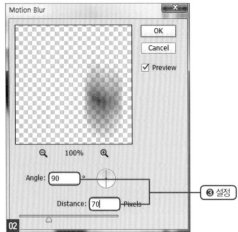

❶ 선택

❷ Ctrl + J ×2

❸ 설정

02 **03** [Layers] 패널에서 '사과' 레이어를 선택한 후 **04** 메뉴의 [Filter-Blur-Motion Blur]를 선택합니다. 그림처럼 [Angle] 값을 '90°', [Distance] 값을 '100Pixels'로 설정합니다.

❶ 선택

❷ 설정

03 **05** 이동 툴( )을 선택한 후 [Layers] 패널의 '사과 copy', '사과' 레이어 이미지를 클릭, 드래그하여 그림처럼 아래로 떨어지는 효과를 주기 위해 이동합니다.

01 **01** 떨어지는 효과를 좀 더 부드럽게 표현하기 위해 [Layers] 패널에서 '사과 copy' 레이어를 선택한 후 [Opacity] 값을 '60%'로 설정합니다. **02** 그리고 '사과' 레이어를 선택한 후 [Opacity] 값을 '30%'로 설정합니다.

02 **03** [Layers] 패널에서 '사과 copy 2' 레이어를 선택한 후 Ctrl+J 를 눌러 레이어를 복사합니다. **04** Ctrl+T 를 눌러 [Free Transform]을 실행합니다. 조절점을 드래그하여 사과 이미지를 축소한 후 그림처럼 이동하고 Enter.┘ 를 눌러 적용합니다.

STEP 16 문자 입력하기

01 **01** 문자를 삽입하기 위해 문자 툴 (T)을 이용하여 원하는 글자를 입력합니다.

02 **02** 문자 툴의 옵션 바에서 글꼴과 문자 크기를 지정합니다.

01 **01** [Layers] 패널의 모든 레이어들을 선택한 후 Ctrl+E를 눌러 모든 레이어를 합칩니다.

02 **02** Ctrl+A를 눌러 전체 이미지를 선택한 후 메뉴의 [Edit-Copy]를 선택합니다.

01 새로운 이미지를 불러오기 위해 Ctrl+O를 누르거나 메뉴의 [File-Open]을 선택합니다.

02 그림처럼 마술봉 툴()을 이용해 간판 화면 영역을 선택합니다.

◉예제 파일
Sample\1부\Theme03\Lesson06\간판.jpg

Ctrl+O

01 메뉴의 [Edit-Paste Special-Paste Into]를 선택합니다.

02 완성된 이미지를 확인할 수 있습니다.

02
신발
옥외 광고
디자인 만들기

예제 파일 Sample\1부\Theme03\Lesson06\기타.psd, 과일.psd, 신발.psd, 간판-1.psd
완성 파일 Sample\1부\Theme03\Lesson06\완성-간판-1.psd

키 워 드 문자 툴, [Soft Light] 모드 적용, 채널 등록하기, 일러스트 파일 불러오기, [Unsharp Mask] 필터 적
용, [Paste Into] 활용
길라잡이 과일과 식물들을 이용하여 신발 광고를 색다르게 표현합니다.

01 **01** 새 문서를 생성하기 위해 Ctrl+
N을 누르거나 메뉴의 [File-New]
를 선택합니다. [New] 대화상자에
서 각각 '400×500'을 입력하고 해
상도는 '72'를 입력합니다. Mode
는 'RGB Color'를 선택합니다. 원
하는 용지 사이즈인 새 문서 창이 생
성된 것을 확인할 수 있습니다.

02 **02** 새로운 이미지를 불러오기 위해
Ctrl+O를 누르거나 메뉴의 [File-
Open]을 선택합니다. 도구 상자에
서 이동 툴(⊕)을 선택한 후 이미
지를 클릭, 드래그하여 복사합니다.
Ctrl+T를 눌러 [Free Transform]
을 실행합니다. **03** 조절점을 드래그
하여 입술 이미지를 축소한 후 그림
처럼 이동하고 Enter.를 눌러 적용
합니다.

◉ 예제 파일
Sample\1부\Theme03\Lesson06\기타.psd

① Ctrl+O

② Ctrl+T

③ Enter

01 **01** [Layers] 패널에서 '장미입술
copy' 레이어를 선택한 후 Ctrl+
J를 눌러 레이어를 복사합니다.
'장미입술 copy' 레이어의 블렌딩
모드를 'Soft Light', [Opacity] 값
을 '100%'로 설정합니다.

③ 설정   ④ 설정

② Ctrl+J

① 선택

02 ⁰² Ctrl+E를 눌러 '장미입술' 레이어와 합칩니다.

STEP 03 주인공인 신발 이미지 배치하기

01 ⁰¹ 메뉴의 [File-Open]을 선택하여 이미지를 불러온 후 이동 툴 (➤+)을 이용해 이미지를 이동하여 복사합니다. Ctrl+T를 눌러 이미지를 크기를 조절하여 그림처럼 배치합니다.

◎예제 파일
Sample\1부\Theme03\Lesson06\신발.psd

02 ⁰² 삽입한 구두 이미지의 가장자리 부분을 정리하기 위해 메뉴의 [Layer-Matting-Defringe]를 선택한 후 Width 값에 '1Pixels'를 입력하고 [OK] 버튼을 클릭합니다.

03 ⁰³ [Layers] 패널에서 '신발-3' 레이어를 선택한 후 도구 상자에서 마술봉 툴(🪄)을 클릭합니다. ⁰⁴ 그림처럼 빨간색 영역을 선택합니다.

01 **01** 메뉴의 [Select-Save Selec-
tion] 명령을 실행합니다. 그리고
[Save Selection] 대화상자에서
채널 [Name]에 '신발'을 입력하고
[OK] 버튼을 클릭합니다.
02 뒤쪽 신발의 앞부분을 선택한 후
이름을 '신발-1'로 채널을 등록합
니다.

01 **01** 메뉴의 [File-Open]을 선택하
여 이미지를 불러온 후 이동 툴(▶⊕)
로 이미지를 이동하여 복사합니다.

02 **02** Ctrl+T를 누른 후 이미지 크기
를 조절하여 그림처럼 배치합니다.

○ 예제 파일
Sample\1부\Theme03\Lesson06\과일.psd

01 **01** [Layers] 패널에서 '망고' 레이
어를 선택한 후 [Channels] 패널에
등록된 선택 영역을 불러오기 위해
메뉴의 [Select-Load Selection]
명령을 실행하여 '신발-1' 채널을
선택합니다.
02 Delete 를 눌러 망고가 신발 속에
들어 있는 것처럼 표현합니다.

02 **03** '과일.psd' 파일에서 산딸기 이미지를 불러온 후 **04** Ctrl+T 를 누르고 이미지 크기를 조절하여 그림처럼 배치합니다.

STEP 07 신발 속에 각 과일들이 들어 있는 모양 만들기

01 **01** [Layers] 패널에서 '산딸기' 레이어를 선택한 후 [Channels] 패널에 등록된 선택 영역을 불러오기 위해 메뉴의 [Select-Load Selection] 명령을 실행하여 '신발' 채널을 선택합니다. **02** Delete 를 눌러 그림처럼 산딸기를 삭제하여 **03** 산딸기가 신발 속에 있는 것처럼 표현합니다.

02 **04** '과일.psd' 파일에서 또 다른 망고 이미지를 불러온 후 Ctrl+T 를 눌러 이미지 크기를 조절하고 그림처럼 배치합니다.

03 **05** 채널을 이용해 신발 속에 과일이
있는 것처럼 작업합니다.

STEP 08 일러스트 파일 불러오기

01 **01** 일러스트레이터 파일을 불러오기 위
해 메뉴의 [File-Place Embedded]
를 선택합니다. [Open As Smart
object] 대화상자의 [Crop To] 옵
션에서 [Bounding Box]로 설정하
여 불러옵니다. **02** 이미지 삽입 작업
을 완료하기 위해 이동 툴(⊕)을 선
택한 후 이미지를 클릭, 드래그하여
이동합니다.

◎ 예제 파일
Sample\1부\Theme03\Lesson06\카라.ai

02 **03** [Layers] 패널을 열고 '카라' 레이어를 선택한 후 마우스 오른쪽 버튼을 클릭하고 [Resterize Type]을 선택하여 일반 레이어로 변환합니다. **04** [Channels] 패널에 등록된 선택 영역을 불러오기 위해 메뉴에서 [Select-Load Selection] 명령을 실행하여 '신발' 채널을 선택합니다. **05** Delete를 눌러 그림처럼 카라를 삭제하여 카라가 신발 속에 있는 것처럼 표현합니다.

03 **06** [Layers] 패널의 'Background', '장미입술' 레이어를 제외한 모든 레이어들을 선택한 후 **07** Ctrl+E를 눌러 모든 레이어를 합칩니다.

STEP 09 [Soft Light] 블렌드 모드 적용하기

01 **01** [Layers] 패널에서 '산딸기' 레
이어를 선택한 후 Ctrl+J를 눌러
레이어를 복사합니다. **02** '산딸기
copy' 레이어를 선택한 후 블렌딩
모드를 'Soft Light'와 [Opacity]
값을 '50%'로 조절합니다.

02 **03** Ctrl+E를 눌러 '산딸기' 레이어
와 합칩니다.

STEP 10 [Unsharp Mask] 필터 적용하기

01 메뉴의 [Filter-Shapen-Unsharp Ma-
sk]를 클릭합니다.

02 [Unsharp Mask] 대화상자가 나
타나면 [Amount]와 [Radius]에
값을 입력한 후 [OK] 버튼을 클릭
합니다.

01 **01** 메뉴의 [File-Open]을 선택하여 이미지를 불러온 후 이동 툴(▶⊕)을 이용해 이미지를 이동하여 복사합니다.

02 **02** Ctrl+T를 눌러 이미지 크기를 조절하고 그림처럼 배치합니다.

◉ 예제 파일
Sample\1부\Theme03\Lesson06\기타.psd
Sample\1부\Theme03\Lesson06\풍선.ai

01 **01** 문자를 삽입하기 위해 문자 툴(T)을 이용하여 원하는 글자를 입력합니다. **02** 문자 색을 흰색으로 지정한 후 문자 툴의 옵션 바에서 글꼴과 문자 크기를 설정합니다.

02 **03** 'new style' 레이어를 '풍선' 레이어 아래로 이동하고 그림처럼 완성합니다.

03 **04** 지금까지 작업한 이미지를 저장
하기 위해 메뉴의 [File-Save As]
를 선택합니다. 파일 형식은 '*.jpg'
를 선택하고 저장합니다.

◉ 예제 파일
Sample\1부\Theme03\Lesson06\신발광고.jpg

STEP 13 저장한 파일을 불러온 후 이미지를 복사하여 [Paste Info] 적용하기

01 **01** 새로운 이미지를 불러오기 위해
Ctrl+O를 누르거나 메뉴의 [File-
Open]을 선택하여 '신발광고.jpg'
파일을 불러옵니다. 그런 다음 Ctrl+
A를 눌러 전체 이미지를 선택한 후
메뉴의 [Edit-Copy]를 선택합니다.

◉ 예제 파일
Sample\1부\Theme03\Lesson06\신발광고.jpg

❶ Ctrl+O
❷ Ctrl+A

02 새로운 이미지를 불러오기 위해
[Ctrl]+[O]를 누르거나 메뉴의 [File-
Open]을 선택합니다. [Layers] 패
널에서 '간판' 레이어를 선택한 후
그림처럼 02 마술봉 툴(🪄)을 이용
해 03 간판 화면 영역을 선택합니다.

◉예제 파일
Sample\1부\Theme03\Lesson06\간판-1.psd

03 04 선택한 영역 안에 앞에서 복사
한 이미지를 삽입하기 위해 메뉴
의 [Edit-Paste Special-Paste
Into]를 선택합니다. 05 완성된 이
미지를 확인할 수 있습니다.

❶ 클릭
Edit

Undo Magic Wand	Ctrl+Z
Step Forward	Shift+Ctrl+Z
Step Backward	Alt+Ctrl+Z
Fade...	Shift+Ctrl+F
Cut	Ctrl+X
Copy	Ctrl+C
Copy Merged	Shift+Ctrl+C
Paste	Ctrl+V
Paste Special ▶	
Clear	

❷ 선택

Paste in Place	Shift+Ctrl+V
Paste Into	Alt+Shift+Ctrl+V
Paste Outside	

❸ 선택

Filter Gallery

■ Filter Gallery를 이용한 손쉬운 필터 활용

Filter Gallery에서 Photoshop CC의 여러 필터들을 연속 적용하고 편집할 수 있습니다. 사용 빈도가 높은 필터(Filter)들의 특성을 이미지로 쉽게 확인할 수 있습니다. 'Effect' 레이어를 추가하여 조합된 필터(Filter) 효과를 만들 수 있습니다. 레이어의 순서를 바꿔 다른 조합 형태를 만들거나 사용하지 않는 'Effect' 레이어를 나타내거나 감출 수 있습니다. [Preview] 창에서 필터의 적용, 조합 결과를 미리 보기할 수 있습니다. 적용된 'Effect' 레이어의 옵션을 쉽 게 재편집할 수 있어 원하는 결과물을 위해 충분히 테스트할 수 있습니다. 필터의 조합 결과는 액션으로 저장, 사용할 수 있으며 'Filter Gallery' 항목으로 일괄 저장됩니다.

❶ 미리 보기 창

❷ 선택된 필터 이미지

❸ 필터 이미지 보기/감추기 버튼

❹ 필터 팝업 리스트

❺ 선택된 필터 옵션

❻ 적용된 필터 리스트

❼ 미리 보기 배율 지정

07 모바일 광고

모바일 광고는 깔끔하고 단순해 보이지만, 보는 이로 하여금 강력한 임팩트를 느끼게 해야 하는 특징이 있습니다.

 핵심 기능 필터(Filter) 조합으로 표현해내는 다양한 효과 알아보기

필터의 기본적인 특징과 옵션 변화에 따라 다양한 효과들을 잘 파악해두는 것이 중요합니다. 이를 응용하여 다양한 효과들을 하는 능력을 키우는 것입니다. 비슷하면서도 전혀 똑같지 않은 포토샵의 필터들을 살펴보겠습니다.

⠿ Filter / Sharpen(픽셀의 색상 대비를 증가함으로써 이미지의 선명도를 높임)

• Sharpen: 픽셀의 색상 대비를 증가함으로써 이미지의 선명도를 높여줍니다.
• Sharpen Edges: 이미지의 경계선을 중심으로 색상 대비를 증가시켜 이미지를 또렷하게 합니다.

▲ Sharpen

▲ Sharpen Edges

• Sharpen More: Sharpen 필터를 한 번에 2~3회 적용한 효과를 냅니다.
• Unsharpen Mask: 이미지의 채도를 높여 선명도를 조절합니다.

▲ Sharpen More

▲ Unsharpen Mask

:: Filter / Sketch(수작업에 의하여 스케치한 효과)

- **Bas Relief**: 이미지의 명암 차이에 의해 조각칼로 파낸 듯 입체 효과를 냅니다.
- **Chalk & Charcoal**: 전경색과 배경색을 이용하여 초크와 목탄으로 그린 듯이 표현합니다.

▲ Bas Relief

▲ Chalk & Charcoal

- **Charcoal**: 목탄화의 분위기를 살려 명암 조절로 강렬한 느낌을 냅니다.
- **Chrome**: 금속 질감을 내게 하며, 흑백으로만 표현합니다.

▲ Charcoal

▲ Chrome

- **Conte Crayon**: 이미지에 크레용을 덧칠한 느낌을 줍니다.
- **Graphic Pen**: 가는 펜으로 정밀 묘사한 듯한 효과가 납니다.

▲ Conte Crayon

▲ Graphic Pen

- Halfton Pattern: 전경색과 배경색을 섞어 사용함으로써 중간 톤을 만들어 망판 형식으로 표현합니다.
- Note Paper: 거친 종이의 효과를 냅니다.

▲ Halfton Pattern

▲ Note Paper

- Photocopy: 이미지를 복사기에 복사한 것 같은 효과가 납니다.
- Plaster: 이미지를 석고로 떠낸 것과 같은 효과를 냅니다.

▲ Photocopy

▲ Plaster

- Reticulation: 그물 모양의 망상 조직처럼 이미지를 분해하여 표현하는 효과입니다.
- Stamp: 이미지의 형태를 파서 도장으로 찍어낸 것 같은 효과입니다.

▲ Reticulation

▲ Stamp

- Torn Edges: 이미지의 형태를 파서 도장으로 찍어낸 것 같은 효과입니다.
- Water Paper: 종이에 물이 번지는 효과가 납니다.

▲ Torn Edges

▲ Water Paper

Filter / Stylize(다양한 효과들을 이용하여 새로운 스타일로 변화)

- Diffuse: 이미지의 경계선에 점을 흩뿌려 놓은 것처럼 표현합니다.
- Emboss: 이미지의 양각과 음각으로 조각한 느낌을 줍니다.

▲ Diffuse

▲ Emboss

- Extrude: 이미지를 여러 개로 조각 내어 돌출된 모양을 연출합니다.
- Find Edges: 이미지의 윤곽선을 부각시키고 색상을 흰색 모드로 전환합니다.

▲ Extrude

▲ Find Edges

- Glowing Edges: Find Edges 필터와 반대의 효과가 납니다.
- Solarize: 사진 필름을 빛을 통해 바라보는 것처럼 이미지를 반전시킵니다.

▲ Glowing Edges

▲ Solarize

- Tiles: 이미지의 형태를 사각 타일 형태로 변형시킵니다.
- Trace Contour: 지도에 나타나는 등고선처럼 이미지의 윤곽선을 강조하여 나타납니다.

▲ Tiles

▲ Trace Contour

- Wind: 이미지가 바람에 날리는 듯한 효과를 줍니다.

▲ Wind

:: Filter / Texture(이미지의 질감을 다양한 형태로 표현)

- Craquelure: 벽에 바른 진흙이 말라 균열이 생긴 질감을 표현합니다.
- Grain: 이미지 위에 고운 입자를 뿌려놓은 듯한 질감을 표현합니다.

▲ Craquelure

▲ Grain

- Mosaic Tiles: 이미지 위에 모자이크 형식의 타일을 입힌 질감이 나타납니다.
- Patchwork: 작은 타일 모양의 효과가 납니다.

▲ Mosaic Tiles

▲ Patchwork

- Stained Glass: 성당에서 보는 스테인드글라스 효과가 납니다.
- Texturize: 벽돌, 삼베, 캔버스 등의 질감을 낼 수 있습니다.

▲ Stained Glass

▲ Texturize

:: Filter / Other(지금까지 공부한 메뉴에 속하지 않는 필터들을 모아 놓은 것)

- Custom: 사용자가 직접 대화상자 안의 셀(Cell) 상자에 수치를 입력하면 그 수치에 따라 이미지 픽셀들의 이동과 배합이 정해지게 되어 사용자만의 필터를 만들 수 있습니다.
- High Pass: 이미지에서 밝은 부분을 강조하고 그 밖의 영역은 회색 모드로 전환합니다.

▲ Custom

▲ High Pass

- Maximum: 이미지의 밝은 영역에서 밝은 색상을 추가하여 그 부분을 부각시킵니다.
- Minimum: 이미지의 어두운 영역에서 어두운 색상을 추가하여 그 부분을 부각시킵니다.

▲ Maximum

▲ Minimum

- Offset: 입력된 수치에 따라 선택된 영역의 이미지를 나눈 후 이동시키는 필터입니다.

▲ Offset

01

모바일 게임
광고 디자인 만들기

예제 파일 Sample\1부\Theme03\Lesson07\배경.psd, 배경-1.jpg, 장난감소품.psd, 캔디.psd, 꽃게1.ai, 꽃게2.ai, 꽃게3.ai

완성 파일 Sample\1부\Theme02\Lesson07\핸드폰-완성.psd

키 워 드 일러스트 파일 불러오기, [Motion Blur] 필터 적용

길라잡이 스마트폰을 사용하다 보면 흔히 게임 광고를 많이 볼 수 있습니다. 여러분이 흔하게 볼 수 있는 간단한 게임 광고를 작업해봅니다.

학습 동영상 ●

01 **01**새로운 이미지를 불러오기 위해 단축키 [Ctrl]+[O]를 누르면 나타나는 [Open] 대화상자에서 배경으로 작업할 이미지를 불러옵니다. **02**도구 상자에서 이동 툴(▶₊)을 선택한 후 이미지를 클릭, 드래그하여 복사합니다. **03**그리고 그림처럼 배치하고 레이어도 순서대로 정리합니다.

◯예제 파일
Sample\1부\Theme03\Lesson07\배경.psd, 배경-1.jpg

[Ctrl]+[O]

02 새로운 이미지를 불러오기 위해 [Ctrl]+[O]를 누르거나 메뉴의 [File-Open]을 선택합니다. 도구 상자에서 이동 툴(▶₊)을 선택한 후 이미지를 클릭, 드래그하여 복사합니다. [Ctrl]+[T]를 눌러 [Free Transform]을 실행합니다. **04**조절점을 드래그하여 캔디 이미지를 축소한 후 그림처럼 이동한 후 [Enter]를 눌러 적용합니다.

❶ [Ctrl]+[O]
❷ [Ctrl]+[T]
❸ [Enter]

◯예제 파일
Sample\1부\Theme03\Lesson07\캔디.psd

03 **05** 삽입한 캔디 이미지의 가장자리 부분을 정리하기 위해 메뉴의 [Layer-Matting-Defringe]를 선택한 후 Width 값을 '1Pixels'를 입력한 후 [OK] 버튼을 클릭합니다. **06** [Layers] 패널에서 '캔디' 레이어를 선택한 후 '언덕-1' 레이어 아래로 이동합니다.

STEP 02 일러스트 파일 불러오기

01 **01** 일러스트레이터 파일을 불러오기 위해 메뉴의 [File-Place Embedded]를 선택합니다. [Open As Smart object] 대화상자의 [Crop To] 옵션에서 [Bounding Box]로 설정하여 불러옵니다. 이미지 삽입 작업을 완료하기 위해 이동 툴(▶+)을 선택한 후 이미지를 클릭, 드래그하여 이동합니다. **02** Ctrl+T를 눌러 이미지의 크기를 조절한 후 그림처럼 이동하고 Enter를 눌러 적용합니다.

◉ 예제 파일
Sample\1부\Theme03\Lesson07\꽃게1.ai

02 **03** 또 다른 일러스트레이터 파일들을 불러온 후 그림처럼 이동 툴(▶+)을 선택하여 이미지를 클릭, 드래그하여 이동합니다. **04** Ctrl+T를 눌러 이미지의 크기를 조절한 후 그림처럼 이동하고 Enter를 눌러 적용합니다.

◉ 예제 파일
Sample\1부\Theme03\Lesson07\꽃게2.ai, 꽃게3.ai

❶ Ctrl + T

❷ Enter

01 **01** Ctrl+O를 눌러 새로운 이미지 파일을 불러옵니다. **02** 도구 상자에서 이동 툴(▶)과 Ctrl+T를 눌러 [Free Transform]을 사용하여 이미지의 크기를 조절한 후 **03** 그림처럼 배치합니다.

◎ 예제 파일
Sample\1부\Theme03\Lesson07\장난감소품.psd

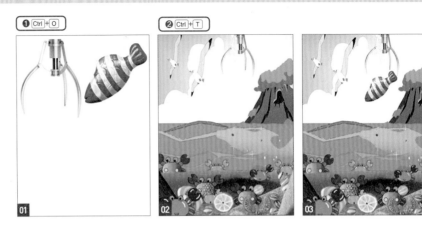

02 **04** 물고기가 떨어지는 효과를 주기 위해 '물고기' 레이어를 선택한 후 **05** Ctrl+J를 두 번 눌러 레이어를 두 개 복사합니다.

03 **06** [Layers] 패널에서 '물고기 co-py' 레이어를 선택한 후 메뉴에서 [Filter-Blur-Motion Blur]를 선택합니다.
07 그림처럼 [Angle] 값을 '90°', [Distance] 값을 '30Pixels'로 설정합니다.
08 떨어지는 효과를 좀 더 부드럽게 표현하기 위해 [Layers] 패널에서 [Opacity] 값을 '50%'로 조절합니다.

04 09 다시 한 번 [Layers] 패널에서 '물고기' 레이어를 선택한 후 메뉴에서 [Filter-Blur-Motion Blur]를 선택합니다.

10 그림처럼 [Angle] 값을 '90°', [Distance] 값을 '50Pixels'로 설정합니다.

11 떨어지는 효과를 좀 더 부드럽게 표현하기 위해 [Layers] 패널에서 [Opacity] 값을 '50%'로 조절합니다.

STEP 04 지금까지 작업한 이미지 저장하기

01 01 지금까지 작업한 이미지를 저장하기 위해 메뉴의 [File-Save As]를 선택하고 파일 형식은 '*.jpg'로 저장합니다.

02 02 Ctrl+O를 눌러 새로운 이미지 파일을 불러옵니다.

◉예제 파일
Sample\1부\Theme03\Lesson07\
핸드폰.psd, 배경-완성.jpg

STEP 05 불러온 이미지 배치 및 마무리하기

01 01 '배경완성.jpg' 파일을 불러온 후 이동 툴(▶+)을 선택하여 이미지를 클릭, 드래그하여 복사합니다. Ctrl+T를 눌러 [Free Transform]을 실행한 후 조절점을 드래그하여 크기를 조절하고 그림처럼 이동한 다음 Enter를 눌러 적용합니다.

02 [Layers] 패널에서 'Layer 1' 레이어를 선택한 후 '핸폰' 레이어 아래로 이동하고 03 그림처럼 완성합니다.

02 커피 모바일 광고 디자인 만들기

예제 파일 Sample\1부\Theme03\Lesson07\커피.psd, 핸드폰-1.psd , 커피잔-1.jpg, 로고.ai
완성 파일 Sample\1부\Theme03\Lesson07\핸드폰-1.psd

키 워 드 문자 툴, [Hue/Saturation], [Brightness/Contrast], [Curves], [Canvas Size] 설정, [Paste Into] 적용,
[Unsharp Mask] 필터 활용
길라잡이 요즘 스마트폰으로 할인 쿠폰을 주는 카페, 레스토랑, 쇼핑몰 등 광고를 많이 볼 수 있습니다.

Ctrl + O

01 **01** 새로운 이미지를 불러오기 위해 Ctrl + O를 누르거나 메뉴의 [File-Open]을 선택합니다.

◉ 예제 파일
Sample\1부\Theme03\Lesson07\커피.psd

02 **02** [Layers] 패널에서 '빵' 레이어를 선택한 후 **03** Ctrl + J를 눌러 레이어를 복사합니다.

❶ 선택

❷ Ctrl + J

01 **01** 빵 이미지의 채도를 좀 더 선명하게 표현하기 위해 [Layer] 패널에서 '빵 copy' 레이어를 선택한 후 메뉴의 [Image-Adjustments-Hue/Saturation]을 선택합니다.

❶ 클릭

❸ 선택

❷ 선택

02 **02** [Hue/Saturation] 대화상자의 [Saturation] 값을 '20'으로 설정합니다.

설정

01 **01** 이미지의 밝기를 좀 더 간단하
게 표현하기 위해 메뉴의 [Image-
Adjustments-Brightness/
Contrast]를 선택합니다. **02** 그런
다음 [Brightness/Contrast] 대
화상자에서 Brightness 값을 '10',
[Contrast] 값을 '50'으로 설정합
니다.

02 **03** [Layers] 패널의 '빵 copy' 레
이어를 선택한 후 **04** Ctrl+E를 눌러
'빵' 레이어와 합칩니다.

01 **01** 이미지의 가장자리를 좀 더 선명
하게 나타내기 위해 메뉴의 [Filter-
Shapen-Unsharp Mask]를 클릭
합니다.

02 **02** [Unsharp Mask] 대화상자가
나타나면 [Amount]와 [Radius]
에 값을 입력한 후 [OK] 버튼을 클
릭합니다.

01 [Layers] 패널의 '빵 copy' 레이어를 선택한 후 작업할 사진을 불러옵니다.

02 **01** 색상을 바꾸기 위해 [Layers] 패널에서 [create new fill or adjustment layer] 버튼(⊘)을 클릭한 후 [Curves]를 선택합니다.

S자형 곡선
[Curves] 그래프에 추가한 포인트를 좌측 상단 방향으로 이동시키면 톤이 밝아지고, 우측 하단 방향으로 이동시키면 어두워집니다. 두 포인트를 추가하여 만든 S자형 곡선은 사진에 [contrast]를 증가시키는 데 사용되는 대표적인 곡선 형태입니다.

01 **01** 배경으로 용지를 늘리기 위해 메뉴에서 [Image-Canvas Size]를 선택합니다. 그림처럼 늘리기 위한 용지 방향을 [Anchor] 항목에서 '정중앙'을 선택합니다.

02 **02** 높이를 늘리기 위해 Height 값에만 '800'을 입력한 후 [OK] 버튼을 클릭합니다.

01 **01** 흰색 용지 부분에 색을 채우기 위해 **02** 그림처럼 마술봉 툴(✦)을 이용해 하얀색 용지 부분을 클릭합니다.

02 **03** 도구 상자의 전경색을 검은색으로 지정하고 **04** 단축키 [Alt]+[Delete]를 선택하여 검은색을 채웁니다.

STEP 08 새로운 이미지 불러와 복사하기

01 Ctrl+O를 눌러 새로운 이미지 파일
을 불러옵니다.

02 단축키 Ctrl+A를 눌러 전체 이미지
를 선택한 후 메뉴의 [Edit-Copy]
를 선택합니다.

◎ 예제 파일
Sample\1부\Theme03\Lesson07\커피잔-1.jpg

STEP 09 [Paste Into] 적용하기

01 01 그림처럼 마술봉 툴( )을 이용
하여 화면 하단의 검은색 영역을 클
릭합니다.

02 02 앞에서 복사한 이미지를 삽입하기
위해 메뉴의 [Edit-Paste Special-
Paste Into]를 선택합니다.

03 03 그림처럼 배치한 이미지를 알맞
은 크기로 조절하기 위해서 Ctrl+
T를 눌러 이미지 크기를 조절한 후
그림처럼 배치합니다.

01 일러스트레이터 파일을 불러오기 위해 메뉴의 [File-Place Embedded]를 선택합니다.
[Open As Smart object] 대화상자의 [Crop To] 옵션에서 [Bounding Box]로 설정하여 불러옵니다.

02 **01** 이미지 삽입 작업을 완료하기 위해 이동 툴(▶✛)을 선택한 후 클릭, 드래그하여 이동합니다.

● 예제 파일
Sample\1부\Theme03\Lesson07\로고.ai

01 **01** 문자를 삽입하기 위해 문자 툴(T)을 이용하여 원하는 글자를 입력합니다.

02 **02** 문자 색을 흰색으로 지정한 후 문자 툴의 옵션 바에서 글꼴과 문자 크기를 설정합니다.

01 **01** 지금까지 작업한 이미지를 저장하기 위해 메뉴의 [File-Save As]를 선택하고 파일 형식은 '*.jpg'로 저장합니다. [Ctrl]+[O]를 눌러 새로운 이미지 파일을 불러옵니다.

◉예제 파일
Sample\1부\Theme03\Lesson07\핸드폰-1.psd

02 **02** 앞에서 저장한 '커피-완성.jpg' 파일을 불러온 후 이동 툴(⊕)을 선택하여 이미지를 클릭, 드래그하여 복사합니다. **03** [Ctrl]+[T]를 눌러 [Free Transform]을 실행한 후 조절점을 드래그하여 크기를 조절하여 그림처럼 이동하고 [Enter]를 눌러 적용합니다. [Layers] 패널에서 'Layer 1' 레이어를 선택한 후 '핸드폰' 레이어 아래로 이동하여 그림처럼 완성합니다.

◉완성 파일
Sample\1부\Theme03\Lesson07\커피-완성.jpg

그 밖에
도움을 주는 기능

기능의 안정성과 속도, 효율성이 강화된 작업 환경 구축에 더욱 비중을 두어 사용자로 하여금 소프트웨어를 더욱 효과적으로 사용할 수 있는 기능을 소개합니다.

■ 대용량 이미지 제작

Photoshop CC에서는 게시판, 버스 광고판, 간판 등 거대한 사이즈의 이미지 창조물을 제작하는 데 필요한 크기의 이미지를 만들 수 있습니다. 최고 300,000×300,000 픽셀의 이미지를 파일당 최고 '57' 채널로 만들 수 있습니다.

■ PDF 파일을 이용한 프로젝트 파일 공유

메뉴의 [File–Automate–PDF Presentation] 명령으로 여러 PSD 파일을 페이지에 지닌 하나의 PDF 문서로 저장할 수 있습니다. 포토샵에서 만든 메모가 PDF 문서에 그대로 유지되고, PDF 문서에 포함된 메모를 다시 Photoshop CC를 설치하지 않은 컴퓨터에서도 PSD 작업 파일에 관한 정보를 교환할 수 있습니다.

▲ [PDF Presentation] 대화상자–PDF 문서로 작업할 파일 불러오기

▲ [Save Adobe PDF] 대화상자–PDF 문서를 만들 때 사용할 옵션

▲ PDF 문서 확인하기

■ 잘못된 철자 교정 기능

메뉴의 [Edit-Check Spelling]를 선택하면 잘못 입력된 글자를 교정할 수 있습니다. 또한 [Edit-find and Repling] 메뉴로 쉽게 글자를 찾고 수정, 교체하는 작업을 진행할 수 있습니다. 따라서 PDF 문서를 제작하거나 인쇄용 문서를 제작하는 데 편리하게 활용할 수 있습니다.

■ 키보드 단축키 사용자 정의

메뉴의 [Edit-Keyboard Shortcuts]를 선택하여 단축키가 지정된 메뉴와 지정되지 않은 메뉴에 새로운 단축키를 지정할 수 있습니다. 액션을 통해 단축키가 적용되지 않던 메뉴에 단축키를 지정되지 않은 명령이나 팔레트 옵션, 도구 상자 메뉴에도 단축키를 적용할 수 있습니다.

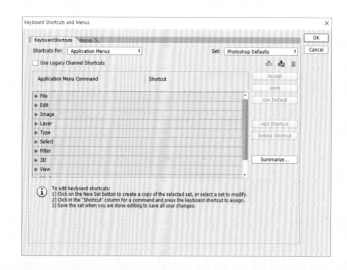

실무 테크닉 01 정류장 옥외 광고 만들기

아웃도어 광고는 일정 공간에서 시각적으로 불특정 다수에게 어필할 수 있는 광고입니다. 자주 이용하고 지나치는 버스 정류장을 이용하여 효과를 얻으면서 눈길을 끄는 정류장 광고를 소개합니다.

예제 파일 Sample\1부\Theme03\실무테크닉\실무 예제01\고기-채소.psd, 팬.psd, 버스 정류장 광고.jpg, 정류장 광고-예제.jpg
완성 파일 Sample\1부\Theme03\실무테크닉\실무 예제01\정류장 광고[1].psd

- 다양한 필터를 이용해 불꽃 문자를 작업합니다.
- 이미지 보정 명령어들을 통해 음식들의 색감 등을 좀 더 입체적으로 표현합니다.

문화 행사 티켓은 연극, 영화, 음악회, 전람회 등 모든 행사의 정보를 알리기 위해 제작되는 것입니다. 이해하기 쉬우며 한눈에 알아볼 수 있어야 합니다.

예제 파일 Sample\1부\Theme03\실무테크닉\실무 예제02\식물.psd, 소품.psd, 사람.psd, 나무.png, 카라.ai, 풍선.ai, 음표.png
완성 파일 Sample\1부\Theme03\실무테크닉\실무 예제02\재즈음악회-완성.psd

• 다양한 필터를 이용해 벽면을 작업합니다.
• 작업한 이미지들을 불러와 좀 더 수작업 느낌이 나는 티켓으로 작업합니다.

03 한식 페스티발 포스터 만들기

한식을 알리자! 평범한 소재를 잘 표현해내야 할 뿐만 아니라 세세한 설명 없이도 메시지가 정확히 전달하는 것이 중요합니다. 잔잔한 물결 위에 떠 있는 하얀 꽃잎 접시 위에 다양한 음식들을 소개합니다.

예제 파일 Sample\1부\Theme03\실무테크닉\실무 예제03\꽃접시.psd, 접시음식.psd, 전.psd, 젓가락.psd, 채소.psd
완성 파일 Sample\1부\Theme03\실무테크닉\실무 예제03\한식-완성.psd

• 다양한 필터를 이용해 잔잔한 물결을 표현하는 배경을 작업합니다.
• 이미지 보정 명령어들을 통해 음식들의 색감 등을 좀 더 입체적으로 표현합니다.

04 **커피 시음회 포스터 만들기**

원두커피는 커피 열매를 볶은 후 갈거나 빻은 가루를 여과지나 기구 등을 이용하여 내려 마시는 커피를 말합니다.
블렌딩이라는 작업을 통해 원두의 풍미를 더욱 살리는 시음회를 광고합니다.

예제 파일 Sample\1부\Theme03\실무테크닉\실무 예제04\소스.psd, 커피콩.jpg, 커피.jpg, 건물.jpg
완성 파일 Sample\1부\Theme03\실무테크닉\실무 예제04\커피시음회-완성.psd

• 다양한 필터를 이용해 배경 효과를 좀 더 깊게 선명하게 표현합
  니다.
• 이미지 보정 명령어들을 통해 소스들의 풍부한 이미지의 효과를 표현
  합니다.

찾아보기

찾아보기

찾아보기

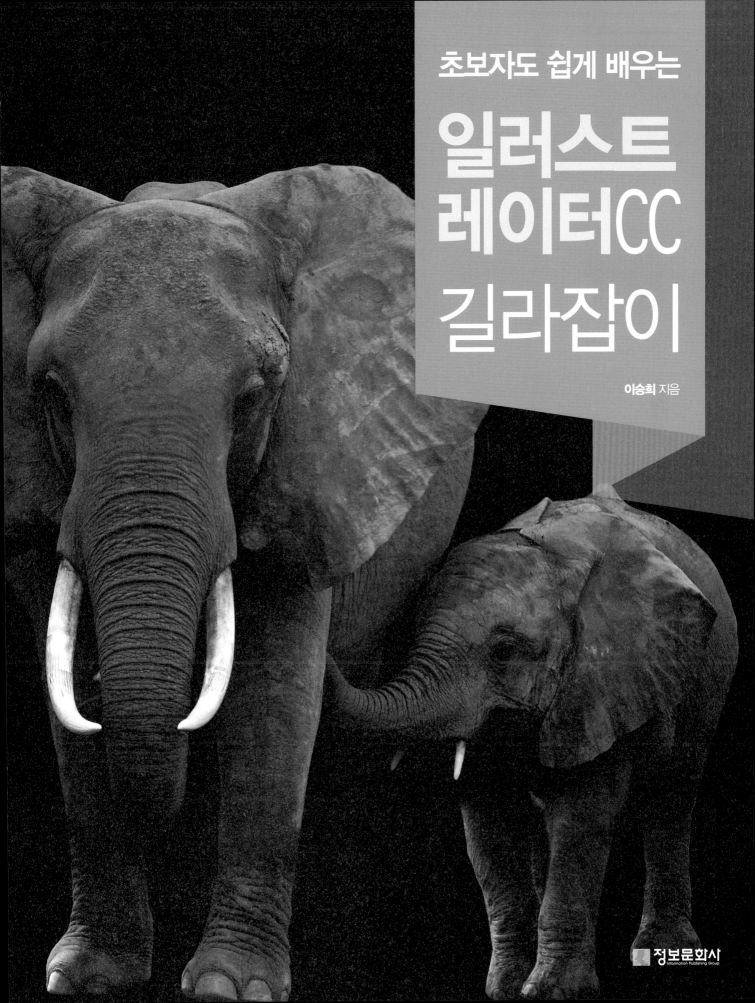

초보자도 쉽게 배우는

일러스트
레이터CC
길라잡이

이승희 지음

정보문화사
Information Publishing Group

이 책을 보는 방법

이 책은 일러스트레이터 CC의 최신 버전을 기반으로 집필되었습니다. 휴대하기 편리하게 두 권으로 분리가 가능하며, 총 13개의 레슨으로 구성되어 있습니다. 입문자가 쉽게 따라할 수 있도록 각 작업에 대한 내용을 빠짐없이 설명하고 있으며, 각 Step으로 구성하여 단계별로 학습할 수 있습니다.

레슨 제목 및 발문
각 레슨에서 학습할 제목과 배울 내용을 간결하고 쉽게 설명하였습니다.

핵심 기능
해당 Lesson에서 학습할 핵심적인 기능을 자세하게 소개하였습니다.

Tip
포토샵과 일러스트레이터를 사용하면서 작업의 효율을 향상시키고자 할 때 알아두면 좋을 유용한 내용과 저자의 풍부한 실전 경험을 바탕으로 한 알짜 노하우를 정리하였습니다.

기능 실습

앞에서 학습한 기능에 관련된 실습 예제를 따라해보는 부분으로, 이해하기 어려운 내용에는 〈Tip〉을 추가하였습니다.

따라하기

예제를 직접 활용하여 익히는 과정으로, 따라하기 형식을 바탕으로 구성했습니다. 단계를 체계적으로 구성하였기 때문에 누구나 쉽게 학습할 수 있습니다.

예제 파일/완성 파일

학습에 필요한 파일의 경로와 파일명을 알 수 있습니다.

키워드/길라잡이

학습에 필요한 실습 예제를 활용하면서 사용하는 기능이 무엇이며, 예제가 어떠한 상황에 쓰이는지를 알려주는 가이드 역할을 해줍니다.

동영상 강좌

해당 레슨에 대한 좀 더 자세한 해설은 스마트폰에서 QR 코드를 인식하게 한 후 확인하거나 부록으로 제공하는 압축 파일(Sample.zip)의 "동영상 강의 링크.xls" 파일에서 확인하세요.

기능 향상

〈핵심 기능〉에서 미처 담지 못한 내용과 기능 설명을 추가로 정리하였습니다.

실무테크닉

앞에서 배운 Step 과정을 응용하여 추가로 알아야 할 사항이나 새로운 기능을 소개하였습니다.

Note

본문에 미처 담지 못한 내용과 꼭 필요한 핵심 내용을 정리했으며, 저자의 노하우를 소개하였습니다.

노하우

저자의 노하우가 담긴 팁을 담았습니다.

일러스트레이터

선 기능 및 기본 기능 살펴보기

이번 과정은 누구나 따라할 수 있는 쉽고 재미있는 예제들로 구성되어 있습니다. 따라서 메뉴와 패널들에 관한 기본적인 기능들을 중심적으로 선택하고 활용하면서 기본을 충실하게 다지는 것이 중요합니다. 이제부터 각 예제들이 일러스트레이터의 길잡이가 되어 여러분의 실력 향상에 많은 도움이 되었으면 하는 바람으로 예제를 진행하겠습니다.

01 펜 도구(Pen Tool) 사용법 익히기

일러스트레이터의 핵심적인 기능인 펜 툴()을 이용하여 선을 따라 그리는 작업을 해보겠습니다. 펜 툴()의 사용법을 익히는 일이 처음에는 힘들지 모르지만, 많은 그래픽 프로그램이 베지어 곡선에 기반을 두고 있기 때문에 펜 툴을 마스터하는 것이야말로 일러스트레이터의 첫걸음이자 튼튼한 기초가 됩니다.

핵심기능 펜 도구(Pen Tool,)

펜 툴()은 일러스트레이터에서 직선, 곡선을 그릴 수 있는 가장 기본적이고 중요한 도구입니다.

∷ 패스의 종류

- 열린 패스: 처음 클릭한 기준점과 끝점이 연결되지 않은 패스를 말합니다.
- 닫힌 패스: 처음 클릭한 기준점과 끝점이 연결되어 있는 패스를 말합니다.

▲ 열린 패스

▲ 닫힌 패스

∷ 펜 툴() 작업의 이해

- Shift+클릭: 수직, 수평 또는 45도 각도의 직선이 그려집니다.
- 펜 툴()을 연습할 때는 메뉴의 [View-Show Grid]를 선택해 그리드를 열고 작업하는 것이 편리하며, 메뉴의 [View-Snap To Grid]를 체크하면 도형이나 펜 툴로 패스를 그릴 때 그리드 선에 도형이나 기준점들이 달라붙게 되어 그리드에 맞춰 정확하게 그리기가 편리합니다.
- 패스 작업을 할 때에는 면색 없이 선색만으로 작업해야 정확한 작업을 할 수 있습니다.
- 클릭한 채 드래그+Space Bar: 클릭한 정점의 위치를 다른 곳으로 이동할 수 있습니다.

• 패스의 굵기와 선 형태 등은 [Stroke] 팔레트에서 설정하면 됩니다.

∷ 면 그리기(닫힌 패스 그리기)

• 열린 패스를 그리듯 같은 방법으로 펜 툴을 이용해 사각형 형태를 그려 나갑니다.
• 마지막 기준점에서 처음 시작한 기준점으로 가면 펜 툴의 모양이 🖋 형태로 바뀌는데, 이때 클릭하면 처음 시작한 기준점에 마지막 세그먼트가 연결되면서 면이 됩니다. 그런 다음 면의 색상을 지정합니다.

닫힌 패스 그리기
• 두 개의 선을 하나로 연결할 때 연결하고 싶은 두 개의 기준점을 차례대로 클릭합니다.
• 첫 번째 기준점을 클릭할 때는 🖋 모양으로 바뀝니다.
• 두 번째 기준점을 클릭할 때는 🖋 모양으로 바뀌면서 하나의 선으로 이어집니다.

∷ 곡선 그리기

곡선을 그리기 위해서는 방향 선을 만들면서 그리게 되는데, 이 방향 선의 길이와 방향에 따라 곡선의 길이나 형태가 달라지며, 방향 선을 잘 이해하고 있어야만 자연스럽고 세련된 곡선들을 만들어낼 수 있습니다.
• 펜 툴(🖋)로 화면을 클릭해 시작점을 만듭니다. 그런 다음 시작점에서 클릭한 채 마우스를 드래그하면 방향 선과 방향점이 나타납니다. 방향 선의 길이와 방향을 조절하여 원하는 곡선을 만든 후 마우스를 놓습니다.
• 지점으로 기준점을 만들어 가면서 곡선을 만듭니다.
• 선택 툴(▶)이나 직접 선택 툴(▷)로 곡선이 아닌 화면을 클릭하면 곡선이 완성됩니다.

곡선 패스를 부드럽게 그리기
곡선이나 원 형태의 패스를 부드럽게 그리기 위해서는 기준점의 수가 최소 네 개 이상이 되어야 하지만, 너무 많으면 오히려 더 부드럽지 못한 곡선이 될 수 있습니다.

:: 기준점 추가 도구(Add Anchor Point Tool, 🖎)

이미 만들어진 도형이나 선분 위에 기준점을 추가하는 도구입니다. 기준점 추가 도구(🖎)을 선택한 후 도형의 원하는 위치에 클릭하면 기준점이 추가됩니다.

○ 직접 선택 툴(🔳)로 추가된 기준점을 이동하거나 드래그해 도형의 모양을 수정할 수 있습니다.

:: 기준점 삭제 도구(Delete Anchor Point Tool, 🖎)

도형이나 패스에서 불필요하거나 삭제시킬 기준점을 삭제하는 도구로, 양쪽에 있는 두 기준점 사이가 다시 연결되면서 패스의 형태가 변형됩니다.

○ 펜 툴(🖎)이 기준점에 닿으면 자동으로 기준점 삭제 도구(🖎)로 바뀝니다.

:: 기준점 변환 도구(Convert Anchor Point Tool, 🖎)

기준점에 있는 방향 선의 유무를 결정하는 도구로, 직선을 곡선으로, 곡선을 직선으로 만들어줍니다.
• 직선의 기준점을 클릭한 후 마우스로 드래그하면 방향 선이 나타나면서 곡선이 됩니다.
• 방향 선이 있는 곡선의 기준점을 클릭하면 방향 선이 사라지면서 직선이 됩니다.

○ 방향점을 선택하고 드래그하면 한쪽의 방향 선만을 제어할 수 있습니다.

:: [Path]를 통한 패스 수정하기

Join을 이용해 기준점 연결하기

연결되어 있지 않은 기준점과 기준점을 서로 연결시키는 기능입니다. 두 개의 기준점이 떨어져 있으면 직선으로 연결되고, 두 개의 기준점이 거의 같은 위치에 있을 때는 대화상자가 나타나는데, 직선으로 연결할 경우, 코너(Corner)를 부드럽게 연결할 경우 Smooth를 지정하면 됩니다.
• 직접 선택 툴(🔳)로 연결되어 있지 않은 두 개의 기준점만을 선택합니다.
• 메뉴의 [Object-Path-Join]을 선택하면 두 개의 기준점이 연결됩니다.

Average를 이용해 기준점 정렬하기

여러 개의 선택된 기준점들을 평균점으로 정렬해주는 기능입니다.

• 적당한 크기의 원을 드로잉한 후 직접 선택 툴로 좌우 두 개의 기준점을 선택합니다.
• 메뉴의 [Object-Path-Average]를 선택하면 나타나는 대화상자에서 Vertical(수직)을 체크한 후 [OK] 버튼을 클릭합니다.
• 두 개의 기준점이 중심에 있는 세로축을 기준으로 도형이 정렬됩니다.

• 직접 선택 툴(▶)로 상하에 있는 두 개의 기준점을 선택합니다.
• 메뉴의 [Object-Path-Average]를 선택하고 대화상자가 나타나면 Horizontal(수평)을 체크한 후 [OK] 버튼을 클릭합니다.
• 두 개의 기준점이 중심에 있는 가로축을 기준으로 정렬됩니다.

[Average] 활용
[Average] 대화상자의 [Both]에 체크하면 수직·수평의 중앙에 한 점에 기준점이 모입니다.
즉, 원을 선택한 후 [Both]에 체크하고 [OK] 버튼을 눌러도 마지막 결과처럼 나타납니다.

도형 간격 띄우기

선택된 도형의 안쪽 또는 바깥쪽으로 새로운 패스를 만들 경우에 사용하는 기능입니다.

• 도형을 선택 툴(▶)로 선택한 후 메뉴의 [Object-Path-Offset Path]를 선택합니다.
• 대화상자가 나타나면 옵션을 지정하고 [OK] 버튼을 클릭합니다.
• 패스의 복사본이 만들어집니다.

❶ Offset 패스의 복사본을 만들 거리를 지정합니다.

❷ Joins 패스의 코너의 형태를 Miter, Round, Bevel 중에서 선택합니다.

❸ Miter Limit Joins가 Miter일 때 지정합니다.

▲ [Offest: 7pt]　　　▲ [Offest: −7pt]　　　▲ [Join: Miter]　　　▲ [Join: Round]　　　▲ [Join: Bevel]

01
선 따라
그리기

예제 파일 Sample\2부\Theme01\Lesson01\Line.ai
완성 파일 Sample\2부\Theme01\Lesson01\Line-완성.ai

키 워 드 파일 불러오기, 펜 툴, 선택 툴, 색상, [Color] 팔레트 활용법 익히기
길라잡이 일러스트레이터에서 펜 툴은 도형을 드로잉하는 데 가장 기본이 되고, 활용도가 높은 툴인 만큼 펜
툴의 원리와 사용법을 완벽하게 익혀야 합니다.

01 일러스트레이터를 실행한 후 패스 작업을 실행하기 위한 밑그림 파일을 불러옵니다. 메뉴의 [File-Open]을 클릭하거나 단축키 Ctrl+O를 눌러 [Open] 대화상자를 엽니다. 이번 작업에 필요한 밑그림이 화면에 나타날 것입니다.

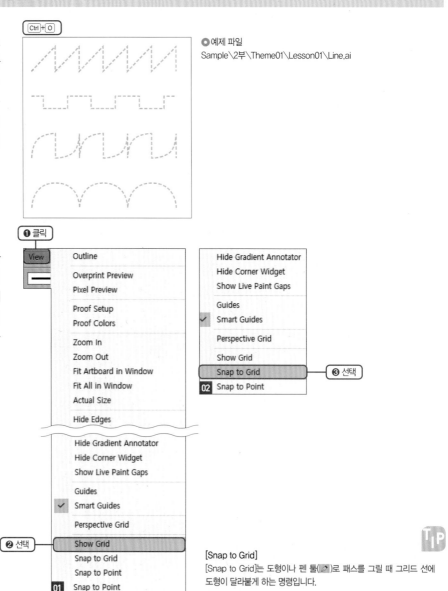

Ctrl + O

◉예제 파일
Sample\2부\Theme01\Lesson01\Line.ai

02 01 메뉴의 [View-Show Grid]를 실행하여 그리드 선을 화면에 보이게 합니다. 02 앞으로 진행되는 패스 작업이 그리드에 맞추어 정확히 진행될 수 있도록 메뉴의 [View-Snap to Grid]를 실행합니다.

[Snap to Grid]
[Snap to Grid]는 도형이나 펜 툴(✐)로 패스를 그릴 때 그리드 선에 도형이 달라붙게 하는 명령입니다.

03 패스 작업을 하려고 하는데 화면의 이미지가 너무 작아 작업하기가 불편합니다. 이 경우 도구 상자에서 돋보기 툴(🔍)을 선택하고, 작업할 영역을 드래그하여 화면의 비율을 크게 만듭니다. 여러분들이 작업하기 편한 비율로 확대합니다.

작업 크기 조절

일러스트레이터는 벡터 방식으로 구성된 프로그램입니다. 따라서 이미지를 크게 하거나 화면을 확대하더라도 이미지는 전혀 손상되지 않습니다. 그러므로 일러스트레이터 작업 시에는 30% 이상으로 완성한 후 실제 크기로 조절하는 것이 좋습니다.

확대 · 축소 단축키

화면을 확대하고 축소하는 것은 일러스트레이터 작업 시 자주 사용하는 기능입니다.

• 화면 확대: 돋보기 툴( )은 클릭할 때마다 정해진 비율로 확대됩니다. 작업 도중에 Ctrl + Space Bar 를 누르면 확대 돋보기 툴로 전환됩니다.

• 화면 축소: Alt 를 누르고 클릭하면 아이콘이 '−'로 바뀌면서 축소됩니다. 작업 도중에 Ctrl + Alt + Space Bar 를 누르면 축소 돋보기 툴로 전환됩니다.

• 자주 사용되는 기능인 만큼 단축키를 활용하면 편리하게 작업할 수 있습니다.

STEP 02 펜 툴( )로 직선 그리기

01 작업하기 적당한 크기로 확대되었다면, 도구 상자에서 펜 툴( )을 선택하고 면 색상으로 'None'을 적용합니다. 그런 다음 상단의 옵션 바에서 면 색상, 선 색상을 변경하고 선 두께를 '5pt'로 설정합니다.

● 패스 색 설정

패스 작업을 진행할 때는 선 색상만을 가지고 작업을 해야 정확한 작업을 할 수 있습니다.

02 도구 상자에서 펜 툴( )을 지정합니다. **01** 첫 번째 직선의 끝 부분에 펜 툴을 위치합니다. 펜 툴을 정확히 위치시킨 다음, 클릭하면 기준점(앵커 포인트)이 그리드 선에 정확히 맞추어 생성됩니다. 패스의 시작점이 만들어진 것을 확인할 수 있습니다. **02** 빨간색으로 활성화되어 있는 상태에서 다음의 기준점이 되는 상단 부분을 클릭합니다. 그러면 기준점이 다시 생기고 기준점과 기준점 사이에 세그먼트가 생깁니다. **03** 이러한 방법으로 계속 기준점을 추가하여 직선을 그립니다.

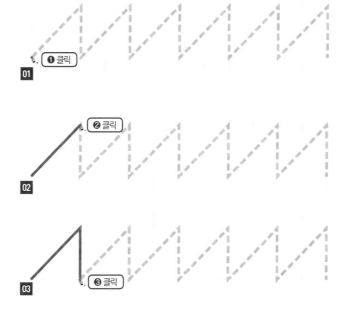

베이지 곡선이란?

일러스트레이터는 그래픽 드로잉의 기초가 되는 베지어 곡선의 체계를 따릅니다. 베지어 곡선이란 불규칙한 곡선을 수학적인 좌표 체계로 형상화시킨 선을 말합니다. 그래서 베지어 곡선은 도형을 형성하며 패스로 표현합니다. 패스는 기준점과 기준점이 모여 세그먼트를 만들고 세그먼트와 세그먼트가 이어져 패스를 이루며, 패스와 패스가 모여 하나의 도형을 이루게 됩니다.

03 패스 작업이 완성되었다면 진행 중인 패스의 선택을 해제해야 합니다. 메뉴의 [Select-Deselect] 명령을 사용하는 것이 일반적이지만 메뉴를 선택하고 해제합니다.

04 다음 그림처럼 계속해서 원하는 지점을 클릭해 직선을 완성해봅니다. Shift를 누르면서 진행하면 보다 빠르고 쉽게 작업할 수 있습니다.

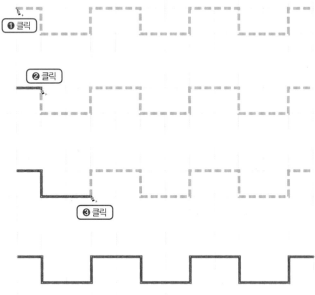

STEP 03 펜 툴(✐)로 꺾어진 곡선 그리기

01 **01** 꺾어진 곡선을 그리기 위해 먼저 곡선의 끝부분에 시작점을 만든 후 기준점을 마우스로 클릭하면서 드래스합니다. **02** 그러면 방향을 잡을 수 있는 방향 선과 방향점이 나타나게 됩니다. 이때 원하는 모양의 곡선이 되면 마우스에서 손을 뗍니다. **03** 그러면 곡선으로 이루어진 첫 번째 세그먼트가 만들어집니다.

● 방향 선을 드래그할 때 Shift를 누르면 방향 선이 수직, 수평 또는 45도 방향을 기준으로 고정되어 좀 더 정확한 곡선의 형태를 그릴 수 있습니다.

02 방향 핸들의 삭제 없이 다음 기준점을 추가하면 방향 선의 영향으로 곡선의 형태가 나타나게 됩니다. 곡선의 세그먼트를 만든 후 직선을 만들려고 한다면 진행 방향의 핸들을 삭제하고, 다음 기준점을 만들어야 직선의 세그먼트를 만들 수 있습니다. 두 번째 기준점을 펜 툴로 클릭하면 앞쪽의 진행 핸들이 삭제될 것입니다. 세 번째 기준점을 클릭해 직선을 그려 나갑니다.

클릭

작업 도중 전단계의 작업 과정으로 되돌아가기
· 메뉴의 [Edit-Undo] 명령 또는 단축키는 [Ctrl]+[Z]를 눌러 실행
· Undo 명령은 전 작업의 단계를 복구시키는 명령

다시 전 과정으로 되돌아가기
· 메뉴의 [Edit-Redo] 명령 또는 단축키 [Ctrl]+[Shift]+[Z]를 눌러 실행

03 **04** 계속해서 네 번째 기준점을 추가하고 마우스로 클릭한 상태에서 방향 선을 드래그 곡선으로 만듭니다. 펜 툴로 네 번째 기준점을 클릭하여 방향 선을 삭제합니다. **05** 같은 방법으로 다섯 번째 기준점을 클릭하여 직선을 그립니다.

---

01 **01** 두 기준점 사이에 곡선의 변화를 가진 세그먼트를 만듭니다. 곡선의 끝부분에서 기준점을 클릭하면서 드래그하여 방향 선과 핸들을 보이게 합니다. **02** 두 번째 기준점을 클릭하여 오른쪽 수평 방향으로 드래그하면 두 기준점 사이에 부드러운 곡선이 만들어집니다.

❶ 클릭

01

❷ 클릭+드래그

02

02 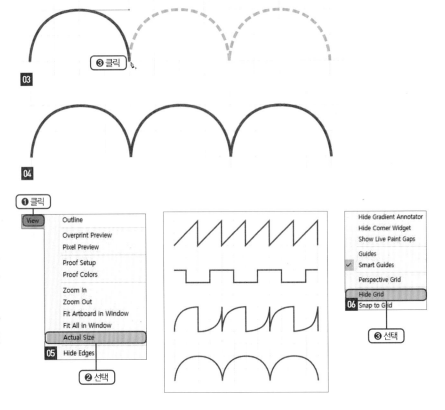 03 세 번째 기준점, 네 번째 기준점을 클릭해 곡선을 연결합니다. 04 곡선의 끝부분까지 완성시키고 선택을 해제합니다.

03 모든 작업을 마쳤다면 실제 크기로 전환합니다. 05 돋보기 툴(🔍)을 더블클릭하거나 메뉴의 [View-Actual Size]를 실행하면 실제 작업크기로 보이게 됩니다. 06 단축키 Ctrl + 1 을 누르면 됩니다. 그런 다음 메뉴의 [View-Hide Grid]를 실행하여 그리드 선을 숨깁니다.

STEP 05 선의 두께 및 색상 적용하기

01 작업된 패스의 두께를 조절해봅니다. 첫 번째 패스를 선택 툴(▶)로 선택한 후 01 메뉴의 [Window-Stroke]를 실행하면 나타나는 02 [Stroke] 팔레트의 [Weight] 항목에 '10pt'를 적용하여 패스를 두껍게 만듭니다.

[Stroke] 팔레트
[Stroke] 팔레트는 도형 또는 선의 외곽선 굵기와 선 형태, 끝부분의 형태, 모서리 부분의 형태 등을 설정할 수 있는 팔레트입니다.

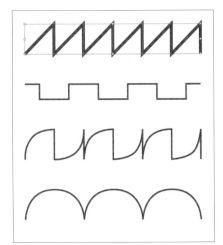

02 작업된 패스에 색상을 적용해봅니다. [Swatches] 팔레트의 색상 아이콘을 클릭하여 원하는 색상을 클릭합니다. 패스에 선 색상이 변경됩니다. 각각의 패스에 두께와 색상을 적용시킨 후 작업을 마무리합니다.

일러스트레이터를 이용한 기초 드로잉

기능 향상 **skill up**

일러스트레이터의 가장 중요한 목적은 벡터 속성을 이용한 드로잉이라고 할 수 있습니다. 드로잉을 위한 가장 기본적인 툴은 펜 툴(Pen Tool)( )입니다. 이번에는 펜 툴( )을 익히기 전에 벡터로 그려지는 베지어 곡선(Bezier Curve)에 대해 살펴보겠습니다.

1 베지어 곡선의 기본적인 구조

기본적으로 기준점(Anchor Point)을 중심으로 방향 선(Direction Line)과 방향점(Direction Point)으로 구성되어 있습니다.

❶ **기준점(Anchor Point)** 하나의 곡선을 구성하는 기본이 되는 점으로, 펜 툴을 이용하여 클릭하면 만들어집니다.

❷ **선분(Segment)** 하나의 점(Point)에서 또 다른 점 사이를 연결하는 곡선으로 펜 툴을 이용하여 두 점을 클릭하면 만들어집니다.

❸ **방향 선(Direction Line)** 곡선의 형태를 조절할 수 있는 선으로, 펜 툴을 이용하여 기준점을 클릭한 후 드래그하면 나타납니다.

❹ **방향점(Direction Point)** 방향 선의 끝점을 말하며, 방향 선의 각도와 길이를 조절하거나 방향과 함께 곡선의 형태를 만들어줍니다.

❺ **패스(Path)** 여러 개의 세그먼트가 연결된 것으로, 하나의 개체라고 할 수 있습니다.

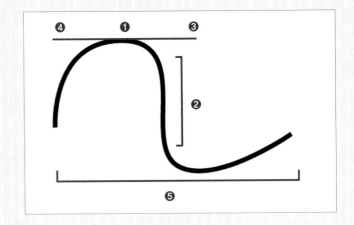

2 선분(Segment)과 기준점(Anchor Point)

두 개의 기준점 사이를 연결하고 있는 하나의 직선 또는 곡선을 세그먼트라고 합니다. 세그먼트는 기준점과 상호 관계를 가지고 있기 때문에 기준점을 이동하여 세그먼트의 형태를 변경, 이동시킬 수 있으며, 세그먼트를 이동해도 기준점을 변경시킬 수 있습니다.

• [Alt]를 누르고 방향점을 클릭하면 기준점 전환 툴로 바뀌어 방향 선의 방향을 바꿀 수 있습니다.

• 방향 선을 드래그할 때 [Shift]를 누르고 드래그하면 방향 선이 수직, 수평 또는 45도의 방향을 기준으로 고정되어 좀 더 정확한 곡선의 형태를 그릴 수 있습니다.

③ 방향 선(Direction Line)과 방향점(Direction Point)

방향 선과 방향점은 기준점에 연결된 곡선의 형태를 만들어주는 기능을 가지고 있으며, 방향 선의 길이와 각도, 그리고 방향점을 이동시켜 세그먼트 형태를 변화시켜줄 수 있습니다. 방향점은 한꺼번에 이동시켜줄 수도 있으며, 하나의 방향점만을 이동시켜줄 수도 있습니다.

④ 패스(Path)와 도형(Object)

여러 개의 세그먼트가 연결되어 패스를 만들어줍니다. 패스는 열린 패스와 닫힌 패스로 나눌 수 있습니다. 이러한 패스에 의해 만들어지는 형태를 '도형'이라고 합니다.

02 도형 툴로 도형 만들기

일러스트레이터에서 도형 툴은 앞서 익힌 펜 툴만큼 필수적인 기능입니다. 도형 툴을 사용하여 도형을 생성하고 그 도형들의 패스를 수정하여 단순하면서도 눈길을 끄는 타원 캐릭터를 제작해보겠습니다.

 기본 도형 알아보기

기본 도형 도구와 일러스트레이터에서 추가된 도구의 사용법을 알아보고, 각 도구들의 대화상자를 살펴본 후 도구를 이용해 도형을 작업해보겠습니다.

∷ 사각형 도구(Rectangle Tool, ▣)

사각형 툴(▣)을 선택한 후 화면을 클릭하여 [Rectangle] 대화상자에 값을 입력하고 [OK] 버튼을 클릭합니다.

❶ Width 사각형의 가로 넓이를 입력합니다.
❷ Height 사각형의 세로 높이를 입력합니다.

∷ 마우스를 이용한 사각형 드로잉

사각형 툴(▣)을 선택한 후 화면에 클릭, 드래그합니다.

드래그

• Shift+드래그: 정사각형이 드로잉됩니다.

- Alt + 드래그: 클릭한 지점이 사각형의 중심이 되어 사각형이 드로잉됩니다.
- Shift + Alt + 드래그: 클릭한 지점이 사각형의 중심이 되어 정사각형이 드로잉됩니다.

둥근 사각형 도구(Rounded Rectangle Tool, ▢)

둥근 사각형 툴(▢)을 선택한 후 화면을 클릭하여 [Rounded Rectangle] 대화상자에 값을 입력하고 [OK] 버튼을 클릭합니다.

❶ Width 둥근 사각형의 가로 넓이를 입력합니다.
❷ Height 둥근 사각형의 세로 높이를 입력합니다.
❸ Corner Radius 모서리의 반지름 값을 입력합니다.
　즉, 모서리의 굴림 정도를 말합니다.

마우스를 이용한 둥근 사각형 드로잉

둥근 사각형 툴(▢)을 선택한 후 화면을 클릭하여 [Rounded Rectangle] 대화상자에 값을 입력하고 [OK] 버튼을 클릭합니다.
- 둥근 사각형 툴(▢)을 선택한 후 화면을 클릭, 드래그합니다.
- Shift + Alt + 드래그: 클릭한 지점이 둥근 사각형의 중심이 되어 둥근 정사각형이 드로잉됩니다.

- 선택 툴(▶)을 이용해 도형을 클릭한 후 모서리의 정점을 클릭, 드래그하여 모서리의 반지름 값을 임의로 크거나 작게 조절할 수 있습니다.

원 도구(Ellipse Tool, ◯)

원형 툴(◯)을 선택한 후 화면을 클릭합니다. [Ellipse] 대화상자가 나타나면 값을 입력하고 [OK] 버튼을 클릭합니다.

❶ Width 원의 가로 크기를 입력합니다.
❷ Height 원의 세로 크기를 입력합니다.

:: 마우스를 이용한 원 드로잉

• 원형 툴()을 선택한 후 화면에 클릭하고 대각선으로 드래그합니다.

• Shift+드래그: 정원이 드로잉됩니다.
• Shift+Alt+드래그: 클릭한 지점이 원의 중심이 되어 정원이 드로잉됩니다.

• Alt+드래그: 클릭한 지점이 원의 중심이 되어 원이 드로잉됩니다.

:: 다각형 도구(Polygon Tool,)

다각형 툴()을 선택한 후 화면을 클릭하여 [Polygon] 대화상자에 값을 입력하고 [OK] 버튼을 클릭합니다.

❶ Radius 다각형에 반지름을 입력합니다.
❷ Sides 다각형의 면수를 지정합니다.

:: 마우스를 이용한 다각형 드로잉

다각형 모양의 도형을 드로잉할 때 사용하고, 클릭하는 위치가 중심이 되며, 드래그하여 크기를 조절합니다.

• 다각형 툴()을 선택한 후 화면에 클릭, 드래그합니다.
• Shift+드래그: 다각형의 각도가 회전되지 않고 정으로 드로잉됩니다.

∷ 별 도구(Star Tool,)

별 툴(⭐)을 선택한 후 화면을 클릭하여 [Star] 대화상자에 값을 입력하고 [OK] 버튼을 클릭합니다.

❶ **Radius1** 안쪽 또는 바깥쪽 꼭짓점의 반지름을 입력합니다.

❷ **Radius2** 안쪽 또는 바깥쪽 꼭짓점의 반지름을 입력합니다. Radius1과 Radius2 중에 값이 큰 쪽이 바깥쪽 꼭짓점의 반지름이 됩니다.

❸ **Points** 별의 꼭짓점 수를 입력합니다.

∷ 마우스를 이용한 별 드로잉

별 모양의 도형을 드로잉할 때 사용하며, 클릭하는 위치가 중심이 됩니다. 드래그하면 크기를 조절할 수 있습니다.

- 별 툴(⭐)을 선택한 후 화면을 클릭, 드래그합니다.
- Shift +드래그: 별형의 각도가 회전되지 않고 정으로 드로잉됩니다.

∷ 플레어 도구(Flare Tool,)

일러스트레이터에서 새롭게 추가된 도구로 렌즈 조명 효과를 만들 수 있고, 광택 또는 화려함을 표현할 수 있습니다. 비트맵 이미지나 도형 위에 드래그하여 광선 효과를 지정하면 완성도 있는 작품을 만들 수 있습니다.

플레어 툴(🔵)을 선택한 후 화면을 클릭해 [Flare] 대화상자에 값을 입력하고 [OK] 버튼을 클릭합니다.

❶ **Center** 플레어 중심에 대한 설정입니다.
- Diameter: 광원의 지름을 지정합니다(기본 값: 100pt, 설정 범위: 0~1000pt).
- Opacity: 광원의 불투명을 지정합니다(설정 범위: 0~100%).
- Brightness: 광원의 밝기를 지정합니다(설정 범위: 0~100%).

❷ **Halo** 플레어 후광에 대한 설정입니다.
- Growth: 후광의 크기를 배율로 지정합니다(설정 범위: 0~300%).
- Fuzziness: 후광의 흐린 정도를 지정합니다(설정 범위: 0~100%).

❸ **Rays** 플레어에 나타나는 광선에 대한 설정입니다.
- Number: 90도에 들어가는 광선의 수를 조절합니다(설정 범위: 0~50).
- Longest: 가장 긴 광선의 크기를 지정합니다(기본 값: 300%, 설정 범위: 10~1000%).
- Fuzziness: 광선의 흐릿한 정도를 지정합니다(설정 범위: 0~100%).

❹ **Rings** 플레어의 고리에 대한 설정입니다.
- Path: 고리들의 길이를 지정합니다(설정 범위: 0~1000pt).
- Number: 고리의 수를 지정합니다(설정 범위: 0~50).
- Largest: 가장 큰 고리의 크기를 지정합니다(0~250%).
- Direction: 플레어에서 고리가 나가는 방향을 지정합니다.

∷ 마우스를 이용한 플레어 드로잉

플레어 툴(⊙)을 선택한 후 드래그하여 광선의 중심을 지정하고, 다시 드래그 또는 클릭해 길이를 지정합니다.

∷ 선 도구(Line Segment Tool, ✏)

일러스트레이터에서 새롭게 추가된 도구로 직선, 수평, 수직, 사선 등을 정확히 그릴 때 사용합니다.
선 툴(✏)을 선택한 후 화면을 클릭하여 [Line Segment] 대화상자에 값을 입력하고 [OK] 버튼을 클릭합니다.

❶ **Length** 선의 길이를 지정합니다.
❷ **Angle** 선의 기울기를 지정합니다.
❸ **Fill Line** 그려지는 선에 지정된 면 색상이 채워집니다.

:: 마우스를 이용한 선 드로잉

- 선 툴(✏)을 선택하고 화면에 클릭, 드래그하여 방향과 길이를 정해 직선을 그립니다.
- [Shift]+드래그: 45도의 정확한 수평, 수직선이 드로잉됩니다.
- [Alt]+드래그: 클릭한 지점이 선의 중심이 되어 양쪽으로 선이 드로잉됩니다.

:: 호 도구(Arc Tool, ⌒)

일러스트레이터에서 새롭게 추가된 도구로 원의 1/4호를 드로잉하는 도구입니다. 호 툴(⌒)을 선택한 후 화면을 클릭하여 [Arc Segment] 대화상자에 값을 입력하고 [OK] 버튼을 클릭합니다.

❶ Length X−Axis 호의 X축 방향 길이를 지정합니다.

❷ Length Y−Axis 호의 Y축 방향 길이를 지정합니다.

❸ Type 작성되는 호의 형태를 지정합니다.
- Open: 열린 호를 그려줍니다.
- Closed: 닫힌 호를 그려줍니다.

❹ Base Along 기준이 되는 축을 선택합니다.
- X Axis: X축을 기준으로 그립니다.
- Y Axis: Y축을 기준으로 그립니다.

❺ Slope 호의 경사도를 지정하는 옵션입니다.

❻ Fill Arc 그려지는 호에 지정된 면 색상이 채워집니다.

:: 마우스를 이용한 호 드로잉

- 호 툴(⌒)을 선택한 후 화면에 클릭, 드래그하여 원하는 방향과 길이로 호를 그립니다.
- [Shift]+드래그: 90도를 이루는 호가 드로잉됩니다.

:: 나선형 도구(Spiral Tool, ◎)

나선형의 소용돌이를 만드는 도구입니다. 나선형 툴(◎)를 선택한 후 화면을 클릭하여 [Spirl] 대화상자에 값을 입력하고 [OK] 버튼을 클릭합니다.

❶ **Radius** 중심에서 바깥쪽 끝점까지의 거리를 지정합니다.
❷ **Decay** 회전하면서 퍼져 나가는 정도를 지정합니다. 100%를 기준으로 100%보다 작은 값은 나선형이 안쪽으로 말리며, 100%보다 큰 값은 바깥쪽 반대 방향으로 말리면서 커집니다. 또한 100%인 경우에는 원이 그려집니다.
❸ **Segments** 나선을 구성하는 세그먼트 수를 지정합니다.
❹ **Style** 회전하는 방향을 설정합니다.

:: 마우스를 이용한 나선형 드로잉

• 나선형 툴(◎)을 선택한 후 화면에 클릭, 드래그합니다.
• Ctrl+드래그: Decay(퍼짐) 정도를 조절하며 드로잉됩니다.

▲ Style에 따른 변화

:: 사각 그리드 도구(Rectangular Tool, ▦)

사각 그리드 툴(▦)을 선택한 후 화면을 클릭하여 [Rectangular Grid] 대화상자에 값을 입력하고 [OK] 버튼을 클릭합니다.

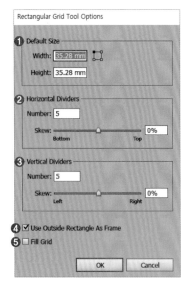

❶ **Default Size**
  • Width: 가로 방향의 크기를 지정합니다.
  • Height: 세로 방향의 크기를 지정합니다.
❷ **Horizontal Dividers**
  • Number: 가로 방향의 분할 개수를 지정합니다.
  • Skew: 가로 방향으로 선들이 치우치는 정도를 지정합니다.
❸ **Vertical Dividers**
  • Number: 세로 방향의 분할 수를 지정합니다.
  • Skew: 세로 방향으로 선들이 치우치는 정도를 지정합니다.
❹ **Use Outside Rectangle As Frame** 외곽선을 사각형 도형으로 그려집니다.
❺ **Fill Grid** 그려지는 그리드에 지정된 면 색상이 채워집니다.

∷ 마우스를 이용한 사각 그리드 드로잉

• 사각 그리드 툴(▦)을 선택한 후 화면에 클릭, 드래그합니다.

∷ 원 그리드 도구(Polar Grid Tool, ◉)

원 그리드 툴(◉)을 선택한 후 화면을 클릭해 [Polar Grid] 대화상자에 값을 입력하고 [OK] 버튼을 클릭합니다.

❶ Default Size
  • Width: 원형 격자의 가로 크기를 지정합니다.
  • Height: 원형 격자의 세로 크기를 지정합니다.
❷ Concentric Dividers
  • Number: 동심원(트랙) 분할 수를 지정합니다.
  • Skew: 동심원이 내 · 외부로 치우치는 정도를 지정합니다.
❸ Radial Dividers
  • Number: 방사상(섹터) 분할 수를 지정합니다.
  • Skew: 방사상으로 분할되는 선의 치우치는 정도를 말합니다.
❹ Create Compound Path From Ellipses 동심원으로 분할되는 원을 콤파운드 패스로 작성할지, 원으로 작성할지를 결정합니다.
❺ Fill Grid 그려지는 그리드에 지정된 면 색상이 채워집니다.

∷ 마우스를 이용한 원 그리드 드로잉

• 원 그리드 툴(◉)을 선택한 후 화면에 클릭, 드래그합니다.

∷ 회전 도구(Rotate Tool, ↻)

• 회전시킬 도형을 선택하고 회전 툴(↻)을 누르면 도형 중앙에 중심점이 나타납니다.
• 도형을 제외한 화면의 아무 곳이나 누르고 마우스로 드래그하면 중심점을 기준으로 도형이 반사됩니다.

◉ 예제 파일
Sample\2부\Theme01\
Lesson02\rotate.ai

객체 회전을 도와주는 단축키
• 중심축을 이동하려면 기준이 될 위치를 클릭하거나 중심점을 선택하고 드래그합니다.
• [Shift]+드래그: 도형이 수평·수직의 45도로 회전됩니다.
• [Alt]+드래그: 회전되면서 도형이 복사됩니다.

⠿ 대화상자를 이용한 도형 회전하기

대화상자를 이용하면 정확한 각도로 회전할 수 있고, 패턴만 회전할 수도 있습니다.
• 도형을 선택한 후 회전 툴(🔄)을 더블클릭하면 [Rotate] 대화상자가 나타납니다.
• 대화상자에 원하는 회전 각도를 입력한 후 [OK] 버튼을 클릭합니다.

❶ **Angle** 회전할 각도를 입력합니다.
❷ **Options** 도형 내부 색상이 패턴일 경우에 활성화됩니다.
❸ **Transform Objects** 도형의 회전 여부를 지정합니다.
❹ **Transform Patterns** 패턴의 회전 여부를 지정합니다.
❺ **Preview** 회전할 도형의 상태를 미리 보여줍니다.
❻ **Copy** 도형이 복사되면서 회전합니다.

⠿ 크기 조절 도구(📐)

• 도형을 선택하고 크기 조절 툴(📐)을 누르면 도형 중앙에 중심점이 나타납니다.
• 도형을 제외한 화면의 아무 곳이나 누르고 마우스로 드래그하면 중심점을 기준으로 도형의 크기가 조절됩니다.

▲ 원본   ▲ 가로, 세로 같은 비율로 크기 조절   ▲ 가로, 세로 다른 비율로 크기 조절

∷ 대화상자 이용해 도형 크기 조절하기

· 도형을 선택한 후 크기 조절 툴(▣)을 더블클릭하면 [Scale] 대화상자가 나타납니다.
· 대화상자에 원하는 옵션을 선택한 후 [OK] 버튼을 클릭합니다.

❶ Uniform 가로 세로의 크기를 똑같은 비율대로 함께 조절합니다.

❷ Non−Uniform Horizontal(가로)와 Vertical(세로)을 따로 지정하여 크기를 다르게 조절할 수 있습니다.

❸ Options 도형 내부 색상이 패턴일 경우 활성화됩니다.

❹ Scale Strokes & Effects 체크를 하면 외곽선도 확대 · 축소의 비율대로 조절됩니다.

❺ Transform Objects 도형의 크기 조절 여부를 지정합니다.

❻ Transform Patterns 패턴의 크기 조절 여부를 지정합니다.

기능
실습

타원 모양
모델링 작업하기

01

완성 파일 Sample\2부\Theme01\Lesson02\타원-완성.ai

키 워 드 도형 툴, 직접 선택 툴, Scale 툴, Rotate 툴, 도형의 복사 활용법
길라잡이 일러스트레이터가 만들어 내는 다양한 도형들의 시작은 도형 툴에서부터 시작하며, 쉬운 기능이면
서도 활용할 수 있는 범위가 다양합니다.

01 새로운 문서를 메뉴의 [File-New] 를 실행하여 열고, **01** 도구 상자에서 원형 툴(◎)을 선택한 후 화면에 클릭합니다. 그러면 새로운 도형을 생성하기 위한 [Ellipse] 대화상자가 화면에 나타날 것입니다. **02** 대화상자에서 가로의 크기와 세로의 크기, 라운드될 도형의 값을 입력하고 (Width: 80mm, Height: 160mm) [OK] 버튼을 클릭합니다.

❶ 선택

Ellipse

Width: 80 mm
Height: 160 mm

❷ 입력

OK   Cancel

❸ 클릭

02 생성된 도형의 선에 색상을 적용시킬 차례입니다. **03** 도구 상자에서 도형의 면(Fill)은 None(↰)을 클릭하여 색상을 지정하지 않습니다. 그런 다음 **04** 메뉴의 [Window-Stroke]에서 선의 두께를 '10pt' 로 적용합니다. 선의 두께가 적용되면 선 색상으로 'M: 100', 'Y: 100' 을 적용합니다.

Stroke

Weight: 10 pt   **입력**

Cap:
Corner: Limit: 10   x
Align Stroke:

☐ Dashed Line

dash gap dash gap dash gap

Arrowheads:

Scale: 100%   100%

Align:

04 Profile: ──── Uniform

컬러 모드 도구
컬러 모드에서 도형의 면(Fill)과 선(Stroke)의 색상을 조절할 수 있습니다. 면 부분에는 단일 색상이나 패턴, 그레이던트 등을 적용할 수 있지만, 신 부분에는 단일 색싱민이 적용됩니다.

01 도형을 복사하여 새로운 도형을 생성해봅니다. 도형을 선택하고 메뉴의 [Edit-Copy]를 실행합니다.

선택

T I P

도형 복사 및 붙여 넣기
도형을 복사하여 붙여 넣기를 때는 단축키 Ctrl+C 를 누른 후 Ctrl+V 를 누르거나 선택 툴로 전체 선택을 한 후 Alt 를 누르고 드래그하면 쉽게 도형을 복사, 이동시킬 수 있습니다.

02 복사된 도형을 붙여 넣기 위하여 메뉴의 [Edit-Paste]를 실행합니다. 단축키로는 Ctrl+V 를 실행해도 됩니다. 도형이 복사되어 화면에 삽입이 됩니다.

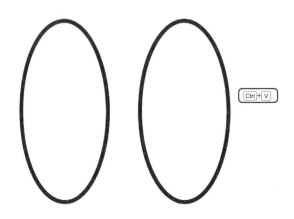

Ctrl + V

03 도구 상자에서 직접 선택 툴( )을 선택하고, 복사된 도형의 위쪽 기준점을 드래그하여 선택합니다. 선택된 기준점을 Delete 를 눌러 삭제합니다.

❶ 클릭

❷ Delete

직접 선택 기준점 이해하기
직접 선택 툴은 도형의 기준점(Anchor Point)과 방향점(Direction Point), 방향 선(Direction Line), 선분(Segment)을 부분적으로 선택하여 도형을 수정하는 기능을 합니다. 직접 선택된 기준점은 안이 채워진 작은 사각형 모양이며, 선택되지 않은 기준점은 선으로 그려진 사각형 모양을 띱니다.

T I P

04 위쪽 기준점을 삭제하면 윗부분의 곡선이 사라지고, 패스가 열린 도형으로 변합니다. **01** 선의 끝부분의 두 기준점을 연결하여 하나의 닫힌 도형으로 만들기 위해 직접 선택 툴(🔪)로 위쪽의 열린 두 기준점을 선택하고 **02** 메뉴의 [Object-Path-Join]을 실행합니다. 그런 다음 도구 상자에서 Swap Fill and Stroke(🔄)를 실행하여 면만을 가진 도형으로 변화합니다.

● [Join] 명령
Join 기능은 서로 떨어져 있는 기준점 사이에 세그먼트를 생성시켜 열린 패스를 닫힌 패스로 만들어줍니다.

05 **03** 도형의 크기를 조절하기 위해 선택 툴(▶)을 클릭하고 도형의 아래쪽의 두 기준점을 드래그하여 선택합니다. 선택된 이 두 기준점 사이의 세그먼트를 직접 선택 툴로 드래그하여 크기를 조절합니다. **04** 이 도형의 위치를 선택 툴(▶)로 이동시키고 바운딩 박스의 왼쪽 부분을 Alt를 누른 채 드래그하여 그림처럼 가운데로 조절합니다.

도형의 기준점 위치 조절하기
일러스트레이터의 도형들은 기준점을 사이에 두고 이루어진 세그먼트들로 형태를 이루고 있습니다. 그러므로 이 기준점들의 위치를 조절하여 새로운 형태를 만들어 나갈 수 있습니다.

01 타원 모양의 기본 도형이 만들어졌
습니다. 이 도형에 눈을 붙여 넣는
작업을 해봅니다. **01** 도구 상자에서
숨은 도형 툴 중 별 툴(★)을 선택합
니다. **02** [Stroke] 팔레트에서 선의
두께를 '10pt'로 적용합니다.

02 한쪽 눈 도형이 완성되었습니다. 이
도형을 복사하고 크기를 조절해봅
니다. **03** 작업된 원과 선을 직접 선
택 툴(↘)로 선택하고, 도구 상자에
서 크기 조절 툴을 더블클릭하면 나
타나는 **04** [Scale] 대화상자의 옵
션에서 Scale을 50%로 축소하고
[Copy] 버튼을 클릭합니다. **05** 복
사된 도형을 타원 도형의 오른쪽으
로 이동합니다.

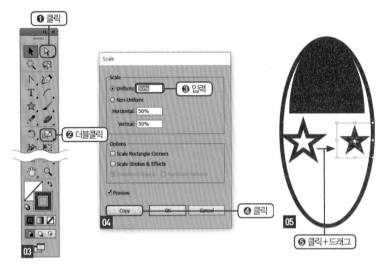

03 **06** 호 툴(⌒)을 선택한 후 드래그하
여 입 모양을 완성합니다. **07** 첫 번
째 도형의 모든 작업이 완성되었습
니다.

04 **08** 첫 번째 도형의 타원 모양을 복사하기 위해 선택 툴(▶)로 **09** 타원 도형의 외곽선과 면 머리를 Shift 를 누르고 선택합니다. 선택된 도형을 Alt 를 누르고 드래그하여 복사, 이동합니다.

05 복사된 도형의 선과 면 색상을 C100, M50을 적용시켜 도형의 색상을 변경합니다.

도형을 수직, 수평으로 이동하기
선택된 도형을 복사, 이동할 때 수직, 수평 방향으로 이동시키려고 한다면 Shift 를 누르고 드래그한 후 이동해봅니다. 복사된 도형이 직선 방향으로 복사한 후 이동됩니다.

06 타원 모양의 기본 도형이 만들어졌습니다. 이 도형에 눈을 붙여 넣는 작업을 실행해보겠습니다. **10** 도구상자에서 다각형 툴(⬡)을 선택합니다. **11** 선택된 툴로 화면을 더블클릭하여 [Polygon] 대화상자를 엽니다. 대화상자에서 사이즈와 면의 수에 '5'를 입력하고, [OK] 버튼을 클릭합니다.

07 12 오각형 도형이 생성되었다면 이 오각형 도형을 선택 툴(▶)로 선택하고, 바운딩 박스를 180도 회전시켜 한쪽 눈 도형을 완성합니다. 13 선택 툴로 Alt+Shift를 누르고 이동 복사하여 눈 도형을 완성합니다. 14 그림처럼 호 툴(◠)을 선택한 후 드래그하여 입 모양을 완성합니다.

❶ 클릭

❹ 클릭

❷ Alt+Shift+클릭+드래그

13

❸ 복사

❺ 클릭+드래그

14

08 세 번째 타원 도형을 만듭니다. 앞의 과정과 마찬가지로 타원 형태의 기본 도형을 복사, 이동하여 색상을 변경합니다. 15 도구 상자에서 원형 툴(◉)을 선택하고 16 드래그하여 타원 도형을 생성합니다.

❶ 클릭

❷ 드래그

15

16

09 드로잉된 타원을 복사한 후 회전하여 한쪽 눈 도형을 완성해보겠습니다. 17 선택 툴(▶)로 도형을 선택하고 도구 상자에서 회전 툴(↻)을 더블클릭하여 18 [Rotate] 대화상자를 엽니다. 대화상자의 회전 각도에 '90'을 입력하고 [Copy] 버튼을 클릭합니다.

Rotate

Rotate
Angle: 90 ❶ 입력
Options: ☑ Transform Objects ☐ Transform Patterns
☑ Preview
Copy OK Cancel 18
❷ 클릭

17

10 선택 툴(▶)로 복사한 후 이동하여 눈 도형을 완성합니다. 선택 툴(▶)로 도형을 선택한 후 회전 툴(↻)을 더블클릭하면 나타나는 19 [Rotate] 대화상자에서 회전 각도에 '45'를 입력하고 [OK] 버튼을 클릭합니다.

11 20 앞에서 작업한 눈 모양의 도형을 복사하기 위해 선택 툴(▶)로 선택된 도형을 Alt 를 누른 채 드래그하여 복사, 이동합니다. 원형 툴(◯)을 선택하고 드래그하여 입 모양을 완성합니다.

Alt +드래그

12 타원 기본 도형을 복사하여 색상을 적용합니다. 21 도구 상자에서 나선형 툴(◎)을 선택한 후 눈 도형을 만듭니다. 22 선택 툴(▶)로 눈 도형을 Alt 를 누른 채 드래그하여 복사, 이동합니다. 23 그리고 회전 툴(↻)을 더블클릭하여 [Rotate] 대화상자에서 회전 각도에 '180'을 입력하고 회전합니다. 24 사각형 툴(▢)을 선택하고 드래그하여 입 모양을 완성합니다.

13 모든 작업이 마무리되었습니다.

개체 편집을 위한
기본 기능 알아보기

도구 모음을 이용해 여러 가지 드로잉을 할 수 있는 도구들을 좀 더 효율적으로 사용할 수 있는 기본 옵션 기능에 대해 알아보겠습니다.

1 선택 툴( )로 도형을 복사하여 붙여 넣을 때

- **도형 복사:** 메뉴의 [Edit-Copy] 또는 Ctrl + C
- **도형 붙여 넣기:** 메뉴의 [Edit-Paste] 또는 Ctrl + V

2 중심을 도형의 중앙이 아닌 다른 곳으로 이동한 상태에서 대화상자를 나타내려면 Alt 를 누른 채 중심으로 만들고 싶은 곳을 클릭하면 클릭한 지점을 중심으로 대화상자를 이용할 수 있습니다. 바로 전에 한 작업을 재실행하려면 Ctrl + D 를 클릭합니다.

3 일러스트레이터에서 그려지는 도형은 먼저 그린 도형이 뒤에 위치하며, 가장 나중에 그린 도형은 가장 앞쪽에 위치합니다.

4 [Arrange] 메뉴로 도형 배열하기

- 여러 개의 도형이 겹칠 때, 겹치는 순서를 변경할 때 사용합니다.
- 도형을 선택한 후 메뉴의 [Object-Arrange]를 선택하거나 도형 위에서 마우스 오른쪽 버튼을 클릭한 후 바로 가기 메뉴를 실행해도 됩니다.

❶ Bring to Front 선택된 도형이 맨 앞에 위치합니다.
❷ Bring Forward 선택된 도형이 현재 위치보다 한 단계 앞에 위치합니다.
❸ Send Backward 선택된 도형이 현재 위치보다 한 단계 뒤에 위치합니다.
❹ Send to Back 선택된 도형이 맨 뒤에 위치합니다.

▲ [Bring to Front]

◎ 예제 파일
Sample\2부\Theme01\Lesson02\arrange.ai

▲ [Bring Forward]

▲ [Send Backward]

▲ [Send to Back]

LESSON

03 패스파인더(Pathfinder)의 기능 응용하기

이번에는 패스파인더(Pathfinder)의 기능을 응용해 회사 광고 포스터를 만들어 보겠습니다. 펜 툴과 더불어 일러스트레이터의 도형 제작의 생명이라고 할 수 있는 기본 도형 툴을 쉽게 응용하여 작업할 수 있도록 도와주는 기능이 바로 패스파인더이므로 확실히 숙지하시고 넘어가기 바랍니다.

핵심 기능 [Pathfinder] 명령 이해하기

여러분이 원하는 개체를 만들기 위해 일러스트레이터에서는 자르기, 교차 부분만 남기기 등의 다양한 결과물을 만들 수 있는 패스파인더 명령을 제공합니다. 메뉴의 [Window-Pathfinder] 명령을 수행한 후 나타나는 팔레트에서 원하는 명령을 수행할 수 있습니다.

⠿ Shape Modes

○ 예제 파일
Sample\2부\Theme01\
Lesson03\파인더[1].ai

두 개 이상의 도형이 겹쳐 있을 때 결합하거나, 겹친 영역을 남기거나, 삭제하는 기능입니다.

• Add to shape area(🖿): 여러 개의 Object를 합쳐 하나의 도형으로 만듭니다. 적용 후 도형의 색상은 맨 위에 있는 도형 색상으로 지정되면서 합쳐집니다.

• Subtract from shape area(🖿): 도형 중 밑에 있는 도형에서 위에 있는 도형을 삭제하여 제외시켜주는 기능입니다.

- Intersect shape areas(): 선택되어 있는 도형들에서 겹쳐진 영역만 남기고 나머지는 삭제됩니다. 맨 위 도형의 속성(Fill, Stroke등)을 따르며 교집합을 의미합니다.

- Exclude overlapping shape areas(): Intersect와 반대로 겹쳐진 부분은 삭제되고, 나머지 영역만 남깁니다.

Expand
패스파인더의 Shape Modes 명령을 통해 만들어진 새로운 개체라도 원시 개체의 흔적을 통해 실시간으로 개체의 모양을 수정해줄 수 있습니다. 그러나 [Expand] 명령은 작성된 원시 개체의 흔적을 제거하고, 새롭게 만들어진 개체의 속성으로 분해하여 작성해주는 명령으로, 다른 도구와의 호환성을 위해 사용됩니다.

:: Pathfinders

● 예제 파일
Sample\2부\Theme01\
Lesson03\파인더[2].ai

도형이 겹쳐 있을 때 나누거나 합치는 기능입니다.
- Divide(): 겹쳐진 개체를 기준으로 각각의 개체를 분리시켜줍니다. 명령을 수행하고 나면 그룹 개체로 묶여져 있기 때문에 메뉴의 [File-Ungroup] 명령을 통해 각각의 개체로 분리할 수 있습니다.

- Trim(): 뒤에 위치하고 있는 개체를 겹쳐지는 만큼 삭제하면서 각각의 개체로 분리합니다.

- Merge(): 뒤에 위치하고 있는 개체를 겹쳐지는 만큼 삭제하면서 같은 색상의 개체의 경우는 하나의 개체로 합칩니다.

- Crop(): 교차되는 부분 중에서 아래 부분의 개체의 것만 남깁니다. 마치 마스크 기능과 비슷한 결과를 만듭니다.

- Outline(): 겹쳐진 개체를 분리하면서 각각의 개체를 패스로 만듭니다.

- Minus Back(): 앞에 위치하고 있는 개체를 뒤에 위치하고 있는 객체의 영역만큼 삭제합니다. [Subtract from shape area]의 반대 명령이라고 할 수 있습니다.

 문자 도구(Type Tool, **T**)

일러스트레이터에서 문자를 작성하는 기능은 다른 프로그램에 비해 강력하며, 다양한 방법으로 문자를 작성할 수 있습니다.

- 문자를 입력하는 기본적인 도구이며, 가로로 입력됩니다.
- [Type] 메뉴에서 서체, 크기, 속성 등을 변경할 수 있고, 메뉴의 [Window-Type-Character]을 선택하면 문자 속성을 변경할 수 있는 [Character] 팔레트가 나타납니다.
- 문자 툴(**T**)을 선택한 후 화면에서 임의의 한 곳을 클릭하면 커서가 깜빡입니다.
- 워드를 치듯이 글자를 입력하면 되고, 줄을 바꾸고 싶으면 Enter를 누르면 됩니다.

○ 문자 툴(**T**)로 화면을 클릭할 때 Shift를 누르고 클릭하면 자동으로 세로쓰기가 됩니다.

∷ [Type]을 이용해 글자 크기와 모양 바꾸기

- 선택 툴(**↖**)로 문자를 클릭하면 문자 입력 영역에 바운딩 박스가 나타나면서 선택 영역이 만들어집니다.

• 메뉴의 [Type-Font](서체)와 [Type-Size](크기)를 이용해 글자 서체와 크기를 변경합니다.

일러스트레이터에서는 문자를 작성하는
기능은 다른 프로그램에 비해 강력한 기능을
제공하며 다양한 방법으로 문자를 작성할
수 있다.

[선택]

일러스트레이터에서는 문자를 작성하는
기능은 다른 프로그램에 비해 강력한 기능을
제공하며 다양한 방법으로 문자를 작성할
수 있다.

→ **Type>Font >글꼴 선택**

일러스트레이터에서는 문자를 작성하는
기능은 다른 프로그램에 비해 강력한
기능을 제공하며 다양한 방법으로 문자를
작성할 수 있다.

일러스트레이터에서는 문자를 작성하는
기능은 다른 프로그램에 비해 강력한 기능을
제공하며 다양한 방법으로 문자를 작성할
수 있다.

일러스트레이터에서는 문자를 작성하는
기능은 다른 프로그램에 비해 강력한 기능을
제공하며 다양한 방법으로 문자를 작성할
수 있다.

**[Type>Size>
크기선택 및 색상지정]**

일러스트레이터에서는 문자를 작성하는
기능은 다른 프로그램에 비해 강력한 기능을
제공하며 다양한 방법으로 문자를 작성할
수 있다.

문자 속성 변경하기
• 속성을 변경하려면 문자를 선택해야 하는데, 문자의 일부분만을 선택하려면 문자 툴들로 문자 일부분만을 드래그해 블록을 지정하고, 전체를 선택하려
면 선택 툴( )로 마우스를 클릭합니다.
• 바운딩 박스의 조절점을 드래그하면 전체 글자 크기가 드래그하는 대로 크기가 조절됩니다.
• 글자 색상 변경하기: 글자를 선택한 후 [Color] 팔레트나 [Swatches] 팔레트에서 원하는 색상을 선택하면 됩니다.

:: 문자에 그레이던트 적용하기

01 문자 툴(T)로 'Create Outline'이라는 글자를 입력한 후 선택 툴( )로 글자를 선택하고 [Type]
메뉴에서 Font는 'Ravie', Size는 '60pt'를 각각 선택합니다.

02 앞에서 작업한 글자를 선택한 후 마우스 오른쪽 버튼을 클릭하고 [Create Outline]을 선택합니다.

03 작업한 글자를 선택한 채로 [Swatches] 팔레트에서 그레이던트를 선택하여 문자에 적용합니다.

[Create Outline]
• 문자는 도형이 아니므로 그레이던트를 적용하거나 왜곡 도구로 변형시킬 수 없습니다. 적용을 하려면 반드시 메뉴의 [Type-Create Outline]를 실행해 문자를 도형으로 전환해야 합니다.
• [Create Outline] 명령을 실행하면 문자의 모든 속성을 잃습니다.

⠿ [Character] 팔레트 알아보기

• 메뉴의 [Window-Type-Character]을 선택하거나 단축키 Ctrl+T를 누르면 [Character] 팔레트가 나타납니다.

• [Character] 팔레트를 이용하면 문자와 관련된 세부 설정을 할 수 있습니다.

❶ Font 글자체(서체)를 지정합니다.

❷ Style 입력한 글자체를 정해져 있는 변형 서체로 설정합니다.

❸ Font Size 글자의 크기를 지정합니다. 6pt에서 72pt까지 선택해 사용할 수 있고, 원하는 크기를 직접 입력하거나 ▲, ▼를 눌러 조절할 수도 있습니다.

❹ Leading(행간) 줄 간격을 조정합니다.

❺ Kerning 커닝은 영문에만 적용되는 옵션으로, 커서가 두 문자 사이에 있을 때만 사용합니다. 주로 Auto로 지정하여 사용합니다.

❻ Tracking(자간) 글자와 글자 사이인 자간을 조정합니다.

:: [Paragraph] 팔레트 알아보기

- 문자를 입력했을 경우 문단의 속성을 지정하거나 정렬 등을 지정하는 팔레트입니다.
- 메뉴의 [Window-Type-Paragraph]을 선택하거나 단축키 Ctrl+M을 누르면 [Paragraph] 팔레트가 나타납니다.

❶ Align Left 가장 일반적인 방식으로, 왼쪽을 기준으로 문자를 정렬합니다.

❷ Align Center 가운데를 기준으로 정렬합니다.

❸ Align Right 오른쪽을 기준으로 정렬합니다.

❹ Justify Last Left 문단을 왼쪽으로 정렬하며, 문단이 계속되는 줄에서는 양쪽 모두 정렬합니다.

❺ Justify Last Center 문단을 가운데로 정렬하며, 문단이 계속되는 줄에서는 양쪽 모두 정렬합니다.

❻ Justify Last Right 문단을 오른쪽으로 정렬하며, 문단이 계속되는 줄에서는 양쪽 모두 정렬합니다.

❼ Justify All 선택된 문단을 양쪽으로 정렬합니다.

❽ Left Indent 왼쪽을 기준으로 입력한 수치만큼 들여쓰기합니다.

❾ Right Indent 오른쪽을 기준으로 입력한 수치만큼 들여쓰기합니다.

❿ First Line Left Indent 문단 중 첫 행만 들여쓰기를 지정합니다.

⓫ Space Before Paragraph 앞 단락과의 간격을 유지하기 위해 사용합니다. 주로 제목과 본문과의 간격을 띄우고 싶을 때 사용합니다.

⓬ Last Line Left Indent 문단 중 마지막 행만 들여쓰기를 지정합니다.

:: 영역 문자 도구(Area Type Tool, ⌶)

- 글상자를 만들어 도형 형태대로 문자를 입력하기 위해 사용하는 도구입니다.
- 도형을 드로잉한 후 영역 문자 툴로 도형의 외곽선을 클릭하여 내용을 입력합니다.

외곽선의 문자 입력
- 문자가 입력된 도형의 면이나 테두리에 색상을 적용하려면 직접 선택 툴로 도형만을 선택한 후 색상을 적용해야 합니다.
- 영역 툴이나 패스 문자 툴을 이용할 때 에러 메시지 대화 창이 나타나는 것은 도형의 외곽선 부분을 클릭하지 않았기 때문입니다. 반드시 도형의 외곽선을 클릭해야만 문자를 입력할 수 있습니다.

:: 패스 문자 도구(Path Type Tool,)

• 도형의 주위나 패스를 따라 흐르는 문자를 입력할 때 사용하는 도구입니다.
• 문자가 따라 갈 패스를 그린 후 패스 문자 툴()을 선택하고, 가장 앞에 있는 정점을 클릭합니다.
• 커서가 나타나면 문자를 입력합니다.

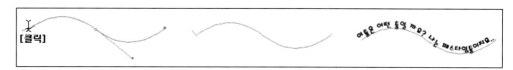

[클릭]

패스 색상 변경 및 형태 변경
문자를 입력하고 빈곳을 클릭하면 패스가 사라집니다. 이때 선에 색상을 적용하기 위해서는 직접 선택 툴(   )로 문자 아래 부분의 선만을 클릭해 색상을
적용하거나 패스의 형태를 변경하면 됩니다.

:: 세로 문자 도구(Vertical Type Tool, IT)

• 문자 툴과 같은 방법으로 사용하며, 문자가 세로로 입력되는 도구입니다.
• 영문과 숫자는 -90도 회전된 상태로 입력되며, 한글은 세로로 입력됩니다.

:: 세로 영역 문자 도구(Vertical Area Type Tool, IT)

영역 안에 문자를 세로로 입력하는 도구로 영역 문자 툴과 같은 방법으로 사용하면 됩니다.

:: 세로 패스 문자 도구(Vertical Path Type Tool,)

도형 주위나 패스를 따라 세로로 흐르는 문자를 입력하는 도구입니다.

01

홍보 포스터
만들기

예제 파일 Sample\2부\Theme01\Lesson03\포스터.ai
완성 파일 Sample\2부\Theme01\Lesson03\포스터-완성.ai

키 워 드   도형 툴, 문자 툴, [Pathfinder] 팔레트 활용, Arrange 기능 활용법
길라잡이   일러스트레이터에서는 Shape Mode가 추가되어 합성한 후에도 도형이 편집 가능한 상태가 되므
로 합성 작업을 언제든지 변경할 수 있습니다.

01 새로운 화면을 엽니다. 세밀한 작업을 진행하기 위해 메뉴의 [View-Show Grid]를 실행하여 화면에 그리드 선을 보이게 합니다.

02 작업 과정에 맞추어 그리드를 편집해봅니다. **01** 메뉴의 [Edit-Prefe-rence-Guides & Grid]를 실행하여 [환경 설정] 대화상자를 엽니다. **02** 대화상자에서 그리드의 간격을 표시하는 [Grid line every] 항목에 '30mm'를 입력하고, 그리드의 중간 표시 수를 나타내는 [Subdivisions] 항목에 '3'을 입력하여 [OK] 버튼을 클릭합니다.

[Preference] 명령
[Preference]는 일러스트레이터의 환경을 작업자의 스타일에 맞게 설정할 수 있는 명령입니다. 한 번 설정된 환경은 사용자가 변경하기 전까지 그대로 유지됩니다.

03 환경 설정을 마치면 화면의 그리드 선이 사용자가 정의한 형태로 변경됩니다. 이 그리드 선에 도형이 달라붙을 수 있도록 메뉴의 [View-Snap to Grid]를 적용합니다.

[Snap] 명령
[Snap] 기능은 치수와 크기가 정확한 도형일 경우에는 매우 편리한 기능이지만, 유기적인 선이나 자유 곡선 형태의 도형을 만들 경우에는 체크하지 않는 것이 좋습니다.

STEP 02 도형 설정 및 복사, 이동하기

01 기본 환경 설정이 적용되었습니다. 그리드 선에 맞추어 도형을 만듭니다. 도구 상자에서 **01** 둥근 사각형 툴(◉)을 선택하고 [Color] 팔레트에서 **02** 면 색상으로 'M: 100', 'Y: 100' 그리고 **03** 선 색상으로 'None'을 적용합니다.

02 **01** 선택 툴(▶)을 선택하고 만들어진 둥근 사각형을 Alt 를 누른 후 드래그하여 옆으로 복사, 이동하여 두 개의 둥근 사각형을 더 만듭니다. **02** 세 개의 둥근 사각형을 모두 선택하고 아래로 복사, 이동합니다.

도형의 복사 및 이동하기
도형을 복사, 이동할 때 선택 툴(▶)로 선택하여 Alt 를 누르고 드래그하면 복사, 이동되고, Alt + Shift 를 누르고 드래그하면 도형을 직선 방향이나 45도 방향으로 정확히 복사, 이동시킬 수 있습니다.

03 도형을 추가해 패스파인더의 기능에 대해 알아봅니다. 돋보기 툴(🔍)로 도형을 조금 확대합니다. 사각형 툴(▢)을 선택해 그리드 선 중간 표시자의 한 칸에 맞추어 드로잉하면 사각형이 달라붙습니다.

❶ 클릭
❷ 드로잉

○ **바운딩 박스 이해**
바운딩 박스를 이용하면 도형의 크기를 변경하거나 회전 등을 할 수 있습니다.

04 만들어진 사각형을 선택 툴(▶)로 드래그, 복사하면서 이동합니다.

Alt + 클릭+드래그

05 만들어진 도형을 복사하면서 이동시켜 그림과 같은 위치로 배치합니다.

STEP 03 [Pathfinder] 팔레트 활용하기

01 겹쳐진 도형을 [Pathfinder] 팔레트를 이용해 새로운 형태의 도형으로 만듭니다. 01 선택 툴(▶)로 첫 번째 도형을 선택하고 02 [Pathfinder] 팔레트 ◧(Subtract from shape area) 버튼을 클릭합니다. 03 그 결과 겹쳐 있는 도형들 중 가장 아래에 위치한 도형을 제외한 나머지 교차되는 부분이 삭제되어 그림과 같은 도형 형태가 만들어집니다.

○ [Shape Modes] 버튼 이해
[Shape Modes]에서 완전한 합성 모양을 만들기 위해서는 Alt 를 누른 상태에서 [Shape Modes] 버튼을 클릭하거나 [Shape Modes]의 기능을 적용한 후 [Expand] 버튼을 누르면 됩니다.

02 두 번째 도형을 편집하기 위해 두 번째 도형을 돋보기 툴(🔍)로 드래그하여 확대합니다. 04 선택 툴 (▶)로 모든 도형을 선택하고 05 [Pathfinder] 팔레트의 [Divide] 버튼 ◧을 클릭합니다. 도형들의 겹친 부분이 각각의 도형으로 분할됩니다. 06 분할된 도형을 직접 선택 툴(▶)로 선택하여 원 안의 도형만 남기고 모두 삭제합니다.

03 도형에 색상을 적용시켜보겠습니다. 분할된 도형 중 군청색 면을 가진 도형을 **01** 직접 선택 툴(󰀀)로 Shift를 눌러 모두 선택합니다. 선택된 도형의 면 색상을 적용합니다.

04 실제 화면 사이즈로 되돌아오면 세 번째 도형을 모두 선택한 후 [Pathfinder] 팔레트의 [Subtract from shape area] 버튼(󰀀)을 클릭합니다. 겹쳐 있는 도형들 중 가장 아래 위치한 도형을 제외한 나머지 교차되는 부분이 삭제되어 그림과 같은 도형 형태가 만들어집니다.

05 네 번째 도형을 돋보기 툴로 확대하고 **01** 군청색 면을 선택합니다. 합쳐진 도형과 밑의 도형을 선택하고 **02** [Pathfinder] 팔레트의 [Divide] 버튼(󰀀)을 클릭합니다.

06 분할된 도형의 원 안쪽 부분만 남기고 01 직접 선택 툴(▣)로 선택하여 삭제합니다. 02 마찬가지로 여섯 번째 도형도 동일한 작업을 거쳐 완성합니다.

① 클릭

② 삭제

STEP 04 도형 색상 적용 및 편집하기

01 직접 선택 툴(▣)로 선택하고 도구 상자 스포이트 툴(▣)을 선택하여 색상이 적용된 도형의 면을 클릭합니다.

● 스포이트 툴 이해

스포이트 툴(▣)은 선택된 도형의 속성뿐만 아니라 문자의 속성도 동일하게 적용시킬 수 있습니다.

02 [Layer] 팔레트에서 [Create New Layer] 아이콘(▣)을 클릭하여 새로운 레이어를 추가합니다.

① 클릭

03 배경 이미지를 불러오기 전에 [Layer] 팔레트에서 [Create New Layer] 아이콘(🔲)을 클릭하여 새로운 레이어를 추가합니다. **01** 이미지를 불러오기 위해 메뉴의 [File-Place] 명령을 선택합니다. **02** [Place] 대화상자에서 준비된 일러스트 파일을 선택하여 불러옵니다.

◉ 예제 파일
Sample\2부\Theme01\Lesson03\배경.ai

04 앞에서 불러온 일러스트 파일로 지금까지 작업한 도형들이 가려져 보이지 않습니다. [Layer] 팔레트에서 'Layer 2' 레이어를 드래그하여 'Layer 1' 레이어 아래로 이동합니다.

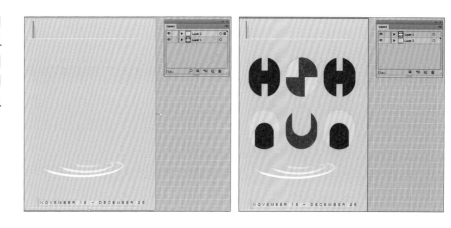

STEP 05 문자 삽입 및 테두리 만들기

01 배경에 추가 요소를 만듭니다. **01** [Layer] 팔레트에서 Create New Layer 아이콘(🔲)을 클릭하여 새로운 레이어를 추가합니다. **02** 도구 상자에서 사각형 툴(🔲)을 선택히고 **03** [Color] 팔레트에서 면 색상으로 'None', 선 색상으로 '군청색'을 적용합니다. **04** [Stroke] 대화상자에서 Weight 값을 '20pt'로 입력하고, [Dashed Line] 옵션을 클릭합니다. 그림처럼 'dash: 40', 'gap: 4'로 설정해줍니다.

02 그래픽 도형의 작업이 모두 마무리 되었습니다. 여기에 문자 요소를 삽입해봅니다. 도구 상자에서 문자 툴 (T)을 선택한 후 고딕 계열의 서체로 'SUJIDAY & SUMIDAY'라는 문구를 입력합니다.

문자 툴의
또 다른 사용법 익히기

문자 툴을 이용해 한문, 특수 문자를 입력하는 방법과 입력된 문자 영역을 변환하는 방법을 알아보겠습니다.

1 입력한 문자를 수정하려면 [Type] 도구로 수정할 문자열을 선택하면 됩니다.

2 한문 입력하기

한글로 문자를 입력한 후 키보드의 한자 를 누르면 화면 하단 오른쪽에 목록이 나타나는데, 이 목록 중에서 해당 한자를 선택하면 됩니다.

3 특수 문자 입력하기

한글 자음 하나를 입력하고 한자 를 누른 후 화면 하단 오른쪽에 나타나는 목록 중에서 필요한 특수 문자를 선택하면 됩니다. 자음마다 메뉴에 표시되는 기호가 다르게 나타납니다.

▲ 한문 입력하기

▲ 특수 문자 입력하기

4 글자 선택하기

• 한 단어만 선택하기: 단어를 더블클릭합니다.

• 한 줄을 선택하기: 글자 사이를 세 번 클릭합니다.

5 글상자로 사용된 도형을 수정하려면 직접 선택 툴( )로 도형만을 선택하여 정점을 이동하거나 방향 선을 수정하면 문자가 수정된 도형 형태대로 조정됩니다.

6 메뉴의 [Type-Create Outline] 명령은 작업한 문자를 다른 프로그램으로 불러들였을 때 동일한 서체가 없을 경우, 변경되는 것을 막기 위해 사용하기도 합니다.

04 여러 복합적인 기능 알아보기

이번에는 일러스트레이터에서 입체 구를 응용한 도형을 여러 복합 기능으로 간단히 만들어 보겠습니다. 하나의 완성도 높은 도형을 위해서는 여러 기능들이 복합적으로 적용됩니다.

 핵심 기능 [Align] 팔레트 이해하기

:: [Align] 팔레트에서 도형 정렬하기

● 예제 파일
Sample\2부\Theme01\
Lesson04\align.ai

메뉴의 [Window-Show Align]을 클릭하면 [Align] 팔레트가 나타납니다.

- ▣ (Horizontal Align Left)
  선택된 도형들 중에 가장 왼쪽의 도형을 기준으로 왼쪽으로 정렬합니다.
- ▣ (Horizontal Align Center)
  선택된 도형들이 수평 방향으로 중앙 정렬합니다.
- ▣ (Horizontal Align Right)
  선택된 도형들 중에 가장 오른쪽의 도형을 기준으로 오른쪽으로 정렬합니다.

- ▫(Vertical Align Top)

  선택된 도형들 중에 가장 위쪽의 도형을 기준으로 위쪽으로 정렬합니다.
- ▫(Vertical Align Center)

  선택된 도형들이 수직 방향으로 중앙 정렬합니다.
- ▫(Vertical Align Bottom)

  선택된 도형들 중에 가장 아래쪽의 도형을 기준으로 아래쪽으로 정렬합니다.

❖❖ [정렬(Alogn)] 명령을 이용한 이미지 제작

◉ 예제 파일

Sample\2부\Theme01\
Lesson04\align-예제.ai

01 메뉴의 [File-Open]을 클릭하여 예제 파일을 불러옵니다. 다음 그림과 같이 이미지를 정렬합니다. 선택 툴(▶)을 이용하여 가운데로 수직 정렬 세 개의 개체를 선택합니다. 메뉴의 [Window-Align]을 선택합니다.

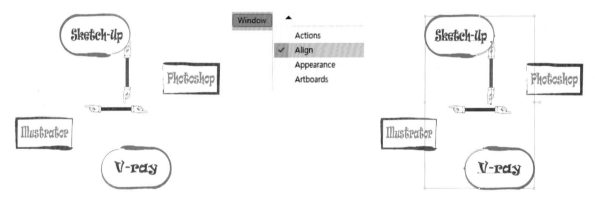

02 [Align] 대화상자가 나타나면 수직으로 가운데 정렬을 하기 위해 다음 그림과 같이 Horizontal Align Center(🖴) 명령을 설정합니다. 다음 그림처럼 정렬된 것을 확인할 수 있습니다.

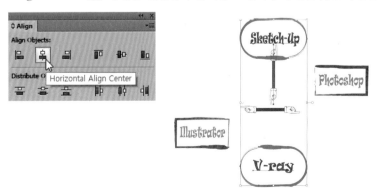

03 정렬한 후 다음 그림과 같이 적당한 위치로 이동시켜 그림을 완성합니다. 이번에는 수평으로 정렬할 개체를 선택합니다.

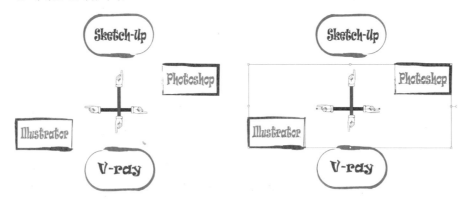

04 [Align] 대화상자에서 Vertical Align Center(⬛) 명령을 설정하여 수평 정렬한 후 다음 그림과 같이 수평으로 정렬된 개체의 위치를 적당한 간격으로 배치합니다.

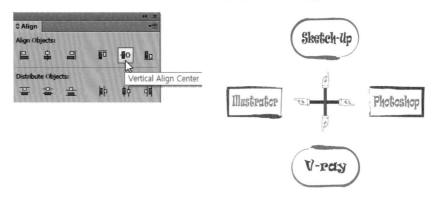

⠿ 그룹과 잠금(Group & Lock)

여러 개의 개체를 편집할 경우 필요에 따라서는 개체가 선택되지 않거나 한꺼번에 묶음 개체로 구성되어 있을 경우, 매우 편리할 때가 있습니다. 이 경우에는 그룹으로 묶거나 개체의 속성을 잠금으로 설정해주는 명령이 사용됩니다. 개체를 선택한 후 메뉴의 [Object-Group] 명령을 클릭하면 선택한 여러 개의 개체를 하나의 개체와 같이 그룹으로 묶어줍니다. 물론 그룹으로 묶여 있는 개체를 선택한 상태에서 메뉴의 [Object-Ungroup] 명령을 수행하면 그룹 개체를 분리할 수 있습니다.

개체를 선택한 후 메뉴의 [Object-Lock] 명령을 클릭하면 선택한 개체를 잠금으로 설정할 수 있으며, [Unlock All] 명령을 이용하여 잠금 설정을 해제할 수도 있습니다.

이와 더불어 메뉴의 [Object-Hide] 명령을 이용하여 선택한 개체를 보이지 않도록 설정할 수 있으며, 메뉴의 [Object-Show All] 명령을 이용하여 보이지 않도록 설정한 개체를 보이도록 설정할 수도 있습니다.

비치볼 만들기

01

예제 파일 Sample\2부\Theme01\Lesson04\비치볼.ai
완성 파일 Sample\2부\Theme01\Lesson04\비치볼—완성.ai

키 워 드 [Transparency] 팔레트 기능, [Align] 팔레트, 문자툴, Join 기능 활용법
길라잡이 [Arrange] 명령을 이용하여 개체의 배열 순서를 지정할 수 있습니다. 그러나 레이어의 순서가 가장
우선되며, 같은 레이어에 위치하고 있을 경우 배열의 순서를 지정할 수 있습니다.

01 새로운 화면을 엽니다. 도구 상자에서 원형 툴(⬭)을 선택한 후 작업 화면에서 클릭합니다. 그러면 원의 크기를 조절할 수 있는 대화상자가 나타납니다. 이 대화상자의 원의 가로 크기와 세로 크기에 '100mm'를 적용시켜 정원을 만듭니다.

Ellipse

Width: 100 mm
Height: 100 mm
❶ 입력

OK   Cancel
❷ 클릭

02 정원이 만들어졌다면 이 도형의 선 색상을 'None', 면 색상을 '빨간색'으로 적용하여 원의 색상을 바꿉니다. 그런 다음 직접 선택 툴(▶)을 선택합니다. 후반 작업에서 원본을 사용할 수 있으므로 앞으로의 작업은 원을 복사하여 사용하는 것이 좋습니다.

03 **01** 반원을 만들기 위해 직접 선택 툴(▶)로 원의 오른쪽 기준점 부분을 드래그하여 선택한 후 키보드의 Delete를 눌러 삭제합니다. **02** 기준점과 기준점 사이의 패스가 열린 반원이 만들어집니다.

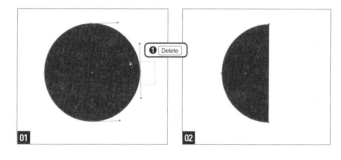

❶ Delete

01   02

◉ 닫힌 패스와 열린 패스
기준점들이 모두 연결된 패스를 '닫힌 패스'라 하고, 기준점과 기준점 사이가 끊어져 있는 패스를 '열린 패스'라 합니다.

04 **03** 떨어져 있는 두 기준점을 연결하여 하나의 닫힌 패스로 만듭니다. 직접 선택 툴(▶)로 두 개의 기준점을 드래그하여 선택합니다. **04** 마우스 오른쪽 버튼을 클릭하여 [Join] 명령을 실행합니다. 열려 있던 두 기준점 사이에 세그먼트가 생기면서 하나의 완전한 도형을 이룹니다.

❶ 드래그

Undo Clear
Redo

Perspective

Isolate Selected Path
Group
Join   ❷ 클릭
Average...

Make Clipping Mask
Make Compound Path
Make Guides

Transform
Arrange
Select

03   04

TIP

[Join] 기능 이해
• 메뉴의 [Object-Path-Join]을 실행해도 됩니다.
• 도형이나 기준점 등을 선택한 후 마우스 오른쪽 버튼을 클릭하면 선택된 도형에 적용될 수 있는 기능들이 단축 메뉴로 나타납니다. 여기서 원하는 메뉴를 선택하면 작업을 효율적으로 할 수 있습니다.

05 지금까지 작업한 반원 도형을 선택한 후 메뉴의 [Edit-Copy] 명령을 실행합니다. 도형이 클립보드에 저장됩니다.

● 복사하기/잘라내기
도형에 [Copy], [Cut] 명령을 실행하면 도형을 클립보드에 저장해두었다가 필요할 때 불러올 수 있습니다.

클릭

06 저장된 도형을 제자리에 붙여 넣는 명령을 실행해봅니다. 메뉴의 [Edit-Paste in Front] 명령을 실행합니다. 동일한 도형이 복사한 도형 위에 동일하게 붙여 넣어집니다.

클릭

STEP 02 도형 색상 적용 및 편집하기

01 복사된 도형의 면 색상으로 'C: 6', 'M: 14', 'Y: 87'을 적용합니다. 색상이 바뀐 도형의 형태를 변경해봅니다. 도형을 직접 선택 툴( )로 선택한 후 그림처럼 아래 조절점을 클릭, 드래그하여 반원의 형태를 중간 쪽으로 이동합니다.

클릭+드래그

02 도형을 직접 선택 툴( )로 선택하고 그림처럼 방향 조절점을 클릭, 드래그하여 반원의 형태를 아래쪽으로 이동합니다.

클릭+드래그

크기 조절
바운딩 박스로 도형의 크기를 조절할 때 원본과 동일한 비례로 조절하기 위해서는 [Shift]를 누르면서 조절하고, 중심점을 기준으로 한쪽 방향을 동일한 비례로 조절하려면 [Alt]를 누르고 조절합니다.

03 스마트 가이드를 활용하여 도형을 정확히 회전 복사하는 방법을 알아보겠습니다. 화면의 도형을 모두 선택하고 도구 상자에서 반사 툴( )을 선택합니다.

❶ 클릭

❷ 선택

❸ 클릭

스마트 가이드란?
스마트 가이드는 도형을 만들 때나 이동할 때 패스, 기준점, 각도 등을 알려주는 안내선을 말합니다. 정밀한 작업을 요할 때 자주 사용하는 기능입니다.

04 마우스 커서를 선택된 도형의 가장 밑의 기준점 근처로 가져가 도형의 정확한 기준점에서 Alt를 누르고 클릭하면 [Reflect] 대화상자가 나타납니다. [Reflect] 대화상자의 [Vertical] 옵션에 체크하고, [Copy] 버튼을 클릭합니다. 도형이 정확한 위치에 수직 방향으로 복사됩니다.

❶ 클릭

❷ 클릭

◉ **[Reflect] 명령**
[Reflect] 대화상자의 [Horizontal]에 체크를 하면 도형이 수평 방향으로 반사되고, [Vertical]에 체크하면 수직 방향으로 반사가 이루어집니다.

05 복사된 도형을 직접 선택 툴(⬆)로 선택하여 면의 색상을 변경하기 위해 그림처럼 면을 선택한 후 'C: 100', 'M: 98', 'Y: 24' 색상으로 변경합니다.

06 도형을 모두 선택한 후 마우스 오른쪽 버튼을 클릭하여 [Group] 명령을 적용합니다.

❶ 더블클릭

❷ 선택

◉ **[Group] 명령**
많은 도형을 관리할 때는 각각의 연관된 도형을 [Group] 명령으로 묶어서 관리하는 것이 편리합니다.

STEP 03 도형에 입체감 있게 표현하기

01 만들어진 도형에 그레이던트 모드를 이용하여 입체감을 나타내봅니다. 처음 만든 원의 크기와 동일한 원을 원형 툴(⬤)로 만들거나 만들었던 원본을 가져옵니다. 이 원에 그레이던트를 적용해봅니다. 도구 상자에서 그레이던트 툴(■)을 더블클릭합니다. [Gradient] 팔레트에서 그레이던트 타입으로 [Radial]을 선택하여 도형에 그레이던트를 적용합니다.

◉ **[Gradient] 팔레트**
[Gradient] 팔레트는 도구 상자에서 그레이던트 툴(■)을 더블클릭하여 열 수 있습니다.

02 적용된 그레이딘트를 편집해봅니다. [Gradient] 팔레트의 스펙트럼을 보면 그레이딘트의 중심점 슬라이더가 있습니다. 그림처럼 슬라이더의 위치를 이동시켜 그레이딘트의 흰색 영역이 더욱 확장될 것입니다.

● 색상 추가
[Gradient] 팔레트에서 색상 슬라이더를 추가할 때는 팔레트 스펙트럼의 하단을 마우스 버튼으로 클릭합니다.

03 그레이딘트 툴(■)을 원의 중심에서 아래로 드래그하여 그레이딘트의 방향을 변경합니다. 입체 구가 만들어졌습니다.

04 도형의 위치를 색상이 적용된 도형의 위치와 동일하게 맞춰봅니다. 화면의 도형을 모두 선택합니다. 01 [Align] 팔레트를 열고 [Horizontal Align Center] 버튼(▣)과 Vertical Align Center 버튼(▥)을 클릭하여 02 두 도형을 동일한 위치로 겹쳐지게 만듭니다.

STEP 04 사실적인 느낌을 주는 도형 만들기

01 사실적인 느낌이 드는 입체를 만듭니다. 그레이딘트가 적용된 도형을 선택한 후 01 [Transparency] 팔레트의 블렌드 모드에서 [Multiple]를 선택하고 투명도를 '65%'로 적용합니다. 아래쪽의 비치볼과 자연스럽게 합성되면서 사실적인 느낌이 나타나게 됩니다. 02 선택 툴로 바운딩 박스의 조절점을 회전시켜 그레이딘트의 방향을 바꿔줍니다.

02 도형에 그림자를 넣어봅니다. **01** 원형 툴(◯)을 선택한 후 그림처럼 타원형의 도형을 만듭니다. **02** 그레이던트 툴을 선택한 후 [Type]을 [Linear]로 선택하여 그레이던트를 적용합니다. 그림자가 너무 진하지 않도록 그레이던트의 거리를 조절합니다. 즉, 빛이 우측 상단에 있다고 가정한 것입니다.

03 그림자 도형이 도큐먼트 도형들 중 가장 앞쪽에 위치하게 됩니다. 그러므로 도형을 선택한 후 마우스 오른쪽 버튼을 클릭하고 [Arrange-Send to Back]을 실행하여 선택된 도형을 맨 뒤로 이동합니다. 물론 [Object-Arrange-Send to Back]을 실행해도 됩니다.

STEP 05 도형에 하이라이트 추가하기

01 도형에 하이라이트를 추가하여 입체감을 살려봅니다. **01** 원형 툴(◯)로 입체 구의 상단에 **02** 흰색의 도형을 그립니다.

02 원에 Effect 효과를 적용하여 자연스러운 하이라이트 효과가 생기도록 만듭니다. **01** 원을 선택한 후 메뉴의 [Effect-Stylize-Feather]를 실행합니다. **02** 대화상자의 옵션에서는 Feather 수치에 '3'을 적용하여 자연스럽게 번지는 효과를 만들어 냅니다.

● [Feather] 효과 적용
Feather 효과는 깃털이라는 뜻으로, 도형의 외곽에 투명도를 적용하여 경계선을 부드럽게 하는 명령입니다.

03 곡선 펜 툴(✐)을 이용해 그림처럼 도형의 라인을 따라 패스를 만듭니다. 면 색상을 None(☑)으로 적용하고, 선 색상을 검은색으로 적용합니다.

04 문자 요소를 삽입해봅니다. 문자가 따라 갈 패스를 그린 후 패스 문자 툴(✎)을 선택하고 가장 앞에 있는 정점을 클릭합니다. 커서가 나타나면 문자를 입력합니다.

◉ **[Preview] 버튼**
작업 중 [Preview]를 체크하면 여러분이 적용한 작업을 미리 보기할 수 있습니다.

05 [Layer] 팔레트에서 [Create New Layer] 아이콘(▣)을 클릭하여 새로운 레이어를 추가합니다.

06 배경 이미지를 불러오기 전에 [Layer] 팔레트에서 [Create New Layer] 아이콘(▣)을 클릭하여 새로운 레이어를 추가합니다. 이미지를 불러오기 위해 메뉴의 [File-Place] 명령을 선택합니다. [Place] 대화상자에서 준비된 일러스트 파일을 선택하여 불러옵니다.

◉ **예제 파일**
Sample\2부\Theme01\Lesson04\배경.jpg

07 앞에서 불러온 일러스트 파일로 지금까지 작업한 도형들이 가려져 보이지 않습니다. **01** [Layer] 팔레트에서 'Layer 2' 레이어를 드래그하여 'Layer 1' 레이어의 아래로 이동합니다.

드로잉 작업에 필요한 간단한 작업 기능

정렬의 또 다른 도구에 대한 한줄 설명과 배열을 사용하는 데 간단한 단축키를 이용한 사용법을 알아봅니다. 여기서는 드로잉 작업을 하는 데 도움을 주는 두 개의 [팔레트] 대화상자를 간단히 설명합니다.

1 [Align] 팔레트의 [Distribute]로 도형 분배하기

세 개 이상의 도형에서 실행됩니다.

- ▤ (Vertical Distribute Top)
  선택된 도형들을 위쪽을 기준으로 세로 간격을 일정하게 분배합니다.
- ▤ (Vertical Distribute Center)
  선택된 도형들을 중심을 기준으로 세로 간격을 일정하게 분배합니다.
- ▤ (Vertical Distribute Bottom)
  선택된 도형들을 아래쪽을 기준으로 세로 간격을 일정하게 분배합니다.
- ▥ (Horizontal Distribute Left)
  선택된 도형들을 왼쪽을 기준으로 가로 간격을 일정하게 분배합니다.
- ▥ (Horizontal Distribute Center)
  선택된 도형들을 중심을 기준으로 가로 간격을 일정하게 분배합니다.
- ▥ (Horizontal Distribute Right)
  선택된 도형들을 아래쪽을 기준으로 가로 간격을 일정하게 분배합니다.

2 도형의 계층 구조를 바꾸는 [Arrange] 명령은 일러스트레이터 작업을 하면서 자주 사용하는 기능입니다. 이렇게 자주 사용하는 기능들은 단축키를 사용해 쉽게 적용할 수 있습니다.

- Ctrl+[: 도형이 한 단계씩 밑으로 이동
- Ctrl+] : 도형이 한 단계씩 위로 이동
- Ctrl+Shift+[: 선택된 도형을 화면의 도형들 중 가장 아래로 이동
- Ctrl+Shift+] : 선택된 도형을 도큐먼트 도형들 중 가장 위로 위치 이동

3 모든 도형은 중심점을 가지고 있습니다. 도형의 크기나 회전, 반사는 이 중심점을 기준으로 이루어집니다. 도형을 회전할 때 중심점이 아닌 다른 위치를 기준으로 회전하려면 중심점의 위치를 변경시켜야 합니다.

- 도형을 선택한 후 회전 툴이나 반사 툴을 클릭하면 도형의 중심점이 생깁니다.
- 이 중심점을 마우스로 이동하고자 하는 위치를 클릭하여 변경한 후 도형에 회전 반사를 적용하면 이동된 중심점을 기준으로 회전 반사가 적용됩니다.

4 [Transparency] 팔레트

도형의 투명도와 도형 간의 합성 모드를 설정하는 기능을 합니다.

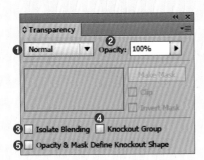

1 `Normal ▼` 도형들 간에 색상 합성 블렌드 모드를 설정합니다.

2 Opacity 도형의 불투명도를 조절합니다.

3 Isolate Blending 도형에 적용되는 혼합 모드의 지정 범위를 제한합니다.

4 Knockout Group 선택한 도형에 그룹으로 속해 있는 작업만 보이지 않게 가려줍니다.

5 Opacity & Mask Define Knockout Shape 도형에 투명도 값을 지정한 상태일 때만 효과를 볼 수 있습니다.

5 [Gradient] 팔레트

그레이던트가 적용된 도형의 그레이던트를 모양, 색상 등의 수정 및 편집 작업하는 기능을 합니다.

1 작업한 Gradient를 미리 볼 수 있습니다.

2 Type Gradient의 진행되는 형태를 설정할 수 있습니다.

　• Linear: 직선의 형태로 진행되는 Gradient

　• Radial: 원형의 형태로 진행되는 Gradient

3 Angle Gradient가 진행되는 각도를 설정합니다.

4 Location Gradient를 구성하는 색상을 설정하는 색상 핀과 색상 조절 핀의 위치를 설정합니다.

5 색상 조절 핀 색상 핀과 색상 핀 사이의 중간 값의 위치를 표시합니다. 중간 값의 위치를 조절함으로써 색상이 균등하게 할 수도 있고, 치우치게 할 수 도 있습니다.

6 슬라이더 색상 핀과 색상 조절 핀의 설정을 조절하는 곳으로, 색상의 배열 상태를 보여줍니다.

7 색상 핀 Gradient를 구성하는 색상을 설정합니다.

05 그래픽 이미지 만들기

이번에는 일러스트레이터에서 정밀한 작업을 손쉽게 도와주는 스마트 가이드를 활용해 도형을 변형해보고, 실무에 적용할 수 있는 다양한 응용 방법들에 대해서도 다룹니다. 그러므로 각 제작 과정을 정확히 숙지해두어야 합니다.

핵심 기능 〉 기본 변형 도구 알아보기

도형을 변형하는 기본 변형 도구에 대해 살펴보고, 각 도구의 사용 방법과 대화상자를 이용해 변형하는 방법을 알아봅니다.

:: 반사 도구(Reflect Tool,)

• 반사시킬 도형을 선택한 후 반사 툴을 선택하면 도형 중앙에 중심점이 나타납니다.
• 도형을 제외한 화면의 아무 곳이나 누르고 마우스로 드래그하면 중심점을 기준으로 도형이 반사됩니다.

선택

▶ 드래그

회전에 필요한 단축키
• 중심축을 이동하려면 기준이 될 위치를 클릭하거나 중심점을 선택하고 드래그합니다.
• Shift +드래그: 수평 · 수직으로 도형이 반전됩니다.
• Alt +드래그: 반사되면서 도형이 복사됩니다.

:: [Reflect] 대화상자를 이용한 도형 회전하기

• 도형을 선택한 후 반사 툴()을 더블클릭하면 [Reflect] 대화상자가 나타납니다.
• 대화상자에 원하는 옵션을 선택한 후 [OK] 버튼을 클릭합니다.

❶ **Horizontal** 수평축을 기준으로 반사 혹은 복사할 수 있습니다.

❷ **Vertical** 수직축을 기준으로 반사 혹은 복사할 수 있습니다.

❸ **Angle** 입력된 각도만큼 반사 혹은 복사할 수 있습니다.

❹ **Options** 도형 내부 색상이 패턴일 경우 활성화됩니다.

• Transform Objects: 도형의 반사 여부를 지정합니다.

• Transform Patterns: 패턴의 반사 여부를 지정합니다.

▲ 도형의 수평 반전

▲ 도형의 수지 반전

각 도구들의 대화상자 불러오기
중심을 도형의 중앙이 아닌 다른 곳으로 이동한 상태에서 대화상자를 나타내고자 할 경우, Alt 를 누른 채 중심으로 만들고 싶은 곳을 클릭하면 클릭한 지점을 중심으로 대화상자를 이용할 수 있습니다.

:: 기울기 도구(Shear Tool,)

- 도형을 선택한 후 기울기 툴을 누르면 도형 중앙에 중심점이 나타납니다.
- 도형을 제외한 화면의 아무 곳이나 누르고 마우스로 드래그하면 중심점을 기준으로 기울어집니다.

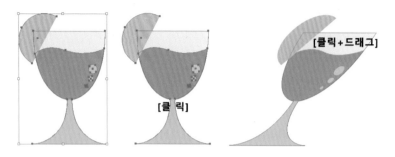

[클릭+드래그]

[클릭]

기울기 도구에 관련된 단축키
- 그림자 표현이나 거리감을 나타내는 데 많이 사용합니다.
- 중심축을 이동하려면 기준이 될 위치를 클릭하거나 중심점을 선택하고 드래그합니다.
- [Shift]+드래그: 수직 · 수평으로 기울일 수 있습니다.
- [Alt]+드래그: 기울어지면서 도형이 복사됩니다.

:: [Shear] 대화상자 이용해 도형 기울이기

- 도형을 선택한 후 기울기 툴()을 더블클릭하면 [Shear] 대화상자가 나타납니다.
- 대화상자에 수치를 입력한 후 [OK] 버튼을 클릭합니다.

❶ **Shear Angle** 기울일 각도를 입력합니다.

❷ **Axis**
- Horizontal: 수평 방향으로 기울입니다.
- Vertical: 수직 방향으로 기울입니다.
- Angle: 기울일 방향을 각도로 지정합니다.

❸ **Options** 도형 내부 색상이 패턴일 경우 활성화됩니다.
- Transform Objects: 도형의 기울임 여부를 지정합니다.
- Transform Patterns: 패턴의 기울임 여부를 지정합니다.

도구틀 대화상자 나타내기
[Alt]를 누른 채 다른 지점을 클릭하면 클릭한 지점을 중심으로 대화상자를 이용할 수 있습니다.

:: [Stroke] 팔레트를 이용해 테두리 다양하게 지정하기

• 도형 또는 선의 외곽선 굵기, 선 형태, 끝부분의 형태, 모서리 부분의 형태 등을 설정할 수 있는 팔레트입니다.

• 테두리를 바꾸고 싶은 도형을 선택 도구로 선택한 후 [Stroke] 팔레트에서 원하는 옵션을 설정하면 됩니다.

▲ Weight(두께)의 변화

▲ Dashed L의 따른 변화

▲ Miter의 값에 따른 변화

▲ Join에 따른 변화

▲ Cap에 따른 변화

:: Stroke만을 이용한 동선 제작

도트(dot) 모양의 점선을 단순히 [Stroke] 옵션 설정만으로 제작해보겠습니다.

01 메뉴의 [File-Open]을 클릭하여 예제 파일을 불러오면 두 개의 직선이 나타납니다. 먼저 좌측에 놓인 패스 선을 선택합니다. 메뉴의 [Window-Stroke] 명령을 수행한 후 나타나는 [Stroke] 팔레트에서 Weight 값을 '5pt'로 설정하고, [Round Cap] 옵션을 클릭하여 설정합니다.

◉ 예제 파일
Sample\2부\Theme01\
Lesson05\stroke.ai

02 점선으로 표현하기 위해 [Dashed Line] 옵션을 설정한 후 다음 그림과 같이 'dash: 0pt', 'gap: 10pt'으로 설정합니다. 동선의 색상을 빨간색으로 설정하기 위해 [Color] 팔레트에서 'C: 0', 'M: 100', 'Y: 100', 'K: 0'으로 설정합니다.

03 다음 그림과 같은 결과가 만들어졌습니다. 다음 그림처럼 패스 선을 선택한 후 [Stroke] 팔레트에서 Weight 값을 '5pt'로 설정하고, [Round Cap] 옵션을 클릭하여 설정합니다.

04 점선으로 표현하기 위해 [Dashed Line] 옵션을 설정한 후 그림과 같이 'dash: 10pt', 'gap: 10pt'으로 설정합니다. 동선의 색상을 빨간색으로 설정하기 위해 [Color] 팔레트에서 'C: 100', 'M: 100', 'Y: 0', 'K: 0'으로 설정합니다.

01

문자 배경
디자인하기

완성 파일 Sample\2부\Theme01\Lesson05\그래픽-완성.ai

키 워 드 회전 툴, 반사 툴, 기울기 툴, 문자 툴, Arrange의 기능, [Align] 팔레트의 활용법
길라잡이 결과물의 완성도를 높이기 위해 보다 세밀하고 정확한 작업이 요구되는 부분을 스스로 해결해 나
갑니다.

01 새로운 화면을 메뉴의 [File-New]를 실행하여 엽니다. 도구 상자에서 사각형 툴로 화면을 드래그하여 직사각형을 그립니다. 01이 직사각형에 면 색상으로 'Y: 50'을 적용하고, 선 색상으로 'None'을 적용합니다. 이 직사각형을 02 메뉴의 [Edit-Copy] 명령으로 복사한 후 03 메뉴의 [Edit-Paste in Front]를 실행하여 복사본을 제자리에 붙여 넣습니다.

02 복사된 도형의 면 색상을 'C: 50'으로 적용합니다.

03 01 도형을 직접 선택 툴( )로 선택하고 바운딩 박스의 조절점을 02 위에서 아래로 드래그합니다. 그림처럼 축소된 도형이 밑 도형에 정확히 맞았다는 표시가 나타납니다. 이때 마우스에서 손을 떼면 됩니다.

04 다시 파란색 면을 선택한 후 메뉴의 [Edit-Copy] 명령으로 복사하고, 메뉴의 [Edit-Paste in Front]를 실행하여 복사본을 제자리에 붙여 넣습니다. 그런 다음 03 도형을 직접 선택 툴( )로 선택하고 바운딩 박스의 조절점을 위에서 아래로 드래그해봅니다. 04 그림처럼 축소된 도형이 밑 도형의 정확히 맞았다는 표시가 나타납니다. 이때 마우스에서 손을 떼면 됩니다.

복사된 도형의 면 색상을 'C: 10', 'Y: 10'으로 적용합니다.

05 앞에서 작업한 복사한 도형의 라운드 버튼을 클릭, 드래그한 후 그림처럼 작업하여 바탕 도형을 완성합니다.

01 [Layer] 팔레트에서 **01** [Create New Layer] 아이콘(⬚)을 클릭하여 새로운 레이어를 추가하고, 밑의 레이어는 선택되지 않도록 **02** 레이어의 빈 곳(◉)을 클릭하면 잠금 버튼(🔒)이 나타나면서 레이어를 잠귀 놓습니다. 새로운 레이어에서 작업을 진행해봅니다. **03** 문자 툴(T)을 클릭한 후 'sujiday & sumiday'이라는 문구를 입력하고, 그림과 같은 위치에 배치합니다.

레이어(Layer)란?
레이어는 투명한 필름을 여러 장으로 분리하여 작업할 수 있는 기능으로, 포토샵의 레이어 기능과 동일합니다. 즉, 각각의 도형을 분리된 층으로 구분하여 작업할 수 있으며, 하나의 레이어로 병합하거나 조절할 수도 있습니다. 복잡한 도형 작업 시에는 레이어를 사용하는 것이 효율적입니다.

02 입력된 문자를 변형하기 위해 도형으로 변경해봅니다. 메뉴의 [Type-Create Outlines]를 실행합니다. 문자가 도형으로 변경됩니다.

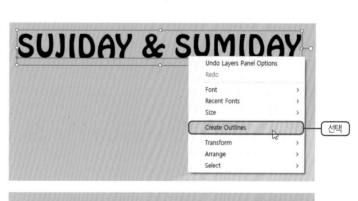

[Create Outlines] 명령
무자 툴(T)로 입력된 문자들은 기울기, 변형 등을 할 때 변형되지 않습니다. 그러므로 문자 변형 작업을 하기 위해서는 반드시 [Create Outlines]를 실행하여 도형으로 변경해주어야 합니다.

01 문자 도형의 윗부분과 아랫부분을 나누어 별도의 색상을 지정해주고, 위치를 이동시키는 작업을 진행해 봅니다. 도형으로 변환 문자를 반으로 나누어 봅니다. **01** 도구 상자에서 나이프 툴(🔪)을 선택하고 **02** 문자 도형의 가운데를 Alt + Shift 를 눌러 직선으로 드래그합니다. 그 결과 도형이 분할됩니다. 그러나 아래쪽 레이어는 잠겨 있으므로 작업에 영향을 받지 않습니다.

02 분할된 면을 **01** 선택 툴(▶)로 선택해봅니다. 도형들이 한꺼번에 선택되는 것을 알 수 있습니다. Group이 적용되어 있는 도형을 **02** 각각의 도형으로 분리하기 위해 마우스 오른쪽 버튼을 클릭하면 나타나는 단축 메뉴의 [Ungroup] 명령을 도형에 적용합니다. 선택 툴(▶)로 선택해보면 각각의 도형들이 따로 선택되는 것을 알 수 있습니다. **03** 분리된 각각의 도형들 중 윗부분의 도형들만 선택 툴(▶)로 모드 선택하고 위치를 왼쪽으로 조금 이동합니다.

Ctrl 사용법

다른 도구를 사용하던 도중에 Ctrl 을 누르면 선택 도구(▶)를 바로 사용할 수 있습니다.

03 위쪽의 문자 도형이 선택된 상태에서 면 색상을 그림처럼 적용합니다.

04 배경색으로 그레이던트를 적용해봅니다. **01** 선택 툴(▶)로 아래쪽의 문자 도형이 선택된 상태에서 그레이던트 툴(■)을 선택하고 [Gradient] 팔레트에 Linear **02** 그레이던트를 선택합니다. 스펙트럼의 오른쪽 슬라이더를 클릭하여 색상을 그림처럼 변경합니다.

그레이던트 색상 추가
[Gradient] 팔레트에서 색상 슬라이더를 추가할 때는 스펙트럼의 하단을 마우스로 클릭하면 됩니다.

STEP 04 입체적인 도형 생성 및 편집하기

01 [Layer] 팔레트에서 **01** [Create New Layer] 아이콘(▣)을 클릭하여 새로운 레이어를 추가하고 밑의 레이어는 선택되지 않도록 **02** 레이어의 빈 곳(◉)을 클릭하면 잠금 버튼(🔒)이 나타나면서 레이어를 잠궈놓습니다. 새로운 레이어에서 작업을 진행해봅니다.

02 그레이던트가 적용된 입체 도형을 만듭니다. 사각형 툴(■)을 선택한 후 **01** Shift 를 누르고 드래그하여 정사각형을 만듭니다. 그러면 동일한 **02** 그레이던트가 적용될 것입니다. 이 그레이던트의 방향을 그레이던트 툴로 드래그하여 세로 방향으로 만듭니다.

03 선택 툴(➤)을 사각형 도형의 윗면에 위치시켜봅니다. 그러면 위쪽에 패스가 표시될 것입니다. 이 패스를 사각형 아랫면의 패스에 정확히 맞추어 복사, 이동해봅니다. 위쪽에 안내선 표시가 나타나면 Alt를 누르고 아래로 드래그하여 복사합니다. 이때 마우스에서 손을 떼면 복사본이 원본의 아랫면에 정확히 맞춰집니다.

04 복사된 도형의 오른쪽 면에 마우스 포인터를 올려 놓습니다. 그러면 오른쪽 패스의 안내 표시가 나타납니다. 이 상태에서 Alt를 누르고 오른쪽으로 이동합니다.

○ **직접 선택 툴 사용법**
직접 선택 툴(➤)은 도형의 정점과 방향점, 방향선, 세그먼트를 부분적으로 선택하여 도형을 수정하는 기능입니다.

05 도형을 회전 이동시켜 직육면체의 형태로 만듭니다. **01** 도구 상자에서 회전 툴(⟳)을 선택하고 **02** 윗면 도형의 오른쪽 아래 기준점에 마우스를 올려 놓습니다. 기준점에 정확히 마우스를 클릭하면 회전될 중심점이 설정됩니다. **03** Shift를 누르고 드래그하여 도형을 -45도 방향으로 정확히 회전합니다.

06 도형을 윗변에 맞추어 정확히 기울여 봅니다. 직접 선택 툴(➤)로 오른쪽 도형의 오른쪽 기준점들을 드래그하여 모두 선택합니다. 위쪽 기준점을 잡고 윗면의 오른쪽 기준점까지 드래그합니다. 오른쪽 기준점에 정확히 맞게 마우스 포인터를 올려 놓으면 윗면에 맞춰 도형이 정확히 기울어지게 됩니다.

07 왼쪽 도형도 같은 방법으로 정육면
체의 형태를 만들어 봅니다.

08 선택 툴(▶)로 정육면체를 선택한
후 바운딩 박스의 위 조절점을 아래
로 드래그하여 정육면체의 투시각
도를 변화합니다.

STEP 05 도형에 그레이던트 방향 수정하기

01 정육면체의 형태가 완성되었다면 그
레이던트의 방향을 재적용하여 입
체감을 살려봅니다. 그레이던트 툴
(■)을 선택한 후 각각의 도형의 그
레이던트 방향을 그림처럼 바꿔봅
니다. 그런 다음 완성된 입체 도형을
모두 선택하고 마우스 오른쪽 버튼
을 클릭하면 나타나는 단축 메뉴에
서 [Group]을 선택합니다.

◉ 그레이던트 방향 적용
그레이던트의 방향을 변경시킬 때 Shift 를 누르고 드래그해봅니
다. 그러면 그레이던트의 방향을 수직, 수평, 45도를 기준으로 정
확히 적용시킬 수 있습니다.

02 정육면체의 모든 작업이 마무리되었
   습니다. 도형을 선택 툴(▶)로 선택
   하고 미리 만들었던 배경 위에 그림
   처럼 위치시켜 놓습니다.

STEP 06 패스 문자 삽입하기

01 **01** 곡선 펜 툴(✎)을 이용해 그림처
   럼 도형의 라인을 따라 패스를 만들
   어 갑니다. 면 색상을 None(◩)으
   로 적용하고, 선 색상을 검은색으로
   적용합니다.

01 클릭

02 문자 요소를 삽입해봅니다. **02** 문자
   가 따라 갈 패스를 그린 후 패스 문
   자 툴(✐)을 선택하고 가장 앞에 있
   는 정점을 클릭합니다. 커서가 나타
   나면 문자를 입력합니다.

01 클릭

03 문자 툴(T)을 이용하여 오션그래
  픽 사의 웹 사이트 주소를 입력합니
  다. 그러면 모든 작업이 완성됩니다.

04 작업이 완성되면 그레이딘트와 문
  자 도형의 색상을 변경해봅니다. 그
  러면 새로운 느낌의 결과물을 만들
  수 있습니다.

일러스트레이터의
기본적인 사용 방법 익히기

일반적으로 디자인 작업을 진행할 경우 수많은 응용 프로그램을 사용하고 있습니다. 일반적으로 산업, 응용 디자인 분야에서는 드로잉의 기초로 일러스트레이터를 사용합니다. 일러스트레이터를 이용해 디자인 작업을 할 때 유용한 방법을 소개합니다.

1 기본 변형 도구들의 대화상자에 [Preview]라는 미리 보기 기능을 체크하여 작업 화면에서의 도형 변화를 살펴보면 작업 중의 실수를 예방할 수 있습니다.

2 [Smart Guide]에는 많은 환경 설정이 있습니다. 마우스 포인터를 도형 위에 올려 놓으면 특정 개체를 식별하는 텍스트가 나타나며, 일시적인 안내선이 도형과 기준점을 정렬할 수 있도록 도와줍니다. 그리고 기준점 및 중앙점, 패스 등의 표시는 도형들의 변형에 매우 유용합니다. 그러나 큰 용량의 작업에서 스마트 가이드를 사용하면 작업 속도가 저하되고 [Snap To Grid]를 켠 경우에는 [Smart Guide]를 사용할 수 없다는 것에 유의해야 합니다.

3 일러스트레이터에서 서체 작업을 효과적으로 하려면 모든 서체들이 트루 타입이어야 합니다. PC는 대부분 트루 타입을 지원하고 있으며, 매킨토시는 트루 타입, 비트맵, 화면용 서체 등이 있습니다. 비트맵과 화면용 서체는 화면상에서만 보이는 서체로, 도형으로 변경할 수 없는 단점이 있습니다.

4 도형을 이동시킬 때 세밀한 이동이 필요하다면 키보드의 방향 키를 사용해봅니다. 도형을 선택하고 키보드의 방향 키를 누르면 한 단위로 이동하게 되고 Shift를 누르고 방향 키를 누르면 10단위로 이동합니다.

5 테두리(Stroke)의 두께 설정
펜 툴(Pen Tool)로 작업할 이미지의 두께 설정은 메뉴의 [Window-Stroke]를 선택해 Weight 값을 설정합니다. 너무 두꺼운 경우는 라인이 겹칠 수 있으며, 크기에 따라 전체적으로 보여주는 이미지 변화가 상당히 크게 좌우할 수 있습니다. 테두리가 두꺼운 경우에는 너무 둔탁하고 무겁게 보일 수 있고, 너무 얇은 경우에는 불안정하고 가벼워 보일 수 있기 때문입니다.

▲ Weight: 1인 경우 불안정하고 가벼워 보입니다.

▲ Weight: 5인 경우 둔탁하고 무거워 보입니다.

과자 패키지 만들기

이번 예제에는 과자 패키지를 사실적으로 표현해보겠습니다. 일러스트레이터는 주로 마크와 문양 등을 제작하는 데 주로 사용하지만, 경우에 따라서는 실제와 같은 사실감을 표현할 때도 자주 사용합니다. 수많은 노력과 연습을 통해 이러한 결과물을 표현해낼 수 있는 능력을 기르는 것이 중요합니다.

예제 파일 Sample\2부\Theme01\실무테크닉\과일.ai
완성 파일 Sample\2부\Theme01\실무테크닉\과자.ai, 과자-완성.ai, 과자-완성[1].jpg

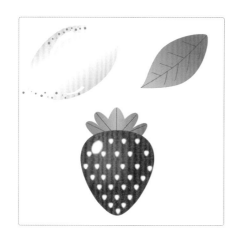

- 그리드, 가이드라인을 이용해 드로잉을 준비합니다.
- 패턴 등록을 한 후 객체에 적용합니다.
- 사실적인 표현을 위해 반사 효과를 적용합니다.

일러스트레이터에서의 드로잉 실력을 쌓는 방법은 스스로 많은 도형들을 표현해보고, 연습하는 길뿐이라고 생각합니다. 이번 작업을 통해 사실적인 입체 효과를 표현해내는 방법을 습득하고, 자신만의 노하우를 길러보세요.

예제 파일 Sample\2부\Theme01\실무테크닉\동전.ai, 말-리본.ai, 핸드폰.psd
완성 파일 Sample\2부\Theme01\실무테크닉\마일리지.ai, 마일리지-포토.psd

• 3D 효과 명령을 이용해 입체적인 도형을 드로잉합니다.
• [Gaussian Blur] 효과를 적용합니다.
• 패스를 이용해 곡선을 따라 문자를 입력합니다.

이번에는 일러스트레이터에 패스파인더 팔레트를 활용하여 명찰을 만들어 본작업을 진행해보겠습니다. 어떤 단순한 기능이라도 새로운 곳에 효과적으로 응용하면 좋은 결과물을 만들어 낼 수 있습니다. 여러분이 디자인 실무를 할 때에도 충분히 응용할 수 있는 방법이므로 잘 따라하기 바랍니다.

예제 파일 Sample\2부\Theme01\실무테크닉\리본.ai, 말-리본.ai, 요리사 캐릭터.ai, 명찰-셋팅.psd, 식기.ai
완성 파일 Sample\2부\Theme01\실무테크닉\명찰.ai, 명찰-포토.psd

• 문자 패턴 등록 후 적용합니다.
• 패스 툴을 그린 후 문자 툴을 이용해 곡선 문자를 입력합니다.
• 패스파인더 팔레트를 이용해 요리사 모자를 드로잉합니다.

02

그래픽 디자인
따라하기

일러스트레이터는 다른 도구들과 마찬가지로 어떻게 사용하느냐에 따라 그 결과물에 많은 차이가 생깁니다. 따라서 기능을 잘 알고 있더라도 아이디어와 감각을 살려 디자인하지 않으면 실무에서는 좋은 결과물을 얻을 수 없습니다. 이번 과정에서는 실무에서 사용되는 여러 기법을 익혀보고 앞에서 배운 기본 기능을 바탕으로 한 단계 업그레이드된 작업을 진행하겠습니다. CI 및 BI 디자인, 캐릭터 디자인, 패키지 디자인을 따라하면서 실무 디자인의 노하우를 익히기 바랍니다.

01 그레이던트(Gradient) 도구를 이용하여 입체적으로 표현하기

풍부한 느낌의 입체를 표현하기 위해서는 빛의 강약을 자연스럽게 표현하는 것이 중요합니다. 인위적이지 않도록 일러스트레이터의 느낌을 충분히 살려 부드러우면서 투명한 고무 재질의 풍선을 표현해보기 바랍니다.

핵심 기능 그레이던트(Gradient) 도구()

:: 그레이던트(Gradient)란?

도형의 내부 색상에 두 가지 이상의 색상을 점진적으로 변화되도록 하는 기능입니다. 도형에 그레이던트를 적용하는 도구가 아니라 [Gradient] 팔레트에서 적용하며 그레이던트의 방향을 드래그하여 조절하는 도구입니다.

:: [Gradient] 팔레트 알아보기

• 세부적인 내용은 [Gradient] 팔레트에서 대부분 설정합니다.
• 메뉴의 [Windows-Show Gradient]를 선택하면 [Gradient] 팔레트가 화면에 나타납니다.

❶ 그레이던트를 미리 간단히 보여줍니다.

❷ **Type** 그레이던트의 진행되는 형태를 설정합니다.
   • Linear: 직선의 형태로 진행되는 그레이던트입니다.
   • Radial: 원형의 형태로 진행되는 그레이던트입니다.

❸ **Angle** 그레이던트가 진행되는 각도를 설정합니다.

❹ **Location** 그레이던트를 구성하는 색상을 설정하는 색상 핀과 색상 조절 핀의 위치를 설정합니다.

❺ **색상 조절 핀** 색상 핀과 색상 핀 사이의 중간 값 위치를 표시합니다. 중간 값 위치를 조절함으로써 색상이 균등하게 할 수도 있고, 치우치게 할 수도 있습니다.

❻ **슬라이더** 색상 핀과 색상 조절 핀의 설정을 조절하는 곳으로 색상의 배열 상태를 보여줍니다.

❼ **색상 핀** 그레이던트를 구성하는 색상을 설정합니다.

◉ 예제 파일
Sample\2부\Theme02\
Lesson01\꽃게.ai

그레이던트 효과 도형에 적용하기

- 드로잉 도구를 이용해 적당한 도형을 드로잉한 후 도형을 선택합니다.
- [Gradient] 팔레트의 그레이던트 슬라이더 하단 부분을 클릭합니다.
- 도형 내부에 그레이던트를 적용합니다.

그레이던트 색상 바꾸고 방향 설정하기

- 그레이던트가 적용된 색상을 바꾸기 위해 [Gradient] 팔레트에 있는 오른쪽 색상 핀을 클릭해 선택합니다.

- [Color] 팔레트에서 팝업 버튼(▼≡)을 클릭해 색상 모드를 변경한 후 원하는 색상을 선택합니다.

- 도형에 변경된 색상의 그레이던트가 적용됩니다.
- [Gradient] 툴을 사용하여 그레이던트의 길이, 각도, 방향 등을 조정할 수 있습니다.

T P

[Swatches] 팔레트
- 그레이던트의 색상을 바꾸기 위해서는 먼저 하나의 색상 핀을 반드시 선택해야만 합니다.
- [Swatches] 팔레트에 있는 색상을 그레이던트 색상으로 사용하려면, 그레이던트 색상 핀을 선택하고 Alt 를 누른 채 [Swatches] 팔레트에 있는 색상을 클릭하면 됩니다.

그레이던트 적용 및 수정하기

◎ 예제 파일
Sample\2부\Theme02\
Lesson01\그레이던트.ai

01 예제 파일을 불러온 후 선택 툴(▶)을 이용해 도형을 클릭합니다. 그런 다음 도구 상자의 그레이던트 툴(■)을 더블클릭하면 화면에 [Gradient] 팔레트가 나타납니다. 그리고 그레이던트 슬라이더의 하단 부분을 클릭하면 도형에 그레이던트가 적용됩니다.

02 [Gradient] 팔레트에서 [Linear Gradient]를 클릭하여 면에 흑백의 직선 그레이던트 효과를 적용시킵니다. 그런 다음 왼쪽 색상 핀을 선택하고 [Color] 팔레트에서 원하는 색상을 선택합니다. 색상 핀을 클릭하여 드래그하면 움직이면서 색상이 밀려가는 것을 볼 수 있습니다. 이에 따라 도형에 적용된 색상도 밀려가는 것을 볼 수 있습니다.

03 이번에는 왼쪽 색상 핀을 선택한 후 [Color] 팔레트에서 그림처럼 색상을 선택합니다. 그런 다음 왼쪽 색상 핀을 클릭하여 그림처럼 드래그하면 색상 핀의 위치가 조절되면서 색상이 밀려가는 것을 볼 수 있습니다. 그에 따라 도형에 적용된 색상과 범위도 조절됩니다.

04 색상을 추가하기 위해 그레이던트 슬라이더 아래 부분을 클릭하면 새로운 색상 핀이 추가됩니다. 추가된 색상 핀에 원하는 색상을 컬러 팔레트에서 선택하여 적용합니다. 만일 색상을 삭제하려면 원하는 색상을 담고 있는 색상 핀을 클릭한 후 [Gradient] 팔레트의 바깥 부분으로 드래그하면 됩니다.

05 중간 색상 핀을 Location 25% 지점으로 드래그하여 위치를 변경하고 Location 50% 지점에 색상 핀을 추가하여 색상을 변경합니다.

06 중간 색상 핀과 오른쪽 색상 핀 사이 Location 75% 지점에 색상 핀을 추가한 후 색상을 지정합니다. Angle에 '25도'를 입력하여 완성한 후 선택을 해제하여 그레이디언트가 적용된 도형을 확인합니다.

핵심기능 그레이디언트 메시(Gradient Mesh) 도구( )

- 하나의 도형에 좀 더 다양한 그레이디언트 효과를 만들어주는 도구입니다.
- 그레이디언트 메시(Gradient Mesh)를 적용하면 도형의 테두리 색상이 사라집니다.

⠿ 그레이디언트 메시(Gradient Mesh) 이해하기

❶ **Mesh Patch** 그레이디언트 메시 툴을 이용하여 생성된 도형의 면을 뜻합니다.

❷ **Mesh Point** 그레이디언트 메시 툴을 이용하여 생성된 점을 말합니다.

❸ **Mesh Line** 그레이디언트 메시 툴을 이용하여 생성된 선을 말합니다.

❹ **Anchor Point** 도형을 가지고 있는 고유의 점을 뜻합니다.

도형에 그레이던트 메시 적용하기

• 도형을 선택한 후 컬러 팔레트에서 도형에 전체에 해당하는 면 색상을 먼저 적용합니다.
• 그레이던트 메시 툴을 선택한 후 도형 안에 클릭하여 정점을 추가한 후 색상을 적용합니다.
• 같은 방법으로 원하는 곳에 정점을 계속 추가해 나가면서 색상을 적용하면 됩니다.
• 추가할 도형을 그려 완성합니다.

[Create Gradient Mesh] 대화상자 알아보기

그레이던트 메시 툴(▦)을 사용하는 것이 일반적이지만, 메뉴의 [Object-Create Gradient Mesh] 명령을 선택하면 나타나는 대화상자를 통해 작업할 수도 있습니다.

❶ Rows 가로 방향의 라인으로 표현되는 열의 수를 지정합니다.
❷ Columns 세로 방향의 라인으로 표현되는 행의 수를 지정합니다.
❸ Appearance 그레이던트가 적용되는 지점을 지정합니다.
  • Flat: 그레이던트 색상은 적용되지 않고 Mesh Point와 Mesh Line만 생성시킵니다.
  • To Center: 도형의 중심을 밝게 만듭니다.
  • To Edge: 도형의 주변 외곽을 밝게 만듭니다.
❹ Highlight 밝은 정도를 사용자가 입력하여 결정하며, 기본은 '100%'이고 가장 밝은 상태를 의미합니다.

:: [Create Gradient Mesh] 명령 이용하여 만들고 수정하기

01 도구 상자의 사각형 툴(▣)을 선택한 후 사각형의 도형을 만듭니다. 그런 다음 메뉴의 [Object-Create Gradient Mesh]를 선택하고 대화상자에서 Row는 '4', Columns는 '4', Appearance는 'Flat', Highlight는 '100%'로 설정하고 [OK] 버튼을 클릭하면 도형의 안쪽으로 4행 4열의 Mesh Line이 만들어집니다.

02 도구 상자의 그레이던트 메시 툴(▨)을 선택한 후 하나의 Mesh Point를 선택하고 컬러를 지정합니다. 다시 한 번 같은 방법으로 Mesh Point를 선택하여 여러 컬러를 지정합니다.

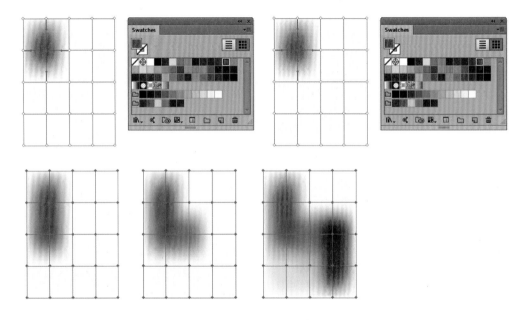

03 [직접 선택] 툴(�)을 이용하여 Mash Point와 Mesh Line의 형태를 그림처럼 만들어주면 꽃잎의 형태가 만들어집니다.

04 회전 툴(◎)을 선택하여 꽃잎 아래쪽 정점에서 Alt 를 누른채 클릭한 후 60도 각도를 입력하고 [Copy] 버튼을 누르면 꽃잎이 회전하면서 복사된다. 그런 다음 Ctrl+O 로 명령을 반복하여 꽃 모양을 완성합니다.

05 도구 상자의 원형 툴(◉)을 이용해 원을 그린 후 그레이던트 툴(▤)에서 더블클릭하면 화면에 [Gradient] 팔레트가 나타납니다. 그레이던트가 적용된 색상을 바꾸기 위해 [Gradient] 팔레트에 있는 색상 핀을 클릭해 색상을 적용합니다.

01

하늘 높이
풍선 만들기

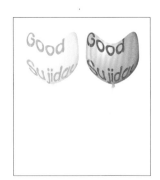

예제 파일 Sample\2부\Theme02\Lesson01\흰색티.jpg, 재즈사람.psd
완성 파일 Sample\2부\Theme02\Lesson01\풍선.ai, 풍선-포샵.psd

키 워 드 도형 툴, 펜 툴, Transparency 기능, Envelope Distort 기능, 그레이던트의 활용법
길라잡이 좀 더 완성도 높은 결과물을 얻어 내기 위해서는 여러 기능들이 복합적으로 잘 어우러져야 합니다.
지금 학습한 내용은 도형이나 문자, 이미지에 왜곡과 같은 다양한 변형 효과를 쉽게 줄 수 있는 편리한 기능입니다.

01 입체적인 풍선 도형을 만들기 위한 기본 형태를 만들어 봅시다. 01 원형 툴(⚬)로 02 [Shift]+[Alt]를 누른 후 드래그하여 정원을 만듭니다. 그런 다음 03 [직접 선택] 툴(⬐)을 이용해 04 그림처럼 도형의 모양을 변경합니다.

02 드로잉된 원에 입체감을 주기 위해 그레이던트 효과를 적용시켜봅시다. 먼저 원위 선을 없애고, 메뉴의 [Window-Gradient 팔레트를 엽니다. 01 [Gradient] 팔레트에서 [Radial Gradient]를 클릭하여 면에 흑백의 원형 그레이던트 효과를 적용시킵니다.

◎ [Outline] 활용

그레이던트는 도형의 면 부분에만 적용되며, Stroke 부분에는 적용되지 않습니다. Stroke 부분에 그레이던트를 적용하기 위해서는 Stroke 부분을 Outline으로 변경하여 면을 가진 도형으로 만들어야 합니다.

03 기본 그레이던트 색상이 적용된 도형을 편집해봅시다. 먼저 [Gradient] 팔레트에서 스펙트럼 막대 오른쪽 아랫부분을 클릭하여 슬라이더를 추가하고 [Color] 팔레트에서 색상을 옅은 노란색 계열로 적용시킵니다.

T I P

[Gradient]란?

그레이던트는 단색이 아닌 두 가지 이상의 색상이 혼합되어 자연스럽게 변화되어 가는 효과를 말합니다. [Gradient] 팔레트는 그레이던트 색상을 편집, 수정할 수 있는 팔레트입니다.

04 검은색이 적용된 슬라이드를 선택하고 [Color] 팔레트에서 짙은 노란색 계열로 색상을 적용합니다. 색상이 적용되었다면 그레이던트의 방향을 조정하여 입체감을 살려봅시다. 선택된 도형에 그레이던트 툴(■)을 원의 오른쪽 상단에서부터 대각선으로 드래그하여 그레이던트의 방향을 조정합니다.

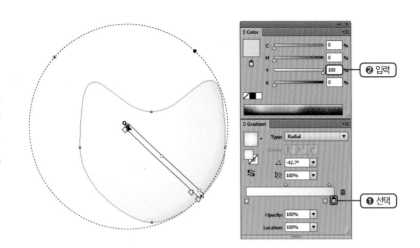

STEP 02 풍선 꼭지 부분 만들기

01 풍선의 공기를 집어넣는 부분을 펜 툴(✎)을 이용해 드로잉해봅시다. 풍선의 밑 부분을 돋보기 툴로 확대하고 펜 툴을 선택하여 자연스러운 형태가 되도록 드로잉합니다. 현재는 면의 색상에 앞의 과정에서 적용된 원형 그레이던트가 적용되어 있습니다.

돋보기로 전환
화면의 확대 축소를 하는 작업은 일러스트레이터에서 많이 사용됩니다.
• Ctrl + Space Bar : 작업 도중 포인터가 '+' 돋보기로 전환
• Ctrl + Alt + Space Bar : 작업 도중 포인터가 '−' 돋보기로 전환

02 원형 그레이던트가 적용된 면의 그레이던트를 변경시켜봅시다.
면을 선택한 후 [Gradient] 팔레트의 그레이던트 타입 메뉴에서 Linear를 적용시킵니다. 기본적인 풍선의 형태가 완성되었습니다. 화면의 실제 사이즈로 돌아와 작업을 마무리합니다.

실제 사이즈 설정
화면을 실제 사이즈(100%)로 만들기 위해서는 돋보기 툴 (🔍)을 더블클릭하거나 메뉴의 [View-Actual Size]를 실행하면 됩니다(단축키: Ctrl + 1)

STEP 03 풍선 복사와 색상 적용하기

01 풍선 도형을 복사하고 색상을 변경시켜봅시다. **01** 먼저 선택 툴(▶)로 풍선 도형을 선택한 후 **02** Alt를 누르면서 드래그하여 도형을 복사합니다.

02 복사된 도형에 [Gradient] 팔레트 색상 슬라이더를 하나씩 선택하여 각각 색상을 진노랑색 계열로 변경시킵니다.

STEP 04 문자 삽입하기

01 색상이 다른 두 개의 풍선 도형이 완성되었습니다. 이 도형에 문자를 삽입하기 위한 작업을 진행해봅시다. 문자 툴(Type Tool, T)을 선택한 후 풍선 도형보다 큰 크기로 'Good Sujiday'이라는 문구를 입력합니다. 그런 다음 입력된 문구에 노란색을 적용합니다.

02 입력된 문자를 선택 툴( )로 드래
그 복사하여 입력된 문자를 Good
Sujiday로 바꿉니다. **01** 문자의 색
상을 주황색 계열로 변경합니다.

01 입력된 문구를 풍선 도형의 형태에
맞게 변형시켜봅시다. 입력된 문구를
풍선 도형의 중앙에 위치시킵니다.
풍선 도형을 메뉴의 [Edit-Copy]
명령을 실행하여 복사합니다.

02 복사된 도형을 **01** 메뉴의 [Edit-
Paste in Front]를 실행하여 제자
리 붙여 넣기를 실행합니다. 복사된
풍선 도형을 같은 위치에 붙여 넣기
됩니다. 그런 다음 방금 붙여 넣기
를 한 **02** 도형을 클릭한 후 마우스
오른쪽 버튼을 누르면 나타나는 단
축 메뉴에서 [Arrange-Bring to
Front]를 선택합니다.

03 문자를 풍선 도형에 둘러싸인 형태로 변형해봅시다. 문자 도형과 복사된 풍선 도형을 모두 선택한 후 **01** 메뉴의 [Object-Envelope-Distort-Make With Top Object] 명령을 적용시킵니다. 그러면 **02** 문자가 풍선 도형의 형태에 따라 변형됩니다. 자연스럽게 문자와 풍선이 하나의 도형을 되었습니다.

● [Make With Top Object] 명령
Make With Top Object 명령을 실행하기 위해서는 원하는 형태의 도형을 반드시 문자 위쪽에 위치하고 있어야 합니다.

04 주황색 풍선에도 같은 기능을 적용시켜 두 개의 풍선을 완성합니다.

STEP 06 풍선에 하이라이트 표현하기

01 풍선 도형에 하이라이트 효과를 넣어 좀 더 입체감을 나타내봅시다. **01** 펜 툴(✎)로 풍선 도형의 상단에 부채꼴 모양의 하이라이트 부분을 드로잉하고 면의 색상에 흰색을 적용합니다. 하이라이트 부분은 부드럽게 보이기 위해 **02** [Transparency] 팔레트를 열고 Opacity를 낮추어 도형에 투명도를 적용합니다.

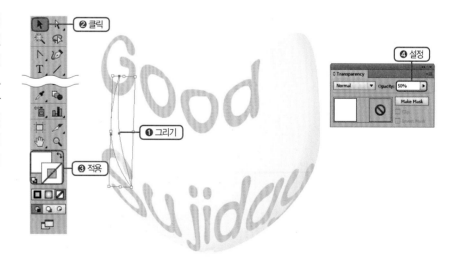

02 좀 더 자연스러운 풍선의 형태가 완
성되었습니다. 펜 툴(🖊)을 이용하
여 풍선 끈을 드로잉합니다.

03 두 개의 풍선에 끈까지 드로잉이
되었다면 각각의 풍선에 메뉴의
[Object-Group] 명령을 적용시
킵니다. 두 개의 풍선 도형이 모두
완성되었습니다.

STEP 07 포토샵에서 마무리 작업하기

01 새로운 이미지를 불러오기 위해
Ctrl+O를 누르거나 메뉴의 [File-
Open]을 선택합니다.

◉ 예제 파일
Sample\2부\Theme02\Lesson01\흰색티.jpg

02 새로운 이미지를 불러오기 위해 Ctrl+O를 누르거나 메뉴의 [File-Open]을 선택합니다. 도구 상자의 이동 툴(➤+)을 선택한 후 이미지를 클릭, 드래그하여 이동 복사합니다.

◎예제 파일
Sample\2부\Theme02\Lesson01\재즈사람.psd

Ctrl+O

03 일러스트레이터 파일을 불러오기 위해 메뉴의 [File-Place Linked]를 선택합니다. [Open as Smart Object] 대화상자의 [Crop To] 옵션에서 [Bounding Box]로 설정하여 불러옵니다.

◎예제 파일
Sample\2부\Theme02\Lesson01\풍선.ai

File   ❶ 클릭

New...
Open...
Browse in Bridge...
Open As...
Open as Smart Object...
Open Recent

Close
Close All
Close and Go to Bridge...
Save
Save As...
Check In...
Revert

Export
Generate
Share on Behance...

Search Adobe Stock...
Place Embedded...
Place Linked...   ❷ 선택
Package...

❸ 설정

04 앞번에서 불러온 일러스트 파일
의 링크 묶음을 해제하기 위해 **01**
[Layers] 패널에서 '풍선' 레이어를
선택한 후 **02** 마우스 오른쪽 버튼을
눌러 [Resterize Layer]를 선택합
니다.

05 왼쪽 풍선을 선택하여 레이어를 새
롭게 생성한 후 이미지를 분리하기
위해 **01** 사각형 선택 툴 (▦)로 그림
처럼 왼쪽 풍선을 선택합니다.
02 그런 다음 메뉴의 [Layer-New-
Layer Via Cut]을 선택합니다.
03 새 레이어가 생성된 후 선택한 이
미지가 분리된 것을 확인할 수 있습
니다.

06 일러스트 이미지를 옷에 자연스럽
게 표현하기 위해 **01** [Layers] 패널
에서 'Layer 2' 레이어를 선택한 후
02 블렌딩 모드에서 'Multiply'를
선택합니다.

07 [Layers] 패널에서 **01** 'Layer 2' 레이어를 선택한 후 Ctrl+J를 눌러 레이어를 복사합니다. **02** 'Layer 2 copy' 레이어를 선택한 후 **03** 블렌딩 모드를 'Multiply'와 **04** opacity 값을 '50%'로 조절합니다.

08 [Layers] 패널에서 **01** '풍선' 레이어를 선택한 후 Ctrl+J를 눌러 레이어를 복사합니다. **02** '풍선 copy' 레이어를 선택한 후 **03** 블렌딩 모드를 'Multiply'로 설정하고, **04** opacity 값을 '50%'로 조절합니다.

09 모든 작업이 마무리되었습니다. 좀 더 완성도 높은 결과물을 얻어 내기 위해서는 여러 기능들이 복합적으로 잘 어우러져야 합니다.

그레이던트의
기본적인 기능들 알아보기

여러 도형에 하나의 그레이던트를 적용하려면 도형을 모두 선택하고 [Gradient] 툴을 선택한 후 도형의 처음부터 끝까지 드래그하면 여러 도형 하나의 그레이던트를 한 번에 적용할 수 있습니다.

1 문자에 그레이던트를 적용하려면 반드시 메뉴의 [Type-Outline]을 실행한 후에 적용해야 합니다.

2 그레이던트를 적용하여 입체감을 살리기 위해서는 빛의 방향을 잘 고려하여 작업을 진행해야 합니다. 즉, 빛의 방향을 설정하고 빛이 도형에 비쳐 생기는 하이라이트 부분과 중간 톤 그리고 가장 어두운 톤과 빛이 다른 물체에 반사되어 비치는 반사광 부분까지 적절히 표현해야 입체적인 효과를 나타낼 수 있습니다.

3 **그레이던트 추가 및 삭제**

• 그레이던트 슬라이더 추가: [Gradient] 팔레트의 스펙트럼 막대의 아랫부분 중에서 추가할 곳을 마우스로 클릭합니다.

• 그레이던트 슬라이더 삭제: 슬라이드를 선택한 후 팔레트 아래로 드래그하여 삭제하면 됩니다.

• 작업된 그레이던트는 [Swatches] 팔레트로 드래그하여 등록할 수 있습니다.

④ 그레이던트 메시를 수정하려면 [직접 선택] 툴로 Mesh Point와 Mesh Line 등을 선택하면 됩니다.

• Mesh Point를 삭제하려면 Mesh Point를 [직접 선택] 툴로 선택하고 Delete를 누르면 됩니다.

• 그레이던트 메시를 적용할수록 용량이 커집니다.

• 그레이던트 메시를 적용한 도형에 외곽선이 적용되지 않습니다.

02 자유로운 도형을 변형하기

전하고자 하는 의미를 충분히 살린 디자인을 하기 위해서는 많은 스케치와 드로잉 작업에 앞서 이루어져야 하며, 이러한 아이디어를 추출하여 완벽한 완성물을 표현하는 도구 역할을 하는 것이 일러스트레이터입니다.

핵심 기능 도형의 변형과 이동을 위한 편집 툴

❖ 가위 도구(Scissors Tool, ✂)

• 도형의 외곽선을 분리한 후 두 개의 도형으로 분리해주어야 열린 패스가 됩니다.
• 선택 툴로 도형을 선택한 후 가위 툴로 도형의 외곽선이나 정점을 클릭합니다.
• 다른 한 곳의 외곽선이나 정점을 클릭합니다.
• 도형의 선택을 해제한 후 선택 툴로 분리시키면 열린 패스 상태로 분리됩니다.

❖ 나이프 도구(Knife Tool, ✎)

• 마우스로 자유롭게 드래그하여 도형을 잘라주며, 잘라진 도형은 닫힌 패스가 됩니다.
• 선택 툴(▶)로 도형을 선택하고 나이프 툴(✎)로 도형 위를 드래그합니다.
• 선택 툴(▶)로 분리시키면 닫힌 패스 상태로 분리됩니다.

    ◉ Alt + Shift 를 누르면 직선 형태로 자를 수 있습니다.

• 라인과 같은 열린 패스에서는 나이프 도구를 사용할 수 없습니다.

:: 자유 변형 도구(Free Transform Tool,)

- 도형을 선택하면 나타나는 바운딩 박스를 조절해 변형하는 도구입니다.
- 도형의 크기를 조절하는 방법과 단축키 사용법은 선택 도구와 모두 동일합니다.
- 바운딩 박스 모서리 클릭+[Ctrl]+드래그: 선택된 모서리 부분만 변형할 수 있습니다.
- 바운딩 박스 모서리 클릭+[Alt], [Shift], [Ctrl]+드래그: 선택된 모서리와 반대쪽 모서리가 벌어지고 원근감을 나타내면서 조절할 수 있습니다.
- Free Transform(): 도형의 모양을 자유롭게 변형 및 회전할 수 있습니다.

◎ 예제 파일
Sample\2부\Theme02\
Lesson02\꽃게3.ai

- Perspective Distort(): 원근감 있게 도형의 모양을 변형할 수 있습니다.

- Free Distort(): 자유롭게 도형의 모양을 변형할 수 있습니다.

01
핸드폰 라벨
디자인하기

예제 파일 Sample\2부\Theme02\Lesson02\핸폰-로고.psd
완성 파일 Sample\2부\Theme02\Lesson02\핸폰-로고[완성].psd, 캐릭터.ai

키 워 드 선택 툴, 회전 툴, 둥근 사각형 툴, 나이프툴, 문자 툴, 도형 툴 활용법
길라잡이 앞서 배운 기능을 이해하였다면 이번에는 좀 더 쉽게 마칠 수 있을 것입니다. 형태를 단순화시킨
디자인의 각 개체들을 어떻게 조화롭게 배치하고 색상을 적용해 결과물을 만들어 내는지 재미있게 따라하시기
바랍니다.

01 메뉴의 [File-New]를 실행하여 새로운 화면을 만든 후 Ctrl+R 을 눌러 눈금자가 보이도록 합니다. 눈금자가 보이면 클릭, 드래그하여 그림과 같이 가로와 세로가 교차되는 가이드라인을 생성합니다.

○ 가이드라인

일러스트레이터를 실행하고 가이드라인을 만들면 가이드라인은 자동으로 잠금 상태가 됩니다. 이것은 일러스트레이터 기본 설정에 가이드라인이 잠겨왔기 때문입니다. 이 잠금을 해제하려면 마우스 가이드라인에 마우스 오른쪽 버튼을 클릭하면 나타나는 단축 메뉴 중에서 [Lock Guides]를 해제하면 됩니다.

02 기본 형태를 만들어야 합니다. 01 원형 툴(○)을 선택한 후 화면을 클릭하여 가로에 '100mm', 세로에 '100mm'을 입력하고, [OK] 버튼을 클릭합니다. 이 원형의 중심점을 가이드라인의 교차점에 맞추어 이동시킵니다.

○ Guides란?

Guides는 '안내선' 또는 '가이드라인'이라고 하며 작업을 도와줄 뿐 이미지를 출력할 때는 나타나지 않습니다. 심벌이나 로고 디자인 등 정확한 작업을 하는 경우에 많이 사용합니다.

03 이 원형에 색상과 두께를 적용시켜 봅시다. 면 색상을 'C: 13', 'M: 68'으로 적용하고, [Stroke] 팔레트에서 선 색상을 'C: 4', 'M: 25', 'Y: 89', 선의 두께를 '10pt'로 적용합니다.

01 면과 선이 합쳐져서 하나의 도형으로 구성된 둥근 사각형을 면과 라인 도형으로 각각 분리시켜봅시다. 이 때는 둥근 사각형을 선택하고 메뉴의 [Object-Expand] 명령을 적용합니다.

[Expand] 기능
Expand 기능은 그레이던트, 패턴, 브러시, 블렌드, 심벌 등과 같이 명령이 적용된 도형을 각각의 도형으로 분리시켜주는 명령입니다. 면과 선으로 이루어진 하나의 도형도 면과 선을 분리하여 면만을 가진 각각의 도형으로 분리시켜줍니다.

02 [Expand] 대화상자에서는 **01** [Fill] 과 [Stroke] 옵션에 체크를 하고 [OK] 버튼을 클릭합니다. [Expand] 기능으로 인해 그룹화되어 있는 도형을 **02** 마우스 오른쪽 버튼을 클릭하면 나타나는 단축 메뉴 중에서 [Ungroup] 명령을 실행합니다. 각각의 도형으로 분리됩니다.

01 도형을 잘라서 각각의 면에 다른 색상으로 적용시켜봅시다. 분홍색이 적용된 둥근 사각형 도형을 선택하고 도구 상자에서 나이프 툴(✂)을 선택합니다.

02 선택된 나이프 툴(✂)을 이용하여 세로 가이드라인을 기준으로 [Alt]+[Shift]를 누르고 직선으로 드래그하여 도형을 분리합니다. 잘라진 도형의 아랫부분을 선택한 후 색상을 'M: 25', 'Y: 5'로 적용합니다.

01 **01** 분리된 외곽의 도형을 선택 툴
( )로 선택합니다. 도구 상자에
서 [Scale Tool]을 더블클릭하여
[Scale] 대화상자를 열고 **02** [Scale]
항목에 '110%'를 입력합니다.
[Copy] 버튼을 클릭하여 도형을 확
대 복사합니다.

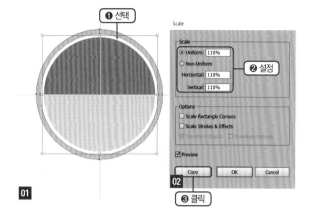

02 도형을 확대 복사되었습니다. 복사
된 외곽의 도형을 부분 삭제하기 위
해 안쪽 도형을 **01** 선택 툴( )로 모
두 선택하고 **02** 메뉴의 [Object-
Lock-Selection]을 적용하여 잠
궈 놓습니다.

[Lock] 기능

일러스트레이터 작업을 진행하면서 [Lock] 기능은 매우
유용하게 사용됩니다. 여러 도형이 겹쳐 있을 때 작업이
완료된 도형들은 Lock을 걸어 잠가 놓으면 선택 또는 수
정이 불가능해지므로 작업된 도형의 불필요한 변형이나
선택을 막아줍니다.
· Ctrl + 2 : 도형 잠그기
· Ctrl + Alt + 2 : 도형의 잠금 해제하기

03 [직접 선택] 툴( )로 외곽 도형의
중앙 부분에서 밑부분까지 드래그
하여 선택한 후 삭제합니다. 도형의
아래쪽이 삭제되면서 반원 형태의
도형만 남게 됩니다. 열린 패스 부분
을 닫힌 패스로 변경해보겠습니다.

04 열린 패스의 양끝 아래쪽의 기준점들을 [직접 선택] 툴(▚)로 드래그하여 선택합니다. 메뉴의 [Object-Path-Join] 명령을 적용하여 떨어져 있는 기준점들을 연결시킵니다. 도형 하단의 양쪽에 모두 적용합니다. 닫혀진 하나의 도형으로 만들어집니다.

◎ 패스란?
패스 기능은 도형을 형성하는 패스를 편집하고 조절할 수 있는 명령들이 포함되어 있습니다.

STEP 05 안경 모양 만들기

01 [Layer] 팔레트에서 01[Create New Layer] 아이콘(◌)을 클릭하여 새로운 레이어를 추가합니다. 02'Layer 1' 레이어의 빈 공간을 클릭하여 03잠금 아이콘(🔒)이 나오게 클릭하하여 레이어를 잠급니다. 04안경을 만들기 위해 둥근 사각형 툴(◻)로 둥근 사각형을 그린 후 05그림처럼 면, 선 색상을 적용하고, 06안경 모양을 편집합니다.

◎ [Corner Radius]값 설정
둥근 사각형 툴(◻)로 도형을 만들 때 마우스로 드래그한 상태에서 키보드의 방향키 위쪽을 누르면 Corner Radius 값이 커지고, 아래쪽 방향키를 누르면 Corner Radius 값은 줄어듭니다.

02 01선택 툴(▸)로 안경을 선택합니다. 도형을 선택하고 02반사 툴(▨)을 선택한 후, 03 Alt 를 누른 채 반사 기준축이 될 중심점을 클릭하면 [Relect] 대화상자가 나타납니다. 04[Reflect] 대화상자에 'Vertical'를 체크하고, [Copy] 버튼을 클릭하여 반사 복사합니다.

03 헤드폰 모양의 도형을 완성되었습
니다.

STEP 06 코, 입 만들기

01 코와 입을 만들어 봅시다. 별 툴(⭐)
로 입을 그립니다. 이번에는 원형 툴
(⬭)로 코를 그립니다. 입과 코는 그
림처럼 색상을 설정합니다.

02 지금까지 작업을 도와주었던 가이
드라인이 보이지 않도록 하기 위
해 메뉴의 [View-Guides-Hide
Guides]를 선택합니다.

01 [Layer] 팔레트에서 **01** [Create New Layer] 아이콘(🗐)을 클릭하여 **02** 새로운 레이어를 추가합니다. **03** 'Layer 1'와 Layer 2' 레이어의 빈 공간을 클릭하여 잠금 아이콘(🔒)이 나오게 클릭하여 레이어를 잠급니다. 그리고 **04** 돋보기 툴(🔍)을 이용해 그림처럼 **05** 캐릭터 아랫부분을 확대합니다.

02 이 도형에 리본을 만들어 봅시다. 리본 중앙 부분에 **01** 사각형 툴(▣)로 사각형을 그립니다.
그런 다음 **02** 펜 툴(✎)로 그림처럼 리본의 오른쪽 부분에 드로잉하고, 흰색을 적용합니다.

03 이 도형을 **01** 선택 툴(▶)로 앞에서 작업한 도형을 선택합니다. 도형을 선택하고 반사 툴(🔄)을 선택한 후, Alt 를 누른 채 반사 기준축이 될 중심점을 클릭하면 [Relect] 대화상자가 나타납니다. [Reflect] 대화상자에서 'Vertical'을 클릭하고, [Copy] 버튼을 클릭하여 반사 복사합니다.

04 기본 도형 작업이 마무리되었습니다. 리본이 만들어졌으면 리본의 가운데 사각형을 맨 위로 이동시켜봅시다.
가운데 사각형을 클릭한 후 마우스 오른쪽 버튼을 눌러 [Arrange-Bring to Front]를 실행합니다.

05 펜 툴(✏)로 그림처럼 리본의 주름을 살짝 표현하기 위해 패스를 만듭니다. 그리고 리본이 완성되었다면 리본 도형을 모두 선택한 후 마우스 오른쪽 버튼을 눌러 [Group]을 선택합니다.

STEP 08 모자 만들기

01 [Layer] 팔레트에서 [Create New Layer] 아이콘(▣)을 클릭하여 새로운 레이어를 추가합니다. 'Layer 1', 'Layer 2', 'Layer 3' 레이어의 빈 공간을 클릭하여 잠금 아이콘(🔒)이 나오도록 클릭하여 레이어를 잠급니다. 모자를 만들기 위해 원형 툴(⬭)로 타원을 그린 후 그림처럼 면, 선 색상을 적용하고, 모자 모양을 편집합니다.

02 펜 툴을 가지고 세밀하게 드로잉하는 작업들이 많이 진행됩니다. 펜 툴(✐)을 이용해 자유롭게 드로잉합니다. 다시 한 번 펜 툴(✐)로 모자 가운데 띠를 만든 후 검은색을 적용합니다.

03 별 툴(★)을 선택한 후 드래그하여 별 모양의 도형을 만들고, 색상은 그림처럼 기본색으로 적용합니다. 이때 크기와 각도는 자유롭게 변형하여 배치시킵니다. 그리고 **04** 모자와 리본을 선택한 후 [Stroke] 팔레트에서 Weight 값에 '2pt'를 입력합니다.

04 지금까지 작업한 캐릭터 도형을 복사하고 색상을 변경시켜봅시다. **01** 먼저 선택 툴(▶)로 캐릭터 도형을 선택하고, **02** Alt를 누르면서 드래그하여 도형을 복사합니다. 복사된 도형에서 모자, 별, 리본을 하나씩 선택하여 각각의 색상을 그림처럼 빨간색으로 변경시킵니다.

01 새로운 이미지를 불러오기 위해
   Ctrl+O를 누르거나 메뉴의 [File-
   Open]을 선택합니다.
   일러스트레이터 파일을 불러오기 위
   해 메뉴의 [File-Place Linked]를
   선택합니다.

   ◉예제 파일
   Sample\2부\Theme02\Lesson02\핸폰-로
   고.psd

   ◉완성 파일
   Sample\2부\Theme02\Lesson02\캐릭터.ai

02 [Open As Smart object] 대
   화상자의 [Crop To] 옵션에서
   [Bounding Box]로 설정하여 불
   러옵니다.

03 앞에서 불러온 일러스트 파일의 링크 묶음을 해제하기 위해 [Layers] 패널에서 '라벨' 레이어를 선택한 후 마우스 오른쪽 버튼을 누르면 나타나는 단축 메뉴 중에서 [Resterize Layer]를 선택합니다.

04 '라벨' 레이어를 클릭한 후 이미지를 분리하기 위해 사각형 선택 툴(▣)로 그림처럼 왼쪽 풍선을 선택합니다. 그런 다음 메뉴의 [Layer-New-Layer Via Cut]을 선택합니다. 새 레이어가 생성된 후 선택한 이미지가 분리된 것을 확인할 수 있습니다.

05 [Layers] 패널에서 '라벨' 레이어를 선택한 후 Ctrl+T를 눌러 [[Free Transform]]을 실행합니다. 그림처럼 조절점을 드래그하여 캐릭터 이미지를 축소한 후 그림처럼 이동한 후 Enter를 눌러 적용합니다. 다시 한 번 'Layer 3' 레이어를 선택한 후 Ctrl+T를 눌러 캐릭터 이미지를 축소, 회전한 후 그림처럼 이동하고 Enter를 눌러 적용합니다.

06 문자를 삽입하기 위해 문자 툴(T) 을 이용하여 원하는 글자를 입력합 니다. 그리고 문자 색은 흰색 또는 빨간색으로 지정한 후 문자 툴의 옵 션 바에서 글꼴과 문자 크기를 설정 합니다.

07 완성된 핸드폰 로고를 확인할 수 있 습니다.

가위 툴(Scissor Tool)과
나이프 툴(Knife Tool)
알아보기

가위 툴(✂)은 개체의 기준점을 선택하여 분리시키는 툴이며, 나이프 툴(✎)은 패스 위를 드래그하여 개체를 자유롭게 분리시켜주는 툴입니다.

1 가위 툴(✂)은 개체의 기준점을 클릭하면 하나의 기준점이 분리되어 두 개의 끊어진 기준점으로 나뉘게 됩니다. 가위 툴(✂)로 기준점을 분리하면 두 개의 기준점은 연결되어 있지 않기 때문에 선이 열린(Open) 선으로 전환됩니다.

2 나이프 툴(✎)은 가위 툴(✂)과 비슷한 기능을 하지만 마우스를 자유롭게 드래그하여 각각의 닫힌 패스의 도형으로 나눠줄 수 있는 도구입니다. 나이프 툴(✎)로 나누어진 도형은 닫힌 도형을 됩니다. 하지만 라인과 같은 열린 패스는 나이프 툴(✎)로 적용되지 않습니다.

3 셰이퍼 툴(Shaper Tool, ✓)

Shaper Tool(✓)은 다각형, 사각형 또는 원형 등 다양한 도형을 작업한 후 Shaper Tool(✓)을 클릭하고 지그재그로 그리면 각 도형들을 결합, 병합, 삭제하는 등 결과물을 빠르게 얻을 수 있습니다.

03 심벌(Symbol)을 이용하여 디자인하기

일러스트레이터의 심벌은 하나의 도형을 반복적으로 사용할 때 편리한 기능이며, 이 심벌을 사용하면 하나의 도형으로 인식합니다. 규칙적인 패턴이 아닌 자연스럽고 변화감 있는 패턴을 이용한 디자인을 할 경우에 쉽게 사용할 수 있는 도구입니다.

 심벌(Symbol) 도구() 이해하기

심벌(Symbol) 도구(▥)는 일러스트레이터에서 새롭게 추가된 도구로, 동일한 도형을 반복하여 사용할 때 효과적인 기능을 제공하며 많은 도형을 적은 용량으로 표현하고자 할 때 사용하면 편리합니다.

심벌 분사 도구(Symbol Sprayer Tool, ▥)

• [Symbol] 팔레트에서 선택된 심벌을 화면에 뿌려 심벌을 분사하는 도구입니다.
• [Symbol] 팔레트에서 심벌을 선택한 후 [Symbol 분사] 툴을 선택합니다.
• 작업 화면에 드래그하여 심벌을 분사합니다.

심벌 이동 도구(Symbol Shifter Tool, ▥)

• 작업 화면에 분사된 심벌을 재배치하여 심벌을 이동시키는 도구입니다.
• 작업 화면에 분사된 심벌을 선택한 후 [심벌 이동] 툴을 선택합니다.

• 심벌의 위치를 이동하여 배치를 수정합니다.

⠿ 심벌 집합 도구(Symbol Scruncher Tool, ⠿)

• 분사된 심벌을 집중 또는 모이게 하는 도구입니다.
• 작업 화면에 분사된 심벌을 선택한 후 심벌 집합 툴을 선택합니다.
• 심벌을 드래그하면 모든 심벌을 하나의 기준점으로 이동하여 모이게 하며, Alt 를 누른 상태로 드래그하면 분산됩니다.

⠿ 심벌 크기 도구(Symbol Sizer Tool, ⠿)

• 분사된 일정한 크기의 심벌을 크기를 다르게 만드는 도구입니다.
• 작업 화면에 분사된 심벌을 선택한 후 심벌 크기 툴을 선택합니다.
• 심벌을 클릭하면 각 심벌의 크기가 확대되고, Alt 를 누른 상태로 클릭하면 크기가 축소됩니다.

∷ 심벌 회전 도구(Symbol Spinner Tool,)

- 분사된 심벌을 회전시키는 도구입니다.
- 작업 화면에 분사된 심벌을 선택한 후 [심벌 회전] 툴을 선택합니다.
- 심벌을 드래그하면 각 심벌들이 회전합니다.

∷ 심벌 채색 도구(Symbol Stainer Tool,)

- 분사된 심벌의 도구 상자에 있는 면 색상을 적용시키는 도구입니다.
- 작업 화면에 분사된 심벌을 선택한 후 심벌 채색 툴을 선택합니다.
- 심벌을 클릭하면 심벌에 면 색상이 적용됩니다. 계속 클릭을 반복하면 색상이 더욱 진해집니다.

∷ 심벌 투명 도구(Symbol Screener Tool,)

- 분사된 심벌을 투명하게 만드는 도구입니다.
- 작업 화면에 분사된 심벌을 선택한 후 심벌 투명 툴을 선택합니다.
- 심벌을 클릭할 때마다 각 심벌이 투명해지고, Alt 를 누른 상태로 클릭하면 심벌이 선명해집니다.

심벌 스타일 도구(Symbol Styler Tool,)

- 분사된 심벌에 Styles 팔레트에 있는 스타일을 적용하는 도구입니다.
- 작업 화면에 분사된 심벌을 선택한 후 Styles 팔레트에서 원하는 스타일 선택합니다.
- [심벌 스타일] 툴을 선택하고 심벌을 드래그하면 스타일이 심벌에 적용됩니다.

01
할로윈
카드 만들기

예제 파일 Sample\2부\Theme02\Lesson03\모자.ai, 해골.ai, 호박.ai, 박쥐.ai, 번개.jpg, 다리.ai, 하늘.jpg
완성 파일 Sample\2부\Theme02\Lesson03\카드.ai, 카드-완성.psd

키 워 드 심벌 툴, 다각형 툴, 문자 툴, 영역 문자 툴, 도형 툴, 마스크 활용법
길라잡이 등록된 심벌은 화면으로 추출하여 하나의 도형처럼 사용할 수도 있습니다.

01 펜 툴(✒)을 이용해 박쥐 얼굴을 자유롭게 드로잉합니다. 다시 한 번 펜 툴(✒)로 박쥐 날개를 드로잉한 후 그림처럼 기본 색상으로 적용합니다.

① 클릭

② 클릭

02 01 선택 툴(▶)로 앞에서 작업한 날개 도형을 선택합니다. 02 날개를 선택한 후 반사 툴(🔲)을 더블 클릭하면 [Relect] 대화상자가 나타납니다. 03 [Reflect] 대화상자에서 [Vertical]에 클릭하고, [Copy] 버튼을 클릭하여 반사 복사합니다.

③ 클릭

① 클릭

② 더블클릭

④ 클릭

03 기본 도형 작업은 마무리되었습니다. 박쥐가 만들어졌으면 박쥐 얼굴을 맨 위로 이동시켜봅시다. 박쥐 얼굴을 클릭한 후 마우스 오른쪽 버튼을 누르면 나타나는 단축 메뉴에서 [Arrange-Bring to Front]을 실행한 후 색상을 검은색으로 적용합니다.

③ 선택

② 선택

① 오른쪽 클릭

STEP 02 배경 만들기

01 새 문서를 생성하기 위해 Ctrl+N을 누르거나 메뉴의 [File-New]를 선택합니다. [New] 대화상자에서 다음 그림처럼 단위는 'mm'로 지정하고, 사이즈에는 '160 X 210'을 입력합니다.

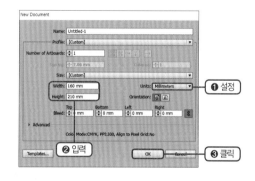

02 펜 툴(✏)로 배경 언덕을 드로잉한 후 그림처럼 검은색 색상으로 적용합니다.

01 심벌로 사용할 일러스트 파일을 삽입하기 위해 메뉴의 [File-Place]를 선택한 후 '박쥐.ai' 파일을 삽입합니다. [Place] 대화상자 하단에 [Link] 옵션은 체크를 해제하여 설정되지 않은 상태에서 파일을 불러옵니다.

◉ 예제 파일
Sample\2부\Theme02\Lesson03\박쥐.ai

02 [Symbols] 팔레트가 열려 있지 않다면, 메뉴의 [Window-Symbols]를 실행하여 [Symbols] 팔레트를 엽니다. 이 팔레트에 심벌을 드래그하면 [Symbols] 팔레트에 작업된 박쥐 도형을 심벌로 등록됩니다.

◉ 심벌 등록하기
도형을 선택한 후 [Symbols] 팔레트의 New Symbol 아이콘(🔲)을 클릭해도 됩니다.

01 도구 상자에서 심벌 툴(📇)을 더블 클릭하여 대화상자를 엽니다. 대화상자에서 브러시의 크기(Diameter)와 브러시를 드래그할 때 뿌려지는 심벌의 양(Intensity)을 조정한 후 [OK] 버튼을 클릭합니다. 심벌 툴(📇)로 마우스를 드래그하여 자연스러운 패턴 형태를 만들어 냅니다.

◉ 심벌 삽입하기
이 작업을 여러 번 실행 반복하여 가장 좋은 느낌의 결과물을 만들어 냅니다. 작업이 마음에 들지 않으면 Ctrl+Z를 실행하여 전단계로 되돌아가 다시 작업을 하면서 여러 가지 형태를 만들어 봅시다.

02 뿌려진 심벌들의 크기를 조정해봅시다. 심벌 크기 툴 (Symbol Sizer Tool)을 선택합니다.
심벌 크기 툴 (, Symbol Sizer Tool)을 활용해 심벌의 크기에 변화를 줍니다.

03 심벌을 회전시켜 좀 더 자연스러운 형태로 만들어 보겠습니다. 도구 상자에서 [심벌 회전] 툴 (Symbol Spinner Tool)을 선택합니다. [심벌 회전] 툴 (, Symbol Spinner Tool)을 드래그하여 화면에 그려진 심벌들을 회전시킵니다.

◉ **심벌 편집하기**
[Symbols] 팔레트에서는 심벌을 재정의, 등록, 삭제, 수정 등을 할 수 있습니다. 또한 심벌 툴과 함께 사용하면 크기와 색상, 투명도 등을 변화시켜 새로운 느낌의 우연적 패턴을 만들 수 있습니다.

04 심벌에 투명도를 적용시켜 보겠습니다. 심벌 투명 툴(, Symbol Scree-ner Tool)을 선택합니다.
심벌 투명 툴(, Symbol Scree-ner Tool)로 심벌을 드래그하면 심벌에 투명도가 적용됩니다.

◉ **심벌 편집 되돌리기**
투명해진 심벌을 원상태로 되돌리려면 [Alt]를 누른 상태에서 드래그하면 됩니다. 작업을 여러 번 반복 실행하여 좋은 느낌의 결과물을 얻어 냅니다.

05 자연스러운 패턴이 만들어졌습니다.

01 준비된 일러스트 파일을 삽입하기 위해 메뉴의 [File-Place]를 클릭하고, 준비된 '다리.ai' 파일을 선택합니다. [Place] 대화상자의 하단에 [Link] 옵션은 체크를 해제하여 설정되지 않은 상태에서 파일을 불러옵니다. 그리고 선택 툴(▸)을 이용해 삽입한 파일의 크기를 조절한 후 원하는 위치로 이동합니다.

◉ 예제 파일
Sample\2부\Theme02\Lesson03\다리.ai

02 준비된 일러스트 파일을 삽입하기 위해 메뉴의 [File-Place]를 클릭한 후 준비된 '호박.ai' 파일을 선택합니다. [Place] 대화상자의 하단에 [Link] 옵션은 체크를 해제하여 설정되지 않은 상태에서 파일을 불러옵니다. 그리고 선택 툴(▸)을 이용해 삽입한 파일의 크기를 조절한 후 원하는 위치로 이동합니다.

◉ 예제 파일
Sample\2부\Theme02\Lesson03\호박.ai

03 준비된 일러스트 파일을 삽입하기 위해 메뉴의 [File-Place]를 클릭하고, 준비된 '모자.ai' 파일을 선택합니다. [Place] 대화상자의 하단에 [Link] 옵션은 체크를 해제하여 설정되지 않은 상태에서 파일을 불러옵니다. 그리고 선택 툴(🔺)을 이용해 삽입한 파일의 크기를 조절한 후 원하는 위치로 이동합니다.

◎ **예제 파일**
Sample\2부\Theme02\Lesson03\모자.ai

04 준비된 일러스트 파일을 삽입하기 위해 메뉴의 [File-Place]를 클릭하고, 준비된 '해골.ai' 파일을 선택합니다. [Place] 대화상자 하단의 [Link] 옵션은 체크를 해제하여 설정되지 않은 상태에서 파일을 불러옵니다. 그리고 선택 툴(🔺)을 이용해 삽입한 파일의 크기를 조절 및 회전한 후 원하는 위치로 이동합니다. 그리고 그림처럼 선택 툴(🔺)을 이용해 복사하여 그림처럼 완성합니다.

◎ **예제 파일**
Sample\2부\Theme02\Lesson03\해골.ai

01 새 문서를 생성하기 위해 Ctrl + N을 누르거나 메뉴의 [File-New]를 선택합니다. [New] 대화상자에서 단위를 'mm'로 설정한 후 사이즈에는 '160 X 210'를 입력하고 해상도에는 '72'를 입력합니다. 그리고 Mode는 'RGB Color'를 선택합니다. 원하는 용지 사이즈인 새 문서 창이 생성된 것을 확인할 수 있습니다.

02 일러스트레이터 파일을 불러오기 위해 메뉴의 [File-Place LInked]를 선택합니다. [Open As Smart object] 대화상자의 [Crop To] 옵션에서 [Bounding Box]로 설정하여 불러옵니다.

◉예제 파일
Sample\2부\Theme02\Lesson03\카드.ai

03 또 다른 새로운 이미지를 불러오기 위해 Ctrl+O를 눌러 [Open] 대화 상자에서 불러옵니다. 도구 상자에서 이동 툴(▶✛)을 선택한 후 선택한 배경 이미지를 클릭, 드래그하여 앞에서 작업한 이미지 창으로 이동하여 복사합니다. Ctrl+T를 눌러 [Free Transform]을 실행합니다.

◉ 예제 파일
Sample\2부\Theme02\Lesson03\하늘.jpg

04 배경 이미지를 이동하기 위해 [Layer] 패널에서 'Layer 1' 레이어를 선택한 후 '카드' 레이어 아래로 이동합니다.

05 배경 이미지에 Blur 효과를 주기 위해 'Layer 1' 레이어를 선택한 후 Ctrl+J를 눌러 레이어를 복사합니다. 'Layer 1 copy' 레이어를 선택한 후 메뉴의 [Filter-Blur-Radial Blur]를 선택합니다. [Radial Blur] 대화상자에서 Amountsms '100', 'Zoom'을 클릭하고 [Blur Center]에서 그림처럼 설정합니다. Blur 효과가 적용된 'Layer 1 copy' 레이어를 선택한 후 블렌드 모드를 'Hard Light'로 설정합니다.

06 또 다른 새로운 이미지를 불러오기 위해 Ctrl+O를 눌러 [Open] 대화 상자에서 불러옵니다. 도구 상자에서 이동 툴(▶+)을 선택한 후 선택한 배경 이미지를 클릭, 드래그하여 앞에서 작업한 이미지 창으로 이동하여 복사합니다. Ctrl+T를 눌러 [Free Transform]을 실행합니다. 그리고 지우개 툴(◢)을 이용해 '번개' 이미지의 가장자리를 적당히 삭제합니다.

◎ 예제 파일
Sample\2부\Theme02\Lesson03\번개.jpg

STEP 07 번개 이미지에 블렌드 모드 적용하기

01 좀 더 자연스러운 번개 효과를 표현하기 위해 **01** 'Layer 2' 레이어를 선택한 후 Ctrl+J를 두 번 눌러 레이어를 두 개 복사합니다. 'Layer 2' 레이어를 선택한 후 블렌드 모드를 'Difference'로 설정합니다. **02** 그런 다음 'Layer 2 copy' 레이어를 선택하고 블렌드 모드를 'Color Dodge'로 설정합니다.
그리고 **03** 'Layer 2 copy 2' 레이어를 선택한 후 블렌드 모드를 'Lighten'으로 설정합니다.

02 카드 이미지를 이동하기 위해 [Layer]
패널에서 '카드' 레이어를 선택한 후
맨 위로 이동합니다.

01 문자를 삽입하기 위해 문자 툴(T)
을 이용하여 원하는 글자를 입력합
니다.

02 문자 색은 빨간색으로 지정한 후 [C
-haracter] 팔레트에서 글꼴과 문
자 크기를 설정합니다. 완성된 것을
확인할 수 있습니다.

01 Ctrl을 누른 채로 'Happy Halloween' 레이어를 선택한 후 메뉴의 [Select-Save Selection] 명령을 실행하여 선택한 문자 영역을 저장하기 위해 [OK] 버튼을 클릭합니다.

02 [Channels] 패널을 열고 'Alpha 1' 채널을 선택합니다. 그리고 메뉴의 [Image-Rotate Canvas-90° CW]를 선택하여 현 이미지를 시계 방향으로 90도 회전합니다.

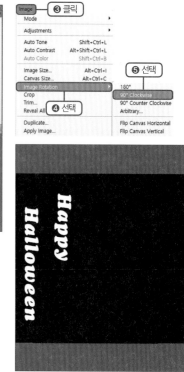

03 메뉴의 [Filter-Stylize-Wind]를
   클릭하여 [From the Left]를 선택
   합니다. 글자의 윗방향으로 바람 효
   과가 나도록 합니다.

04 메뉴의 [Image-Rotate Canvas-
   90°CCW]를 선택하여 현 이미지를
   반시계 방향으로 90도 회전합니다.

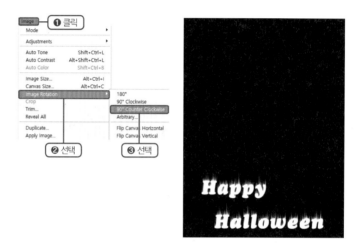

05 [Channels] 패널에서 Ctrl을 누
   른 채로 'Alpha 1' 채널을 클릭하
   여 글자 부분만 선택 영역으로 만
   듭니다. 그리고 메뉴의 [Filter-
   Blur-Gaussian Blur]를 클릭하
   여 Radius를 '3.0Pixels'로 설정하
   고, [OK] 버튼을 클릭하면 글자가
   흐릿해집니다.

06 **01** 메뉴의 [Filter-Stylize-Diffuse] 를 클릭합니다.
그리고 **02** 메뉴의 [Filter-Gallery]를 선택한 후 [Distort-Diffuse Glow] 를 클릭합니다.

[Diffuse]와 [Diffuse Glow] 필터
• Diffuse: 이미지의 경계선에 점을 흩뿌려 놓은 것처럼 표현합니다.
• Diffuse Glow: 밝은 부분을 더욱 밝게 하여 발광되도록 합니다.

07 메뉴의 [Filter-Distort-Ripple] 를 클릭하여 Amount를 '100%'로 설정하고 [OK] 버튼을 클릭하여 일 그러진 표현을 합니다.

◎Ripple: 한 방향으로 잔잔히 물결이 이는 효과입니다.

08 메뉴의 [Image-Adjustments-Curves]를 선택합니다. 그리고 아래의 그림처럼 설정합니다.

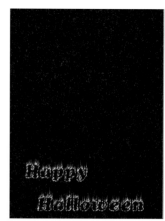

⑤ 클릭

❷ 오른쪽 클릭

❶ 클릭

09 [Layers] 패널을 연 후 'Happy Halloween' 레이어를 선택하고 Ctrl+D를 눌러 선택 영역을 해제합니다. 마우스 오른쪽 버튼을 클릭하면 나타나는 단축 메뉴 중에서 [Resterize Type]을 선택하여, 일반 레이어로 변환합니다.

❸ 선택

10 [Channels] 패널에 등록된 선택 영역을 불러오기 위해 메뉴의 [Select-Load Selection] 명령을 실행하여 'Alpha 1' 채널을 선택합니다.

❶ 클릭

❷ 선택

❸ 클릭

❹ 클릭

11 전경색을 빨간색으로 설정해 놓고 Alt + Delete 를 눌러 색을 적용합니다.

12 문자 테두리를 표현하기 위해 메뉴에서 [Edit-Stroke]를 선택한 후 Width에 '1'을 입력하고, 전경색은 노란색으로 설정해 놓고 정렬은 [Center]를 선택합니다.

13 앞에서 작업한 불꽃 문자를 좀 더 밝게 하기 위해 'Happy Halloween' 레이어를 선택한 후 Ctrl + J 를 눌러 레이어를 복사합니다. 'Happy Halloween' 레이어를 선택한 후 블렌드 모드를 'Linear Light'로 설정합니다. 완성된 이미지를 확인할 수 있습니다.

심벌 도구의
대화상자를 이용하여
옵션 설정하기

일러스트레이터에서는 일곱 개의 심벌 툴(　)을 제공합니다. 이 심벌 툴(　)들을 번갈아 가며 선택해야 할 경우에는 Alt +마우스 오른쪽 버튼을 잠시 동안 누릅니다.

일러스트레이터에서는 일곱 개의 심벌 툴(　)을 제공합니다. 이 심벌 툴(　)들을 번갈아 가며 선택해야 할 경우에는 Alt +마우스 오른쪽 버튼을 잠시 동안 누릅니다. 그러면 일곱 개의 심벌 툴이 원형으로 나타나게 되는데, 이때 원하는 심벌 툴 아이콘 위로 마우스 포인터를 올려 놓으면 해당하는 심벌 툴로 바뀝니다.

심벌 관련 도구를 더블클릭하면 [Symbolism Tools Options] 대화상자가 나타납니다.

❶ Diameter 브러시 크기를 설정합니다(1~999pt까지 설정 가능)

❷ Method 적용되는 방식을 지정합니다. [심벌 분사] 툴과 [심벌 이동] 툴을 제외한 나머지 툴에 사용합니다.
- Average: 균등하게 적용됩니다.
- User Defined: 사용자가 지정하는 대로 적용됩니다.
- Random: 불규칙하게 적용됩니다.

❸ Intensity 브러시를 드래그할 때 스프레이의 강도, 즉 뿌려지는 심벌의 양을 조절합니다.

❹ Use Pressure Pen 태블릿 사용 시 펜의 누르는 압력에 따라 농도를 조절합니다.

❺ Symbol Set Density 심벌 세트의 심벌 밀집 정도를 지정합니다.

❻ Symbol Style Selector 일곱 개의 심벌 스타일 중 하나를 선택할 수 있습니다.

❼ Scrunch 뿌려지는 심벌의 밀도를 기본 값으로 사용할 것인지, 사용자 정의로 사용할 것인지를 선택합니다.

❽ Size 뿌려지는 심벌의 크기를 기본 값으로 사용할 것인지, 사용자 정의로 사용할 것인지를 선택합니다.

❾ Stain 뿌려지는 심벌의 얼음, 단색의 적용할 것인지를 지정합니다.

❿ Spin 뿌려지는 심벌에 각각 회전 효과를 적용할 것인지를 지정합니다.

⓫ Style 기본적인 스타일에 적용된 내용을 사용자 정의된 내용으로 사용할 것인지를 선택합니다.

커피 광고 간판 소개하기

일러스트레이터에서는 다양한 브러시를 제공하고 있으며, 이를 이용하면 자연스러운 붓 터치를 이용한 드로잉을 할 수 있습니다. 거친 질감의 선이나 힘이 느껴지는 역동적인 드로잉을 원할 경우, 일러스트레이터에서 제공하는 브러시 라이브러리를 활용하면 훌륭한 디자인을 할 수 있습니다.

핵심 기능 ❯ 페인트 브러시 도구(PaintBrush Tool, 🖌)

- 브러시 툴(🖌)은 자유 곡선으로 그릴 수 있습니다. 정점과 도형의 외곽선에 여러 가지 형태의 브러시로 그린 듯한 효과를 주는 점이 특징입니다.
- 브러시 툴(🖌)로 도형을 그리는 것은 브러시 팔레트에 있는 여러 가지 브러시 형태를 이용하여 그리는 것으로 브러시 툴(🖌)은 [Brushes] 팔레트와 떼어 놓고 생각할 수 없고, [Brushes] 팔레트를 배우는 것이라고 생각할 수 있습니다.
- [Brushes] 팔레트의 브러시들은 브러시 툴(🖌)로 그릴 때에만 사용할 수 있는 것이 아니라 다른 툴을 이용하여 만들어진 도형에도 브러시의 형태를 적용할 수 있는 장점이 있습니다.

⠿ 다양한 Brush 사용하기

● 예제 파일
Sample\2부\Theme02\
Lesson04\브러시.ai

01 메뉴의 [File-Open] 명령을 이용하여 준비된 빈 화면을 불러옵니다. 브러시 툴(🖌)을 이용하여 다음 그림과 같이 간단한 형태의 곡선을 여러 개 그려줍니다. 선택 툴(▶)을 이용하여 그려준 개체 중에서 두 번째 개체를 선택합니다.

02 메뉴의 [Window-Brushes] 명령을 수행하여 브러시 팔레트를 보이게 합니다. 브러시 팔레트의 우측 하단에 위치하고 있는 팝업 버튼()을 클릭한 후 나타나는 [Decorative-Decorative_Scatter] 명령을 클릭합니다.

03 다음 그림과 같이 Decorative_Scatter 브러시가 나타나면 원하는 브러시 모양(여기서는 16pt, Star)을 클릭하여 선택합니다. 선택한 브러시 모양이 그려진 개체에 적용되는 것을 볼 수 있습니다.

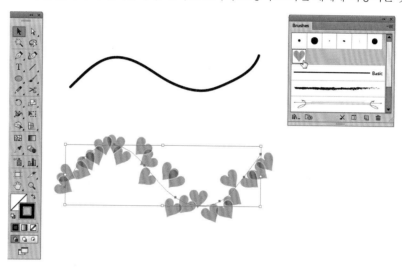

서예 브러시(Calligraphic Brush) 만들기

붓으로 그린 듯한 효과로, 외곽선의 굵기와 각도를 다양하게 변경할 수 있습니다.

01 앞에서 작업한 내용을 계속 이용해보겠습니다. 선택 툴()을 이용하여 그린 개체 중에서 다른 개체를 선택합니다. 브러시 팔레트의 팝업 버튼(▼≣)을 클릭하면 나타나는 메뉴 중에서 [New Brush] 명령을 수행합니다. [New Brush] 대화상자에서 [New Calligraphic Brush]를 선택합니다.

02 [Calligraphic Brush Options] 대화상자에서 나타나는 옵션을 다양하게 수정해보겠습니다. 다음과 동일하게 설정할 필요는 없으며 다양한 옵션을 설정해보면서 익혀보시기 바랍니다. 옵션 설정이 끝나면 결과가 개체에 적용되는 것을 볼 수 있습니다.

∷ 분산 브러시(Scatter Brush) 만들기

특정 모양을 도형의 외곽선 주위로 흩뿌려 그려줍니다.

01 이번에는 별 툴(⭐)을 이용하여 다음 그림과 같이 빈 공간에 별 개체 하나를 만들어줍니다. 크기와 색상 등은 임의로 설정합니다.

02 그려진 별 개체를 드래그하여 브러시(Brush) 팔레트의 빈 공간에 놓습니다. 다음 그림과 같이 [New Brush] 대화상자가 나타납니다. 여기서는 [New Scatter Brush]를 선택합니다.

03 [Scatter Brush Options] 대화상자의 옵션을 다양하게 수정해보겠습니다. 옵션 설정이 끝나면 결과가 개체에 적용되는 것을 볼 수 있습니다. 브러시라기보다는 하나의 패턴으로 보입니다.

:: 예술 브러시(Art Brush) 만들기

특정한 모양 하나를 도형의 외곽선을 따라 흐르게 해줍니다.

01 이번에는 도구 상자에서 연필 툴(✐)을 이용하여 다음 그림과 같이 빈 공간에 임의의 개체를 그려줍니다. 그려지는 개체는 가능한 한 긴 직선과 같은 모양으로 그립니다.

02 브러시로 정의하기 위해 그려진 개체를 선택한 후 브러시 팔레트로 드래그합니다. 다음 그림과 같이 [New Brush] 대화상자가 나타나며, 여기서는 [New Art Brush]를 선택합니다.

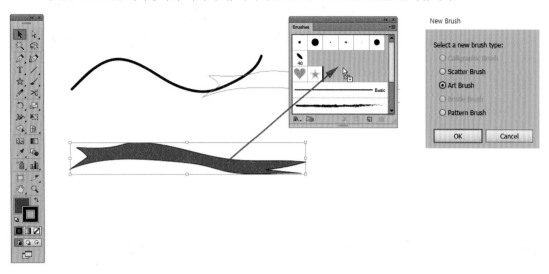

03 [Art Brush Options] 대화상자가 나타나면 기본 설정 값으로 설정합니다. 옵션 설정이 끝나면 다음 그림과 같이 미리 그려놓은 개체에 브러시를 적용해봅시다. 그려져 있는 개체의 크기와도 관계가 있지만 그려지는 방향과도 관계가 있다는 것을 알 수 있습니다.

⠿ 패턴 브러시(Pattern Brush) 만들기

스와치에 등록한 패턴을 도형의 외곽선을 따라 흐르게 합니다.

01 이번에는 미리 그려져 있는 개체를 삭제한 후 펜 툴(⬚)로 클릭하여 다음 그림과 같이 그려줍니다. 펜 툴(⬚)로 그림을 그릴 경우 Shift를 누른 상태로 그림을 그리면 수직 혹은 수평으로 제한이 걸려 있기 때문에 다음 그림과 같은 그림을 쉽게 그릴 수 있습니다.

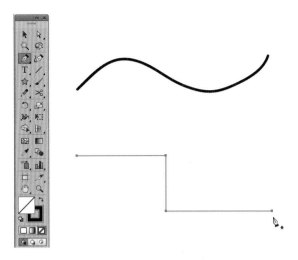

02 다음 그림과 같이 모서리가 둥근 사각형 툴(⬜)을 이용하여 다음 그림과 비슷하게 그려준 후 [Swatches] 팔레트로 드래그하여 스와치에 등록합니다. 계속해서 별 툴(⭐)을 이용하여 원 개체를 그려준 후 [Swatches] 팔레트로 드래그하여 스와치에 등록합니다.

03 브러시 팔레트 팝업 버튼을 클릭하면 나타나는 단축 메뉴 중에서 [New Brush] 명령을 수행합니다. [New Brush] 대화상자에서 [Pattern Brush] 항목을 클릭합니다.

04 [Pattern Brush Options] 대화상자에서 다음과 같이 앞에서 설정해 놓은 스와치를 이용하여 패턴 브러시를 설정해줍니다. 옵션 값을 설정하고 나면 브러시 창에 설정한 내용이 등록되는 것을 볼 수 있습니다.

05 앞에서 그려준 패스에 설정한 패턴 브러시를 적용하여 결과를 확인해봅시다. 단순한 패스와 꼭짓점이 있는 패스의 경우 결과가 다르게 나타납니다.

커피숍
간판 만들기

01

예제 파일 Sample\2부\Theme02\Lesson04\커피콩.ai
완성 파일 Sample\2부\Theme02\Lesson04\커피.ai, 커피-완성.ai

키 워 드 도형 툴, 문자 툴, 나선형 툴, 가위 툴, Brushes 팔레트의 활용법
길라잡이 이번에는 중급 두 번째 시간으로 일러스트레이터의 아트브러시를 활용하여 풍부한 향기가 느껴지
는 커피숍 간판을 만들어 보도록 합니다.

01 도형 모양에 너무 얽매이지 말고 자
유롭게 드로잉합니다. 펜 툴( )로
커피잔을 그립니다.

02 [직접 선택] 툴( )을 이용해 도형
모양을 수정합니다.

01 메뉴의 [Window-Brushes] 명령
을 수행하여 브러시 팔레트를 보이
게 합니다. 브러시 팔레트의 우측 상
단에 위치하고 있는 팝업 버튼( )
을 클릭한 후 나타나는 [Artistic-
Artistic_Ink] 명령을 클릭합니다.
앞에서 그린 커피잔을 선택 툴( )
로 선택한 후 브러시 모양을 임의대
로 클릭하면 개체에 적용되는 것을
볼 수 있습니다. 다양한 브러시 모양
등을 적용하면서 마음에 드는 브러
시를 사용합니다.

02 선택 툴(➤)를 이용해 그림처럼 커
피 받침과 손잡이를 각각 선택한 후
브러시 모양을 임의대로 클릭하면
개체에 적용되는 것을 볼 수 있습
니다.

03 브러시 툴(✐)을 이용하여 다음 그
림과 같이 연기 모양을 간단한 형태
의 곡선으로 여러 개 그려줍니다. 그
런 다음 펜 툴(✎)로 커피잔 안의
물을 드로잉하고, 검은색을 적용합
니다.

04 커피잔, 손잡이, 받침, 연기 등 색상을 변경할 도형을 선택 툴(▶)을 이용해 선택한 후 그림처럼 [Swatches] 팔레트에서 색상을 선택합니다. 그런 다음 [Stroke] 팔레트에서 선의 두께를 '4pt'로 입력합니다.

STEP 03 텀블러에 다양한 브러시 적용하기

01 펜 툴(✐)을 이용해 텀블러를 그립니다. 선택 툴(▶)을 이용해 그림처럼 텀블러 외형과 빨대를 각각 선택한 후 브러시 모양을 임의대로 클릭하면 개체에 적용되는 것을 볼 수 있습니다.

02 색상을 변경할 도형을 선택툴(➤)을 이
   용해 선택한 후 그림처럼 [Swatches]
   팔레트에서 색상을 선택합니다. 그
   런 다음 [Stroke] 팔레트에서 선의
   두께를 '2pt'로 입력합니다.

STEP 04 커피 디켄터에 다양한 브러시 적용하기

01 도구 상자의 원형 툴(◯)을 이용해
   커피 디켄터의 유리관을 그립니다.
   그런 다음 그림처럼 펜 툴(✎)을 이
   용해 뚜껑과 손잡이를 그립니다.

02 펜 툴(✎)로 커피 디켄터 안의 물
   을 드로잉하고, 검은색을 적용합니
   다. 그런 다음 뚜껑과 손잡이를 각
   각 신택하고 브러시 모양을 임의대
   로 클릭하면 개체에 적용되는 것을
   볼 수 있습니다.

03 색상을 변경할 도형을 선택 툴(▶)
을 이용하여 선택한 후 그림처럼
[Swatches] 팔레트에서 색상을 선
택합니다. 그런 다음 [Stroke] 팔레
트에서 선의 두께를 '2pt'로 입력합
니다.

04 브러시 툴(✓)을 이용하여 다음 그
림과 같이 하트 모양을 간단한 형태
의 곡선으로 여러 개 그려줍니다. 그
런 다음 색상을 변경할 도형을 선택
툴(▶)을 이용해 선택한 후 그림처
럼 [Swatches] 팔레트에서 색상을
선택합니다.

05 지금까지 작업한 결과물을 확인할
수 있습니다.

STEP 05 커피숍 간판 작업하기

01 일러스트레이터를 실행하고, 커피숍
간판을 작업하기 위한 파일을 불러
옵니다. 메뉴의 [File-Open]을 실
행하거나 Ctrl+O를 눌러 [Open]
대화상자를 엽니다. 이번 작업에 필
요한 파일이 화면에 보일 것입니다.

◉ 완성 파일
Sample\2부\Theme02\Lesson04\커피.ai

02 **01** 'Layer 2', 'Layer 3' 레이어의
빈 공간을 클릭하여 잠금 아이콘(🔒)
이 나오게 클릭하여 레이어를 잠급
니다. 그리고 **02** 'Layer 2', 'Layer
3' 레이어 안의 그림이 보이지 않게
눈 아이콘(👁)을 클릭하여 해제합
니다. 그리고 **03** 'Layer 1' 레이어
를 선택한 후 선택 툴(▶)을 이용해
04 그림처럼 커피잔만 선택하여 크
기를 줄이고, 회전하여 상단 오른쪽
에 배치합니다.

03 앞에서 배치한 커피잔 그림을 다음
01 그림처럼 선택 툴(▶)을 이용해
그림처럼 커피잔만 선택하여 회전,
복사하여 배치합니다. 축소한 커피
잔의 브러시 선 두께가 굵어 모양이
예쁘지 않습니다.
02 배치한 모든 커피잔을 선택한 후
[Stroke] 팔레트에서 선 두께에
'0.5pt'를 입력합니다.

04 커피잔을 다음 그림처럼 오른쪽에 배치합니다.

05 'Layer 1', 'Layer 2' 레이어의 빈 공간을 클릭하여 잠금 아이콘(🔒) 이 나오게 클릭하여 레이어를 잠급 니다. 그리고 'Layer 2' 레이어 안 의 그림이 보이지 않게 눈 아이콘(👁)을 클릭하여 해제합니다. 그리고 'Layer 3' 레이어를 클릭한 후 선 택 툴(▶)을 이용해 그림처럼 커피 잔만 선택하여 크기를 줄이고, 회전 하여 하단 왼쪽에 배치합니다.

STEP 06 커피콩을 브러시로 등록하여 사용하기

01 브러시로 등록하기 위해 메뉴의 [File-Place]를 클릭하고, 준비 된 '커피콩.ai' 파일을 선택합니다. [Place] 대화상자의 하단에 [Link] 옵션은 체크를 해제하여 설정되지 않은 상태에서 파일을 불러옵니다.

◉ 예제 파일
Sample\2부\Theme02\Lesson04\커피콩.ai

02 선택 툴(�)을 이용해 커피콩을
   클릭한 후 상단 옵션 바에서 [Edit
   Contents]를 클릭합니다.

03 불러온 커피콩 그림을 드래그하여
   브러시(Brush) 팔레트의 빈 공간에
   놓습니다. 다음 그림과 같이 [New
   Brush] 대화상자가 나타납니다. 여
   기서는 [Scatter Brush]를 선택합
   니다. [Scatter Brush Options]
   대화상자의 옵션을 다양하게 수정
   해보겠습니다.

STEP 07 커피잔에 다양한 브러시 적용하기

01 'Layer 1' 레이어의 잠금 아이콘
   (🔒)을 클릭하여 잠금을 해제합니
   다. 선택 툴(�)을 이용해 다음 그
   림처럼 커피 연기 두 개를 선택한 후
   앞에서 등록한 커피콩 브러시를 선
   택합니다. 그런 다음 커피콩 브러시
   의 선 두께를 줄이기 위해 [Stroke]
   팔레트에서 선 두께에 '0.25pt'를
   입력합니다. 그리고 브러시 툴(✎)
   을 이용해 커피 브러시 모양을 클릭
   하여 그림처럼 화면 하단에 커피콩
   이 살짝 깔리도록 클릭, 드래그하며
   그립니다.

02 브러시 툴()을 이용해 커피 브러시 모양을 선택한 후 다음 그림처럼 텀블러 안에 클릭합니다. 'Layer 1', 'Layer 3' 레이어의 빈 공간을 클릭하여 잠금 아이콘(🔒)이 나오게 클릭하여 레이어를 잠급니다. 그리고 'Layer 2' 레이어의 눈 아이콘(👁)이 보이도록 클릭합니다.

① 클릭

② 클릭

④ 클릭

③ 클릭

03 'Layer 2' 레이어를 선택한 후 선택 툴(▶)을 이용해 커피 디켄터만 선택하여 크기를 줄이고, 그림처럼 배치합니다.

01 문자를 삽입하기 위한 작업을 진행해
봅시다. Layer 팔레트에서 Create
New Layer 아이콘(🔲)을 클릭하
여 새로운 레이어를 추가합니다.
문자 툴(Type Tool, T)을 선택하
고 'c'와 'ee'이라는 문구를 입력합
니다.
그런 다음, 입력된 문자에 그림처럼
색상을 적용합니다. [Character] 팔
레트에서 글꼴을 확인합니다.

02 브러시 툴(✏️)을 이용하여 다음 그
림과 같이 'ff' 글자 모양을 그려줍
니다. 그런 다음 'ff' 글자 모양에 그
림처럼 색상을 적용합니다.

03 문자를 삽입하기 위한 작업을 진행
해봅시다. 문자 툴(Type Tool, T)
을 선택하고 'Sujiday & Sumiday'
와 '(000)123-12345'라는 문구를
입력합니다. 그런 다음 입력된 문
자에 그림처럼 색상을 적용합니다.
[Character] 팔레트에서 글꼴을 확
인합니다.

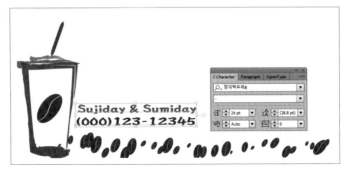

04 지금까지 작업한 그림들이 완성된
것을 확인합니다.

STEP 09 배경 꾸미기

---

01 [Layer] 팔레트에서 [Create New
Layer] 아이콘(□)을 클릭하여 새
로운 레이어를 추가합니다. 'Layer
5' 레이어를 선택한 후 맨 아래로 이
동합니다. 다시 한 번 'Layer 5' 레이
어를 선택한 후 사각형 툴(□)을 이
용해 화면 전체 크기에 맞게 사각형
을 그립니다. 그런 다음 선은 None
(☑)을 선택하고, 면은 그림처럼 색
상을 적용합니다.

02 [Layer] 팔레트에서 [Create New
Layer] 아이콘(□)을 클릭하여 새
로운 레이어를 추가합니다. 'Layer
6' 레이어를 선택한 후 'Layer 5'
레이어 위로 이동합니다. 다시 한 번
'Layer 6' 레이어를 선택한 후 사각
형 툴(□)을 이용해 화면 전체 크기
에 맞게 사각형을 그립니다. 그런 다
음 선은 그림처럼 색상을 적용하고,
면은 None(☑)을 클릭합니다.

03 'Layer 6' 레이어를 선택한 후 앞에서
그린 사각형을 선택합니다. [Brushes]
팔레트에서 원하는 브러시를 클릭
합니다. 그런 다음 선택한 브러시의
선 두께를 줄이기 위해 [Stroke] 팔
레트에서 선 두께에 '2pt'를 입력합
니다.

STEP 10 커피 디켄터에 그림자 표현하기

01 [Layer] 팔레트에서 [Create New
Layer] 아이콘(⬜)을 클릭하여 새
로운 레이어를 추가합니다. 'Layer
7' 레이어를 선택한 후 'Layer 6'
레이어 위로 이동합니다. 커피 디켄
터 밑에 그림자를 표현하기 위해 원
형 툴(⬤)을 이용해 타원 모양을 그
립니다. 그런 다음 선은 None(⬜)
을 선택하고, 면은 그림처럼 회색 색
상을 적용합니다.

02 앞에서 그린 타원형의 가장자리를 부드
럽게 표현하기 위해 메뉴의 [Effect-
Blur-Gaussian Blur]를 선택합니
다. [Gaussian Blur] 대화상자에서
Radius 값에 '40'을 입력합니다.

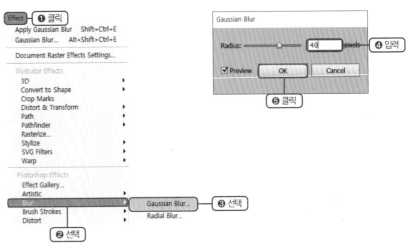

03 마지막으로 좀 더 자연스러운 그림 자 효과를 준 후 완성된 그림을 확인 할 수 있습니다.

연필 툴(Pencil Tool),
스무스 툴(Smooth Tool),
지우개 툴(Erase Tool)
알아보기

연필 툴은 자유 곡선을 그리거나 수정하는 툴이고, 스무스 툴은 선을 부드러운 곡선으로 만드는 툴이며, 지우개 툴은 개체의 기준점과 곡선을 지우는 툴입니다.

■ 연필 툴(Pencil Tool, ✏)

- 마우스를 드래그하여 자유로운 형태의 패스를 그릴 수 있는 도구입니다.
- [Brushes] 팔레트에 있는 다양한 종류의 브러시를 적용할 수 있습니다.
- 연필 툴(✏)을 더블클릭하면 대화상자가 나타나는데 옵션 항목은 페인트 브러시의 대화상자와 모두 같습니다.
- 두께가 보이지 않는다면 [Stroke] 팔레트에서 굵기를 조절합니다.

◉ 닫힌 패스 만들기
드래그+ Alt : 패스의 처음과 끝을 자동으로 연결되어 닫힌 패스가 만들어집니다.

■ 스무스 툴(Smooth Tool, ✏)

- 도형의 패스 라인을 부드럽게 만들어주는 도구입니다.
- 도형을 선택한 후 스무스 툴(✏)을 선택하여 부드럽게 처리할 부분을 마우스를 누른 채 드래그합니다.
- 여러 번 반복하여 부드러워질 때까지 계속 드래그합니다.

■ 지우개 툴(Erase Tool, ✏)

- 선택한 도형의 부분을 마우스로 드래그하는 대로 지워주는 도구입니다.
- 정점이 삭제되면 정점과 정점 사이의 선분이 사라집니다.
- 지우고 싶은 거리만큼 패스를 따라 드래그하면 드래그한 만큼 패스가 지워집니다.

◉ 열린 패스 만들기
- 열린 패스 중 분리하고 싶은 곳을 클릭하면 그 지점을 기준으로 두 개의 패스로 나눠집니다.
- 닫힌 패스를 지우개 툴(✏)로 지워주면 열린 패스가 됩니다.

- 서예 브러시(Calligraphic Brush): 붓글씨나 필기체와 같은 효과를 낼 수 있는 브러시로, 브러시의 각도와 크기, 형태에 따라 가로와 세로의 굵기가 달라집니다.
- 패턴 브러시(Pattern Brush): 라인과 테두리 등에 패턴으로 이루어진 효과를 낼 수 있는 브러시로, 수작업으로 만들기 어려운 도형을 쉽게 연출해낼 수 있습니다.
- 예술 브러시(Art Brush): 아트 브러시는 추상적인 도형 또는 일반적인 도형을 브러시화하여 패스에 따라 유동적으로 표현할 수 있는 브러시입니다.
- 분산 브러시(Scatter Brush): 브러시로 적용된 도형의 패스를 따라 뿌려지면서 적용되는 브러시입니다.

■ 비트맵 방식과 벡터 방식 프로그램의 비교

- 비트맵 방식의 프로그램 포토샵

비트맵 방식의 프로그램에서는 이미지를 나타내기 위해 픽셀을 사용합니다. 작은 픽셀의 색상 구분으로 전체 이미지를 나타내는 것을 볼 수 있습니다. 많은 픽셀로 이루어진 이미지일수록 부드러운 경계면을 얻을 수 있습니다.

▲ 원본 이미지

▲ 1200% 확대 이미지

이미지는 1 Inch에 80개의 픽셀로 이루어진 이미지와 200개의 픽셀로 이루어진 이미지를 비교합니다.
[600% 확대 이미지]

▲ 1 Inch에 80픽셀

▲ 1 Inch에 200픽셀

- 벡터 방식의 프로그램 일러스트레이터

벡터 방식이란 선이나 도형들의 이미지가 픽셀로 이루어진 것이 아닌 수학적인 정보처리를 바탕으로 하며, 두 개 이상의 점들로 연결되는 곡선으로 구성된 방식입니다. 이미지를 축소 확대하더라도 이미지에 대한 손상이 없으며 출력에 대한 해상도의 문제점두 극복할 수 있습니다.

벡터 방식의 이미지는 이미지의 손상이 없는 장점이 있지만 데이터의 용량과 작업의 처리 속도에 있어 많은 영향을 끼칩니다. 연속된 컬러나 블랜딩 같은 작업에 있어서 일러스트레이터를 사용하는 것보다는 포토샵으로 작업을 하는 이유도 이러한 이유 때문이기도 합니다.

▲ 원본 이미지

▲ 1200% 확대 이미지

실무 01 일러스트레이터에서 작업한 디자인을 이용하여 입면 패턴을 제작하거나 합성하기

이번에는 일러스트레이터의 그레이던트 툴을 활용하여 풍선을 만들어 봅시다. 이는 패턴 비중이 높기 때문에 독특한 개성과 표현으로 디자인되어 나타내야 합니다. 이번 예제에서는 우리가 주변에서 흔히 볼 수 있는 벽지 용품에 들어갈 심플한 벽지를 디자인해봅시다. 이번 작업을 마친 후에는 여러분들만의 개성이 넘치는 벽지 디자인을 제작해보세요.

예제 파일 Sample\2부\Theme02\실무테크닉\실내.png, 풍선벽지.ai
완성 파일 Sample\2부\Theme02\실무테크닉\실내-완성.jpg

- 스케치업에서 작업한 3D 모델링을 렌더링한 후 이미지 파일로 저장합니다.
- 실내 공간 중 벽면에 일러스트레이터로 작업한 이미지를 배치합니다.
- [그라데이션] 툴을 이용해 풍선을 드로잉합니다.
- 패스파인더 팔레트를 이용해 구름을 드로잉합니다.
- 패스 툴을 그린 후 [문자] 툴을 이용해 곡선 문자를 입력합니다.

이번에는 일러스트레이터의 브러시 툴과 펜 툴을 활용하여 크레디트 카드를 디자인합니다. 크레디트 카드 디자인은 최근에 가장 각광을 받고 있는 분야로, 독특한 개성과 표현으로 디자인되어 나타내야 합니다. 이번 예제에서는 우리가 주변에서 흔히 볼 수 있는 크레디트 카드에 들어갈 디자인을 작업해봅시다.

예제 파일 Sample\2부\Theme02\실무테크닉\소스.ai, 카드-셋팅.psd
완성 파일 Sample\2부\Theme02\실무테크닉\카드.ai, 카드[1].ai, 카드-포토.psd, 카드-포토[2].jpg

• [펜] 툴을 이용해 부드러운 곡선을 가진 사람 옆 모습을 드로잉합니다.
• [브러시] 툴을 이용해 포인트가 되는 나무를 작업합니다.
• [문자] 툴을 이용해 문자를 입력합니다.

디자인 실무
따라하기

이 테마에서는 일러스트레이터를 활용한 기법과 테크닉을 중점적으로 다룹니다. 따라서 기본 실력이 없다면 어렵게 느껴질 것입니다. 그러므로 사전에 기초 지식을 충분히 습득해두어야 합니다. 일러스트레이터는 주로 마크와 문양 등을 제작하는 데 사용하지만, 경우에 따라서는 실제와 같은 사실감을 표현할 때도 자주 사용합니다. 3D 렌더링 효과뿐만 아니라 정밀 일러스트레이터와 같이 실사 표현을 하는 데에도 매우 뛰어난 기능을 발휘합니다. 실무 디자인에 다양한 예제를 따라하면서 일러스트레이터의 무한한 가능성을 느껴보시기 바랍니다.

캐릭터 컬러링하기

이번 레슨에서는 컬러링 작업을 이용하여 라인으로 구성된 기본 캐릭터에 색상을 입혀보겠습니다. 입체적인 컬러링 효과를 위해 세밀한 펜 툴 작업으로 색상을 입힐 도형을 만들고, 색상을 적용해 캐릭터를 완성시키는 작업입니다. 일러스트레이터에서의 펜 툴의 역할은 아무리 강조해도 지나치지 않습니다. 이번 작업을 통해 펜 툴을 섬세히 다룰 수 있도록 반복 학습하시기 바랍니다.

핵심 기능 ▶ [Layers] 팔레트 알아보기

∷ 레이어(Layer)란?

이미지를 그릴 수 있는 투명한 셀로판 종이라고 생각하면 됩니다. 레이어(Layer)를 하나하나 추가할 때마다 눈에 보이지 않는 투명한 종이가 추가되는 것입니다. 즉, 레이어는 하나의 이미지 위에 다른 이미지들이 층을 이루고 있는 것을 말합니다. 층을 이룬다는 것은 하나의 전체 이미지를 구성하는 요소들이 각각 다른 레이어에 위치하고 있어 수정이나 이동, 삭제할 때 원하는 레이어에서만 작업할 수 있다는 것을 의미합니다.

∷ [Layers] 팔레트의 구조

● 예제 파일
Sample\2부\Theme03\
Lesson01\layer.ai

메뉴의 [Window-Layer]를 클릭하면 화면에 [Layers] 팔레트가 나타납니다.

❶ Layer 이미지를 나타내거나 숨기는 기능입니다.
❷ Layer를 잠그는 기능으로, 클릭하여 모양이 나타나면 레이어의 도형이 잠긴 상태가 되어 편집할 수 없습니다.

❸ Layer에 속해 있는 하위 레이어를 숨기거나 나타나게 합니다.

❹ 부모 격이 되는 페어런트 레이어(Parent Layer)로, 가장 큰 범위의 레이어를 말합니다.

❺ 페어런트 레이어에 속한 하위 레이어를 말합니다.

❻ 패스로 이루어진 도형을 말하며, 패스는 레이어 또는 그룹 항목에 포함됩니다.

❼ Appearance를 편집하고자 할 때 사용합니다.

❽ [Layers] 팔레트에서 사용되고 있는 레이어 색상과 현재 선택된 레이어를 표시합니다.

❾ 선택되어 있는 레이어의 하부 레이어를 표시합니다.

❿ 선택되어 있는 레이어 위에 새로운 레이어를 만듭니다.

⓫ 선택되어 있는 레이어를 삭제합니다.

▒ 레이어의 기본적인 사용 방법

• 문서를 만들면 자동으로 [Layers] 팔레트에 [Layer 1]이 생깁니다. [Layer 1]에 도형을 드로잉합니다.

• [Layer 1]의 왼쪽 팝업 메뉴(▶) 버튼을 클릭하면 각각의 도형으로 나누어진 하위 레이어가 나타납니다.

Layer 팝업 메뉴

Layer 팔레트의 팝업 메뉴(▶)의 Hide Others를 이용하면 선택된 Layer를 제외한 다른 Layer를 모두 숨길 수 있습니다. 다시 모든 Layer를 보이게 하려면 [Show all Layers]를 선택하면 됩니다.

• [Layers] 팔레트에서 원하는 Layer의 오른쪽에 있는 원(○)을 클릭합니다.

Layer 이름 변경 및 합치기

- 'Layer 2' 레이어의 이름을 변경하기 위해 'Layer 2' 레이어를 더블클릭합니다. [Layer Option] 대화상자에서 '립스틱통'이라는 레이어 이름으로 변경합니다.

◉ 새 레이어 삽입
'Layer 2' 레이어를 선택한 후
Layer 팔레트의 팝업 버튼(▼≡)의
[New Layer]를 선택합니다.

- 립스틱통과 립스틱뚜껑의 Layer를 합치기 위해 '립스틱통' 레이어를 선택한 후 Ctrl 을 누른 상태로 '립스틱뚜껑' 레이어를 선택합니다. 그런 다음 레이어 팔레트의 팝업 버튼(▼≡)에서 [Merge Selected]를 선택하면 선택된 두 개의 레이어가 하나의 레이어로 합쳐집니다.

레이어 합치기
- 여러 개의 레이어를 합치려면 팝업 메뉴의 [Merge Selected] 또는 [Flatten Artwork] 명령을 사용합니다.
- 모든 레이어를 하나로 합치려면 팝업 메뉴에서 [Flatten Artwork]를 선택합니다.

Layer 숨기고 나타내기

레이어가 많을 때 작업에 필요 없는 레이어는 잠시 숨겨 놓으면 작업하기에 편리합니다.

- '립스틱뚜껑' 레이어를 선택한 후 눈 아이콘(👁)을 클릭하면 선택한 레이어에 그려진 도형이 화면에서 사라집니다. 숨겨진 '립스틱뚜껑' 레이어를 다시 나타내려면 없어진 눈 아이콘(👁) 부분을 클릭하면 됩니다.

◉ 레이어 숨기기, 보이기
Layer 팔레트의 팝업 버튼(▼≡)의
[Hide Others]를 이용하면 선택된 Layer를 제외한 다른 Layer를 모두 숨길 수 있습니다. 다시 모든 Layer를 보이게 하려면 [Show all Layers]를 선택합니다.

:: Layer 복사하고 삭제하기

• '립스틱뚜껑' 레이어를 선택해 [Create New Layer] 아이콘(🔲)으로 드래그하여 레이어를 복사한 후 복사한 레이어를 선택하고 오브젝트의 색상을 변경합니다.

⊙ 레이어 복사
Layer를 선택한 후 팝업 메뉴(▶)의 Duplicate Layer 를 선택해도 Layer가 복사됩니다.

• 필요 없는 레이어를 삭제하기 위해 [Layer 3]을 선택한 후 [Delete Layer] 아이콘(🗑)으로 드래그 하면 [Layer 3]이 삭제되고 같은 방법으로 [Layer 1]도 삭제합니다.

⊙ 레이어 삭제
Layer를 선택한 후 팝업 메뉴(▶)의 [Delete Layer] 를 선택하여 Layer를 삭제해도 됩니다.

01

마녀 캐릭터
컬러링하기

예제 파일 Sample\2부\Theme03\Lesson01\마녀.ai
완성 파일 Sample\2부\Theme03\Lesson01\마녀- 완성.ai, 마녀-배경.ai

키 워 드 드로잉 작업, 레이어 기능, 펜 툴 활용, Color 팔레트 활용법
길라잡이 이번에는 컬러링 작업으로 라인으로 구성된 기본 캐릭터에 색상을 입혀보겠습니다. 입체적인 컬러
링 효과를 위해 세밀한 곡선 펜 툴( ) 작업으로 색상을 입힐 도형을 만들고 색상을 적용해 캐릭터를 완성시키
는 작업입니다.

01 **01** 새로운 화면을 메뉴의 [File-Open]을 실행하여 연 후 컬러링 작업을 할 밑그림 도형을 불러옵니다.

◉ 예제 파일
Sample\2부\Theme03\Lesson01\마녀.ai

02 **02** [Layer] 팔레트에서 [Create New Layer] 아이콘(🗔)을 클릭하여 새로운 레이어를 만들고, 이 레이어의 이름을 '채색'으로 변경합니다. **03** 그리고 작업을 위해 돋보기 툴(🔍)로 도형의 얼굴 부분을 드래그하여 확대시킵니다.

도형 확대 및 축소
일러스트레이터 곡선의 세밀한 곡선 펜 툴(🖋) 작업을 진행할 때에는 실제 크기로 작업하는 것보다 200% 이상으로 도형을 확대하여 작업하는 것이 바람직합니다. 일러스트레이터 프로그램은 벡터 방식이기 때문에 도형을 확대, 축소해도 손상 없이 깨끗한 결과물을 만들어 낼 수 있습니다.

01 **01** 곡선 펜 툴(🖋)을 이용해 캐릭터 도형의 얼굴 라인을 따라 패스를 만들어 갑니다. 이때는 패스가 라인 안쪽에 포함되도록 조절하고, 패스가 완성되었다면 **02** 면 색상을 'C: 2', 'M: 8', 'Y: 7'로 적용하고, 선 색상을 'None(☑)'으로 적용합니다.

02 얼굴 부분이 살색으로 채색될 것
입니다. 하지만 눈, 코, 입이 채색
때문에 가려져 보이지 않습니다.
[Layer] 팔레트에서 '채색' 레이
어를 드래그하여 '얼굴-머리' 레이
어 아래로 이동시킵니다. 같은 방법
으로 같은 살색을 팔, 손 부분도 곡
선 펜 툴()을 이용하여 도형을 만
들고 스포이트 툴()로 얼굴 도형
을 클릭하여 동일한 색상을 적용합
니다.

레이어 이름 변경
매우 복잡한 도형을 여러 개 만들어야 할 경우에는 각 부
분별로 레이어를 만들어 사용하는 것이 효과적입니다.
이때는 레이어의 이름도 알기 쉽도록 변경하여 사용하면
됩니다.

STEP 03 옷에 패스 작업 및 색상 적용하기

01 옷 부분을 곡선 펜 툴()로 그립니
다. 얼굴 도형을 만드는 방법과 동
일하게 옷 부분의 외곽 라인을 따라
하나의 패스로 만듭니다. 패스가 완
성되었다면 면 색상을 'C: 56', 'M:
14', 'Y: 15'으로 적용하고, 선 색
상을 'None(□)'으로 적용합니다.

02 [Layer] 팔레트에서 [Create New
Layer] 아이콘(□)을 클릭하여 새
로운 레이어를 만들고, '채색' 레이
어는 잠궈 놓습니다. 이제 겹쳐진 옷
부분도 곡선 펜 툴()로 패스 작업
을 완료한 후 면 색상을 'C: 6', 'M:
12', 'Y: 63'으로 적용하고, 선 색
상을 'None(□)'으로 적용합니다.

03 다시 한 번 겹쳐진 옷 부분도 곡선
   펜 툴(✐)로 패스 작업을 완료한 후
   면 색상을 'M: 10', 'Y: 100'으로 적
   용하고, 선 색상을 'None(✐)'으로
   적용합니다.

04 모자 부분을 만들어 봅시다. 마찬가
   지로 곡선 펜 툴(✐)로 패스 작업을
   완료한 후 면 색상을 'C: 46', 'M:
   74', 'Y: 5'로 적용하고, 선 색상을
   'None(✐)'으로 적용합니다. 이렇
   게 해서 캐릭터의 기본 컬러링 작업
   이 완료되었습니다.

◉ 실제 화면 크기
돋보기 툴(🔍)에서 더블클릭한 후 실제 화면 크
기로 돌아와 전체적으로 어색한 부분이 없는지
확인해봅니다.

STEP 04 새로운 레이어 추가 및 캐릭터에 음영 작업하기

01 [Layer] 팔레트에서 [Create New
   Layer] 아이콘(🔲)을 클릭하여 새
   로운 레이어를 만들고, 이 레이어의
   이름을 '음영'으로 변경합니다. 그
   런 다음 'Layer 5' 레이어를 잠궈
   놓습니다.

02 이 작업은 색상의 음영 차이를 이용
   하여 입체감을 더욱 높이는 것입니
   다. 얼굴의 오른쪽 면에 자연스러운
   음영이 생기도록 곡선 펜 툴(✐)로
   드로잉합니다. 패스가 연결되었다
   면 이 도형의 면 색상으로 'C: 11',
   'M: 19', 'Y: 18'을 적용하고, 선 색
   상으로 'None(✐)'을 적용해 얼굴
   에 그림자가 비친 효과를 만듭니다.

❸ 클릭

❷ 클릭   ❶ 클릭

03 손, 팔 부분도 음영 라인을 드로잉하여 같은 면 색상을 적용합니다.

04 모자 부분에도 음영을 추가해보겠습니다. 곡선 펜 툴( )로 모자 라인을 그림과 같이 만든 후 면 색상으로 'C: 64', 'M: 88', 'Y: 25'를 적용하고, 선 색상으로 None( )을 적용합니다.

05 같은 방법으로 그림처럼 파란색 옷 부분에 그림자가 생길 부분을 드로잉한 후 면 색상으로 'C: 76', 'M: 47', 'Y: 42'를 적용하고 선 색상으로 'None( )'을 적용합니다.

06 같은 방법으로 그림처럼 노란색 옷 부분에 그림자가 생길 부분을 드로잉한 후 면 색상으로 'C: 11', 'M: 26', 'Y: 89'를 적용하고 선 색상으로 'None(☒)'을 적용합니다.

07 [Layer] 팔레트에서 숨긴 '붓' 레이어를 화면에 다시 보이도록 체크합니다. 그러면 완성된 캐릭터를 확인할 수 있습니다. 그런 다음 지금까지 작업한 캐릭터를 [Ctrl]+[S]를 눌러 저장합니다.

◉ 예제 파일
Sample\2부\Theme03\Lesson01\마녀-완성.ai

STEP 05 일러스트 파일 삽입하기

01 메뉴의 [File-Open]을 실행하거나 단축키 [Ctrl]+[O]를 눌러 [Open] 대화상자를 엽니다. 이번 작업에 필요한 배경 파일을 불러옵니다. [Layer] 팔레트에서 [Create New Layer] 아이콘(☐)을 클릭하여 새로운 레이어를 생성합니다.

◉ 예제 파일
Sample\2부\Theme03\Lesson01\배경.ai

02 앞번에서 저장한 캐릭터를 삽입하기 위해 메뉴의 [File-Place]을 선택합니다. [Place] 대화상자가 나타나면 삽입할 일러스트 파일을 불러옵니다.

◉ 예제 파일
Sample\2부\Theme03\Lesson01\마녀-완성.ai

[Open]과 [Place] 명령 차이점
[Open] 명령과 [Place] 명령은 모두 이미지 파일을 불러올 수 있습니다.
• Open: 독립적인 화면으로 불러오는 것
• Place: 현재의 화면으로 이미지를 불러와 삽입하는 것

03 편집 툴들을 이용해 캐릭터의 크기 조절, 이동하여 그림처럼 배치합니다.

레이어(Layer)의
또 다른 부분 이해하기

일러스트레이터에서 레이어(Layer)는 절대적으로 사용해야 하는 팔레트가 아닙니다. '배열(Arrange)'이라는 기능을 가지고 있기 때문에 단순한 작업을 할 때는 오히려 번거로울 수 있습니다.

1 [Layer Options] 대화상자 알아보기

레이어를 더블클릭하면 옵션을 설정할 수 있는 대화상자가 나타납니다. [Layer Option] 대화상자가 나타나면 Name란에 원하는 이름을 입력한 후 [Color] 항목의 색상 아이콘을 더블클릭하여 원하는 색상을 선택하고 [OK] 버튼을 클릭하면 [Layer 3]의 이름이 변경된 것을 확인할 수 있습니다. 작업을 할 때 레이어 이름을 알기 쉬운 이름으로 표시해두면 편리합니다.

❶ **Name** 레이어의 이름을 입력합니다.

❷ **Color** 레이어의 도형이 선택되었을 때의 바운딩 박스와 에지(Edge)의 색상을 지정합니다.

❸ **Template** 템플릿 레이어로 지정합니다.

❹ **Lock** 레이어를 잠궈 명령을 적용하지 못하도록 합니다.

❺ **Show** 레이어에 그려진 도형을 화면에서 보이거나 숨깁니다.

❻ **Print** 체크하면 레이어에 속한 도형을 출력할 수 있습니다.

❼ **Preview** 체크하지 않으면 레이어의 도형이 선으로만 보입니다.

❽ **Dim Images to** 레이어에 속해 있는 비트맵 이미지의 선명도를 조절합니다.

2 [Layer] 팔레트에서 선택된 레이어는 파란색으로 표시됩니다. 여러 개의 레이어를 선택할 때 Shift 를 누르면 처음 선택한 레이어와 나중에 선택한 레이어 사이에 있는 모든 레이어를 선택해주며 Ctrl 을 누른 상태로 신택하면 선택한 레이어만 추가되면서 선택됩니다.

3 새로운 레이어를 만들면 이름이 Layer1, 2, 3..과 같은 형식으로 나타나고, 레이어를 복사하면 '원본 Layer copy'라는 이름이 붙게 됩니다.

4 하나의 레이어를 제외한 모든 레이어를 숨기려면 Alt 를 누른 채 해당 레이어의 눈 아이콘을 클릭하면 됩니다. [Layer] 팔레트 팝업 메뉴의 Hide Others와 같은 기능입니다.

5 여러 개의 레이어에 같은 옵션을 설정하기 위해서는 [Layer] 팔레트에서 모든 레이어를 선택한 후 더블클릭하면 나타나는 [Layer Option] 대화상자에서 원하는 옵션을 설정합니다.

02 패키지 디자인 만들기

일러스트레이터의 기본 요소는 패턴입니다. 패턴은 문양이나 기호 등이 일정한 규칙에 의해 반복되는 것을 말합니다. 이번 레슨에서는 패키지 디자인에 대한 이해와 패턴 제작 방법을 숙지하시기 바랍니다.

핵심기능 ▶ 패턴 등록 및 활용하기

일러스트레이터에서는 매우 간단한 방법으로 패턴을 제작하여 적용할 수 있습니다. 이와 더불어 제작되는 패턴은 벡터 형식으로 제작되기 때문에 단순히 보고서나 시안 작업에서만 이용할 수 있는 것이 아니라 실제로 1:1 스케일로 필름이나 시트지에 인쇄하여 활용할 수 있습니다.

패턴 제작하기

◉ 예제 파일
Sample\2부\Theme03\
Lesson02\패턴.ai

01 메뉴의 [File-Open] 명령을 이용하여 준비된 파일을 불러옵니다.

02 패턴으로 등록하기 위해 메뉴의 [Window-Swatches]을 선택하여 스와치 팔레트를 보이도록 설정합니다. 선택 툴(▶)을 이용해 불러온 패턴을 선택하여 스와치 팔레트로 드래그합니다.

03 선택 툴(▶)로 패턴을 적용해 줄 두 개의 사각형 개체를 선택한 후 다음 그림과 같이 등록된 패턴을 적용시켜줍니다.

04 이번에는 패턴이 적용된 두 개의 개체 중에서 하나를 선택한 후, 회전 툴(↻)을 선택하여 더블클릭합니다. [Rotate] 대화상자에서 Angle 값에 25도를 입력해줍니다. 이와 더불어 중요한 것은 옵션에서 Patterns 옵션값만을 설정해주는 것입니다. 결과를 살펴보면 선택한 개체가 회전되는 것이 아니라 적용되어 있는 패턴만 회전되는 것을 볼 수 있습니다.

05 두 번째 개체를 선택한 후 스케일 툴(⬈)을 선택하여 더블클릭합니다. [Scale] 대화상자에서 스케일 값을 '50%'로 설정하고, 옵션에서 [Patterns] 옵션만을 설정해줍니다. 결과를 확인해보면 다음 그림과 같이 적용되어 있는 개체의 크기는 변화가 없고, 패턴의 스케일만 지정한 스케일로 변경되는 것을 알 수 있습니다.

:: [Swatches] 팔레트

색상, 그레이딘트, 패턴 등을 등록시켜 놓고 도형에 쉽게 적용할 수 있는 팔레트입니다. 도형을 선택 툴 (🡕)로 선택하고 스와치 팔레트에 등록되어 있는 색상이나 패턴, 그레이딘트 등을 클릭하면 됩니다.

새로운 색상 추가하기

지정한 색상을 클릭해 위에 놓이게 한 상태에서 스와치 팔레트에 있는 🔲 버튼을 클릭해도 색상이 추가됩니다.

:: 불필요한 색상 삭제하기

색상을 삭제할 때는 색상을 클릭한 후 🗑 버튼으로 드래그하거나 클릭하면 됩니다.

쇼핑백 만들기

01

예제 파일 Sample\2부\Theme03\Lesson02\쇼핑백.ai
완성 파일 Sample\2부\Theme03\Lesson02\쇼핑백-완성.ai

키 워 드   회전 툴, Divide, Twist Effect, 문자 툴, 패턴의 등록과 활용법
길라잡이   이번에는 문양이 연속적으로 반복되는 패턴 기능을 이용하여 'sumiday' 쇼핑백 패키지(Package)
디자인을 만들어 봅니다.

01 메뉴의 [File-Open]을 클릭하여 밑바탕의 빈 공간 파일을 불러옵니다. 특정한 문자를 가지고 일정한 문양을 만들어 패턴을 만들어 봅니다. 문자 툴(**T**)로 고딕 계열의 서체를 선택하고, 문자의 크기는 200pt 정도로 'S'를 입력합니다.

02 메뉴의 [Type-Create Outlines]를 실행하여 문자를 도형으로 변경합니다.

◉예제 파일
Sample\2부\Theme03\Lesson02\쇼핑백.ai

03 문자 도형에 Effect를 적용하여 소용돌이 형태의 도형으로 변형시켜 봅니다. 메뉴의 [Effect-Distort & Transform-Twist]를 선택합니다. 대화상자에 '180'을 입력하여 중심점을 기준으로 180도만큼 회전시킨 소용돌이 형태의 도형으로 변형시킵니다. 도형의 형태가 소용돌이 모양으로 변형되었습니다. 이 도형의 면 색상에 'C: 85', 'M: 50'을 적용합니다.

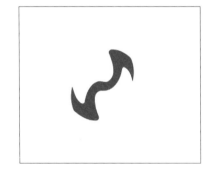

Effect 수정
일러스트레이터에서 Effect는 Appearance 팔레트에서 언제든지 수정할 수 있습니다.

01 도형을 선택하고 회전 툴(⟳)을 선택한 후, Alt 를 누른 채 회전의 기준축이 될 중심점을 클릭하면 [Rotate] 대화상자가 나타납니다. [Rotate] 대화상자에 회전 각도에 '90'을 입력하고 [Copy] 버튼을 클릭하여 도형을 90도만큼 회전 복사합니다.

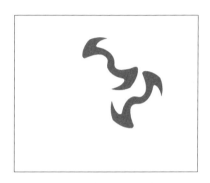

02 Ctrl+D 를 반복하여 기본 패턴 모양을 완성시킵니다. 그런 다음 선택 툴(▶)을 이용해 패턴 모양을 모두 선택합니다.

03 작업된 도형들을 선택 툴(▶)로 모두 선택하고 바운딩 박스의 조절점을 Shift 를 누르고 회전시켜 그림처럼 회전된 도형을 만듭니다.

세밀한 회전 방법
도형 툴로 드로잉할 때 Alt 를 누르면 도형의 중심을 기준으로 커지는 도형을 드로잉할 수 있습니다. 여기에 Shift 를 같이 누르고 드로잉하면 정원과 정사각형의 형태를 쉽게 만들 수 있습니다.

04 작업한 패턴 모양을 [Swatches]
팔레트에 패턴으로 등록하기 위
해 [Swatches] 팔레트가 작업 화
면에 없다면 메뉴의 [Window-
Swatches]를 실행하여 팔레트를
엽니다. 작업된 도형을 [Swatches]
팔레트의 빈 영역에 드래그합니다.
[Swatches] 팔레트에 새로운 패턴
으로 등록됩니다.

드래그(패턴 등록)

STEP 03 쇼핑백 작업하기

01 사각형 툴(■)을 선택하고 작업 화면에
클릭하면 [Rectangle] 대화상자가
나타납니다. 가로 길이가 '180mm',
세로 길이가 '120mm'인 직사각형
만듭니다. 이 사각형에 면 색상이
'C: 70', 'M: 35'를 적용하고, 선의
색상은 'None'을 적용합니다.

02 앞에서 작업한 직사각형 도형을 클릭
한 후 **01** 메뉴의 [Edit-Copy]를 선
택하고 **02** 메뉴의 [Edit-Paste in
Place]를 선택하면 복사한 직사각
형 도형 앞에 바로 붙여 넣기가 됩
니다. **03** 복사한 직사각형을 선택하
고 [Swatches] 팔레트에서 앞에 등
록된 패턴을 클릭합니다. 하지만 패
턴의 문양이 너무 크게 적용되어 반
복적인 패턴의 느낌이 잘 나타나지
않습니다.

03 패턴 무늬의 크기를 조절하기 위해 패
턴을 선택하고 스케일 툴(□)을 더블
클릭하여 대화상자를 엽니다. 이 대
화상자의 Options에 [Transform
Patterns] 항목만 체크합니다. 그런
다음 그림처럼 적당한 패턴의 문양
이 나오도록 크기를 조절합니다.

04 **01** [Swatches] 팔레트에 등록된
패턴을 작업 화면으로 드래그합니
다. 그러면 등록된 패턴 도형이 작
업 화면에 삽입됩니다. **02** 이 도형
의 블렌드 모드를 적용하기 위해
[Transparency] 팔레트에서 도형
에 'Multiply' 블렌드를 적용하여
자연스러운 합성 효과를 연출해냅
니다.

등록한 패턴 화면으로 이동
[Swatches] 팔레트에 등록된 패턴을 작업 화면의 빈
여백에 드래그해야 합니다. 이 패턴이 다른 도형에 드래
그 앤 드롭되었다면 처음 상태의 패턴이 적용됩니다.

05 자연스러운 포장지가 완성되었습니
다. 이 포장지 위에 상표를 만들어
브랜드의 이미지를 만들기 위해 사
각형 툴(□)로 면 색상에 'K: 20'을
적용하고, 선 색상에 'None'을 적
용하여 직사각형을 드로잉합니다.

패턴 색상 변경
패턴이 적용된 도형에는 Fill 컬러를 적용할 수 없습니
다. 만약 패턴의 색상을 바꾸려면 등록된 패턴 자체를
수정해야 합니다.

06 이 도형 위에 01 면 색상에 'K: 10'을 적용하고, 선 색상은 'None'을 적용하여 직사각형을 드로잉합니다. 도형을 축소 복사하여 컬러를 적용해도 됩니다. 02 문자 요소를 삽입하여 상표를 완성시켜봅니다. 'SUMIDAY', 'sumiday@nate.com'라는 문구를 입력한 후 크기를 조정합니다.

07 쇼핑백의 기본 문양과 형태가 완성되었습니다. 이 도형들을 Ctrl+O를 눌러 모두 선택하고 마우스 오른쪽 버튼을 클릭하면 나타나는 단축 메뉴 중에서 [Group]을 선택합니다.

STEP 04 쇼핑백 마무리 작업하기

01 01 펜 툴(✎)로 쇼핑백의 외곽 형태를 드로잉하고 면 색상에 'K: 10', 선 색상에 'None'을 적용합니다. 02 방금 작업한 도형을 선택 복사하여 오른쪽으로 이동시킵니다. 복사한 도형이 드로잉되었다면 03 마우스 오른쪽 버튼을 클릭하면 나타나는 단축 메뉴 중에서 [Arrange-Send to Back]을 실행하여 작업 화면 도형의 맨 아래로 보냅니다.

02 사각형 툴(□)로 드로잉하여 면 색
상에 'K: 40'을 적용하고 마우스 오
른쪽 버튼을 클릭한 후 [Arrange-
Send to Back]을 실행하여 작업
화면 도형의 맨 아래로 보냅니다.

STEP 05 쇼핑백 손잡이 작업하기

01 **01** 쇼핑백 손잡이를 만들기 위해 둥
근 사각형 툴(□)로 모서리가 라운
딩된 사각형을 드로잉합니다. **02** [직
접 선택] 툴(↖)로 둥근 사각형의
밑부분의 기준점들을 선택한 후 삭
제합니다. **03** 이 도형을 마우스 오른
쪽 버튼을 클릭한 후 [Transform-
Scale]를 선택합니다. 그런 다음
04 [Scale] 대화상자에서 회전 각도
에 '90%'을 입력하고 [Copy] 버튼
을 클릭하여 복사합니다.

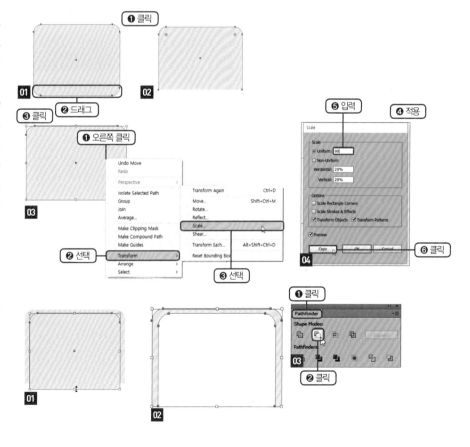

02 **01** 축소된 도형을 선택하고 아래쪽
바운딩 박스의 조절점을 밑으로 드
래그하여 세로의 길이를 밑의 도형
과 조금 겹치게 늘립니다.
02 선택 툴(▶)로 두 도형을 선택
한 후 **03** [Pathfinder] 팔레트에서
[Subtract from shape area] 아이
콘(▣)을 클릭합니다.

03 손잡이 부분을 적당한 위치로 이동 시킨 후 도형을 복사 이동하고 마 우스 오른쪽 버튼을 클릭하면 나타 나는 단축 메뉴 중에서 [Arrange- Send to Back]을 실행하여 작업 화면 도형의 맨 아래로 보냅니다. 이 도형의 면 색상에 'K: 20'을 적용합 니다.

STEP 06 쇼핑백에 그림자 표현하기

01 펜 툴(✐)로 그레이던트를 이용해 그림자를 만들어 쇼핑백을 완성합 니다. 마우스 오른쪽 버튼을 클릭 하면 나타나는 단축 메뉴 중에서 [Arrange-Send to Back]을 실 행하여 작업 화면 도형의 맨 아래로 보냅니다.

02 지금까지 작업한 패턴을 이용한 깔 끔한 쇼핑백을 디자인으로 완성해 보았습니다.

[Pathfinder] 팔레트의 Divide( ) 기능 이해하기

선택된 여러 개의 도형이 겹쳐 있을 경우 겹쳐 있는 부분을 모두 분할하여 각각의 독립된 도형으로 만들어줍니다. 분할된 도형은 그룹으로 묶여 있으므로 [Object-Ungroup]을 실행해야 각 도형을 선택할 수 있습니다.

1 두 개의 도형을 모두 선택하고 [Pathfinder] 팔레트에서 [Divide] 아이콘( )을 눌러 도형의 겹쳐진 부분을 모두 분리합니다.

◎ 예제 파일 Sample\2부\Theme03\Lesson02\고리.ai

2 도형이 묶인 상태이므로 도형 위에서 오른쪽 마우스 버튼을 클릭하면 나타나는 단축 메뉴 중에서 [Ungroup]를 선택하여 그룹을 해제하고 도형을 제외한 화면을 클릭하여 선택을 해제합니다.

❶ 오른쪽 클릭

❷ 선택

3 각기 분리된 도형들을 두 개의 링이 연결된 것 같은 느낌이 들도록 합쳐주기 위해 합칠 부분들을 선택 툴( )로 Shift 를 누르면서 다중 선택합니다. [Pathfinder] 팔레트의 (Add to shape area) 버튼을 눌러 하나로 합쳐줍니다. 같은 방법으로 옆에 부분의 도형도 합쳐준 후에 그레이던트를 각각 적용합니다.

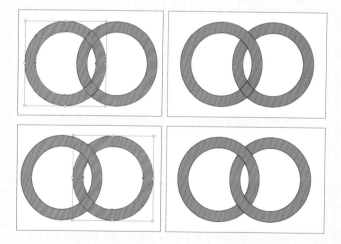

4 고리 하나를 선택 툴( )로 선택하여 Color 팔레트에서 색상을 지정합니다.

03 블렌드 툴을 이용한 BI 디자인하기

이번에는 타이포 디자인을 응용하여 회사의 이미지나 제품의 직접적인 상징과 표현으로 사용자에게 전달되는 BI(Brand Identity) 디자인을 작업해보겠습니다. 일러스트레이터는 디자인 실무에서 마크와, 로고, 문양 등을 제작하는 데 가장 많이 사용합니다.

핵심기능 블렌드 툴(Blend Tool,)

블렌드 툴의 사용법과 대화상자를 통해 여러 가지 형태의 블렌드를 만들어 보고 블렌드가 적용된 도형을 수정합니다.

- 도형에서 다른 도형으로 형태와 색상이 변하는 중간 단계의 도형을 만들어 주는 도구입니다.
- 중간 단계에 만들어진 도형들은 선택되지 않습니다.

블렌드 툴의 사용 방법

◉ 예제 파일
Sample\2부\Theme03\
Lesson03\블랜드-기본.ai

- 먼저 모양과 색상이 다른 두 개의 도형을 그려준 후 두 도형을 모두 선택합니다.
- 블렌드 툴( )을 선택하고 하나의 도형의 정점을 클릭합니다.

[두 개의 도형 선택]

[클릭]

- 다른 도형의 정점도 클릭합니다. 그러면 두 도형에 자연스럽게 블렌드가 적용됩니다. 블렌드 툴( )은 두 개의 도형의 클릭하는 곳의 위치에 따라 중간 단계의 형태가 결정됩니다.

[클릭]

▲ 도형 두 개의 같은 위치를 클릭했을 때

[클릭]

▲ 도형 두 개의 같은 위치를 클릭했을 때

:: 블렌드 수정하기

- 블렌드가 적용된 도형을 선택한 후 직선으로 연결된 패스에 정점 추가 툴(✏️)을 추가합니다.

- [직접 선택] 툴(▷)로 정점을 선택해 이동합니다. 블렌드의 흐름이 패스선의 움직임대로 바뀝니다.

- 정점 변환 툴(▷)을 선택하여 정점을 드래그하면 패스가 곡선화되면서 패스의 흐름대로 블렌드가 적용됩니다.

○ 블렌드 모양 변경
블렌드가 적용된 원본 도형의 색상 및 모양 수정하려면 [직접 선택] 툴을 선택하면 됩니다.

:: 대화상자 알아보기

블렌드 툴(🔲)을 더블클릭하면 [Blend Option] 대화상자가 나타납니다. 블렌드에 대한 세부 설정을 할 수 있습니다.

❶ Spacing

- **Smooth Color**: 색상의 변화가 부드럽게 처리되는 블렌드를 만들 수 있습니다.

- **Specified Steps**: 두 도형 사이에 만들어지는 도형의 수를 지정할 수 있습니다.

- **Specified Distance**: 두 도형 사이에 일정한 거리마다 중간 단계의 도형을 만들 수 있습니다.

❷ Orientation
- **(Align to Page)**: 각 도형들이 패스와는 상관없이 작업 화면을 기준으로 회전합니다.

- **(Align to Path)**: 각 도형들이 패스를 따라 회전합니다.

⠿ 블렌드를 이용한 네온사인 효과 만들기

01 원형 툴(◉)을 선택해 적당한 크기의 원을 드로잉한 후 [Alt]를 누른 상태로 드래그하여 원을 복사합니다. 그런 다음 왼쪽에 있는 원의 내부 색상은 'None(없음)', 외곽선의 색상은 '보라', 두께는 '20pt'로 지정합니다. 그리고 오른쪽에 있는 원의 내부 색상은 'None(없음)', 외곽선의 색상은 '흰색', 두께는 '1pt'로 지정합니다.

02 두 도형을 선택 툴을 이용해 선택합니다. 블렌드 툴(▣)을 선택한 후 왼쪽에 있는 원의 위쪽 정점을 클릭합니다. 또 다시 오른쪽에 위치한 원의 위쪽 정점을 클릭하면 블렌드가 적용됩니다. 클릭하는 위치의 정점에 따라 블렌드 형태가 달라지므로 반드시 같은 위치의 정점을 클릭합니다.

03 블렌드 툴(▣)을 더블클릭하면 [Blend Option] 대화상자가 나타납니다. 대화상자가 나타나면 [Spacing] 항목은 'Specified Steps', '25'로 설정하고 [OK] 버튼을 클릭합니다.

04 블렌드로 생성된 중간 단계의 도형을 분해하기 위해 메뉴의 [Object-Blend-Expand]를 선택합니다.

05 [Expand]를 선택하면 Group으로 묶여 있는 상태이므로 반드시 마우스 오른쪽 버튼을 클릭하면 나타나는 단축 메뉴 중에서 [UnGroup]을 선택합니다. [Align] 팔레트에서 Horizontal Align Center(🔲)를 선택합니다.

06 선택을 해제하여 적용된 모양을 확인합니다.

새로운 느낌의
BI 디자인하기

01

완성 파일 Sample\2부\Theme03\Lesson03\joori-완성.ai

키 워 드 회전 툴, 반사 툴, 블렌드 툴, Distort & Transform Effect의 활용, 패스파인더의 활용법

길라잡이 우리가 작업할 타이포 문자는 'Joori'라는 홈쇼핑 회사의 BI 디자인입니다. 새로운 타이포 문자를 만드는 과정이므로 정확한 작업을 위해 일러스트레이터의 기능들을 활용합니다.

01 단축키 Ctrl+N을 누른 후 [NEW Document] 대화상자에서 'A4' 용지, 단위 'mm'를 선택하고 빈 화면을 생성합니다. 새로운 타이포 문자를 만드는 과정이므로 정확한 작업을 위해 메뉴의 [View-Show Grid]와 메뉴의 [View-Snap to Grid]를 실행하고 일러스트레이터의 기능을 사용합니다.

◉ [Snap to Grid] 기능
도형을 그리거나 이동시킬 때 그리드 라인에 도형이 달라붙게 하는 명령입니다. 동일한 크기 또는 패턴을 그릴 경우에 편리합니다.

02 먼저 영문 'J'를 작업합니다. 작업 화면을 확대 툴로 '200%' 확대한 다음, 원형 툴(◯)을 이용하여 면 색상에 'K: 100'을 적용하고 그리드 라인 안에 드래그합니다. 그리드 라인에 스냅이 걸려 있기 때문에 그려지는 도형이 그리드 라인 안에 달라붙습니다.

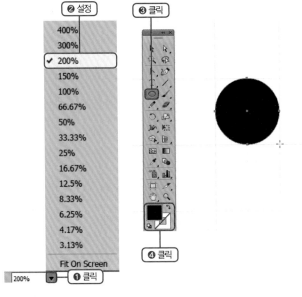

03 사각형 툴(▢)로 그리드 라인에 맞추어 원 도형과 겹치도록 드로잉합니다. 두 개의 도형을 선택한 후 Pathfinder의 ▣(Add to shape area) 아이콘을 하나의 도형으로 합칩니다.

04 한쪽 모서리만 둥근 사각형을 만들어 봅니다. 사각형 툴(⬚)로 정사각형을 드로잉합니다. 원형 툴(◯)로 선택하고 그리드 라인에 맞추어 정사각형 위에 정원을 드래그하여 만듭니다. 두 개의 도형을 선택 툴로 선택하고 Pathfinder의 Divide(▦) 아이콘을 클릭하여 면을 분할합니다.

05 분할된 면 중에서 왼쪽 하단의 면을 [직접 선택] 툴(▷)을 사용하여 모두 삭제합니다.

06 아래 도형을 선택한 후 회전 툴(↻)을 더블클릭하면 나타나는 대화상자의 회전 각도에 '-90'을 입력하고 [Copy] 버튼을 클릭합니다. 복사된 도형을 그림과 같이 위쪽의 여백과 맞추어 위치를 이동합니다.

07 원형 툴(◉)을 선택한 후 작업된 도형의 반지름을 가진 큰 원을 드로잉합니다. **01** 두 개의 도형을 선택한 후 [Pathfinder] 팔레트에서 [Divide] 버튼(▣)을 실행하여 면을 분할하고, 가운데 도형만 남기고 [직접 선택] 툴(▶)을 사용하여 모두 삭제합니다. **02** 다음 그림처럼 두 개의 도형을 선택한 후 Pathfinder의 [Add to shape area] 아이콘(▣)을 하나의 도형으로 합칩니다.

08 원형 툴(◉)로 정원을 드로잉하고 정원의 반지름의 길이에 해당하는 정사각형을 사각형 툴(▣)로 가이드라인에 맞추어 드로잉합니다. 두 개의 도형을 선택한 후 Pathfinder의 [Add to shape area] ▣ 아이콘을 하나의 도형으로 합칩니다. 'J'에 해당하는 도형이 완성됩니다.

회전 툴의 회전 방향
[회전] 툴(◉) 대화상자에서 수치를 입력할 때 각도가 '−'이면 시계 방형으로 회전하고, '+'이면 시계 반대 방향으로 회전합니다. 예를 들어 45도를 입력했다면 중심점을 기준으로 반시계 방향으로 45도 회전하게 되는 것입니다.

STEP 02 'o' 문자 디자인하기

01 'o' 문자를 만들어 봅니다. **01** 정사각형을 드로잉하고, 이 사각형 한 면의 길이를 반지름으로 하는 큰 원을 가이드라인에 맞추어 드로잉합니다. **02** 두 개의 도형을 선택하고, 패스파인더의 [Divide] 버튼(▣)을 이용하여 분할합니다. [직접 선택] 툴(▶)로 가운데 도형만 남기고 삭제합니다.

02 작업된 도형을 반사시켜 'o' 문자의
   윗부분을 만들어 봅니다. 도형을 선
   택하고, 반사 툴(🔩)을 더블클릭하
   면 나타나는 대화상자의 [Vertical]
   에 체크한 후, [Copy] 버튼을 클릭
   하여 도형을 수직으로 반사 복사시
   킵니다.

03 'J' 문자의 밑부분을 복사 이동시켜
   'o' 문자 아래로 위치시킵니다. 그리
   고 복사된 이 도형을 반사 툴(🔩)을
   이용해 수평으로 반사시킵니다.

심벌 마크 또는 BI 색상 적용
심벌 마크 또는 BI와 같은 작업을 진행할 때는 처음부터 색상이 적용된 도형을 사용하기보다는 흑백으로 된 도형으로
진행하는 것이 바람직합니다. 흑백 상태에서 형태를 완벽하게 작업한 후 색상을 적용하는 것이 효율적입니다.

04 앞에서 작업한 'o' 문자를 선택 툴
(🔺)를 이용해 오른쪽으로 복사 이
동시킵니다.

01 'r'을 만들 때 'J' 문자에서 작업된
도형을 변형하여 작업을 진행해봅
니다. **01** 그림처럼 'J' 문자의 가운
데 도형을 선택 복사하여 이동시킵
니다. **02** 도형을 선택된 상태에서 반
사 툴(🔺)을 더블클릭합니다. 대화
상자에서 [Horizontal]에 체크를
하고 [OK] 버튼을 클릭합니다. 도
형이 수평 방향으로 반전됩니다.

02 도구 상자에서 원형 툴(⬭)을 이용
해 다음 그림처럼 원을 그립니다. 그
러면 'r' 문자가 완성됩니다.

01 이번에는 'i' 문자를 만들어 봅니다.
그리드 라인에 맞춰 정원을 만듭니다.

02 그런 다음 'J' 문자에서 쓰인 위쪽 부
분을 선택 툴(🔺)로 복사하여 위치
를 정원의 아래에 위치시켜 'I' 문자
를 완성시킵니다. 여백은 한 칸의 그
리드를 띄워줍니다. 기본적인 타이
포 디자인이 완성되었습니다.

01 작업된 타이포 문자에 색상을 적용
시켜봅니다. **01** 선택 툴(▶)로 도형
의 윗부분을 모두 선택하고, 도형의
면 색상을 'C: 15', 'M: 100', 'Y:
90', 'K: 10'으로 적용합니다. **02** 가
운데 부분을 모두 선택하고, 도형의
면 색상을 'M: 80', 'Y: 95'으로 적
용합니다. **03** 밑부분을 모두 선택하
고, 도형의 면 색상에 'M: 35', 'Y:
85'를 적용합니다.

02 디자인 로고가 3차원화되어 사용자
들에게 시각적인 만족과 더불어 독
창성을 보여주고 있습니다. 이번 작
업에도 문자 도형을 입체화시켜 역
동적인 문자를 만들 것입니다.
먼저 도형을 선택한 후 메뉴의 [Effect-
Distort & Transform-Free Distort]
를 실행합니다. [Distort] 대화상자
에서는 좌측 핸들을 각각 아래쪽으
로 이동시키고, 두 핸들 사이의 거리
를 떨어뜨려 원근감이 생기도록 만듭
니다.

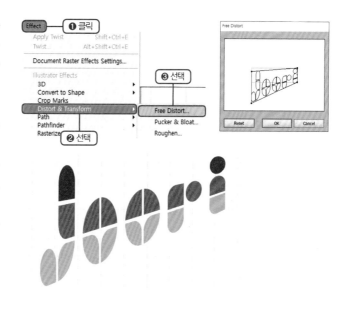

03 선택 툴(▶)을 이용해 작업된 도
형을 마우스 오른쪽 버튼을 클릭
하면 나타나는 단축 메뉴 중에서
[Group]을 명령으로 묶습니다.

01 작업된 도형을 복사 이동하여 입체 감을 표현해봅니다. 도형을 선택 툴 (▶)로 복사 이동하고 면 색상에 'C: 100', 'M: 100', 'Y: 53', 'K: 8' 을 적용합니다.

Alt +드래그

02 복사된 도형을 마우스 오른쪽 버튼 을 클릭한 후 [Arrange-Send to Back] 명령을 적용시켜 작업 화면 의 색상 적용된 도형의 뒤쪽으로 이 동시킵니다.

❶ 오른쪽 클릭
❷ 선택
❸ 선택

03 도형을 입체적으로 만들기 위한 작 업을 진행해봅니다. 먼저 색상이 적 용된 도형을 복사하여 클립보드에 저장합니다. 앞쪽의 도형에도 면 색 상으로 'C: 86', 'M: 55', 'Y: 7'을 적용합니다.

❶ 선택
❷ 클릭

04 입체감을 표현하기 위해 블렌드 효 과를 적용시켜봅니다. 01 두 개의 도 형을 모두 선택하고, 도구 상자에 서 블렌드 툴(⬛)로 앞 도형과 뒤 에 있는 도형의 동일한 기준점을 각각 클릭합니다. 그런 다음 02 블 렌드 툴(⬛)을 더블클릭하여 대화 상자를 엽니다. 대화상자의 옵션에 서 [Spacing] 항목을 [Specified Steps]로 선택한 후 블렌드의 단계 를 '10'으로 지정하고 [OK] 버튼을 클릭합니다.

❷ 설정
❸ 클릭
❹ 클릭
❶ 클릭

◉ 블렌드 작업 방법
블렌드 기능은 도형과 도형 사이의 중간 과정을 만드는 것입니다. 이때는 색상과 형태가 모두 바뀌게 되는데, 도형의 기준점의 개수가 다를 경우에는 형태가 왜곡됩니다. 중간 도형을 만들어 전체를 블렌딩하는 방법을 사용합니다.

05 블렌드 효과가 적용되었다면, 앞
의 과정에서 클립보드에 저장한 도
형을 제자리에서 붙여 넣기를 실
행합니다. 메뉴의 [Edit-Paste in
Place]를 실행하여 클립보드에 저
장된 도형을 제자리에 붙여 넣기합
니다. 입체를 가진 3차원적인 BI가
완성됩니다.

06 모든 작업이 마무리되었습니다.
'http://cafe.daum.net/sumilee'
라는 문구를 우측 하단에 입력합니
다. 'joori' BI 디자인이 완성되었
습니다.

http://cafe.daum.net/sumilee

http://cafe.daum.net/sumilee

블렌드 툴(Blend Tool)의
중간 단계 알아보기

블렌드 툴(Blend Tool)은 개체와 개체를 연결시켜주며 개체가 자연스럽게 변해 가는 과정의 개체를 만들어주는 툴입니다.

1 중간 단계에 만들어지는 도형을 일정한 형태로 만들고 싶을 때는 메뉴의 [Object-Blend-Make]를 선택해 적용하면 형태가 변하지 않고 일정한 형태의 중간 단계를 만들 수 있습니다.

▲ [Make]일 때   ▲ [Release]일 때

2 메뉴의 [Object-Blend-Release]을 선택해 블렌드를 해제하면 두 도형 사이에 블렌드된 패스가 남아 있습니다. 남아 있는 패스는 [직접 선택] 툴로 선택한 후 Delete 를 눌러 삭제하면 됩니다.

▲ 패스만 선택한 후 Delete 를 누름   ▲ 패스가 삭제

3 블렌드를 적용시킨 도형은 많은 용량을 차지합니다. 그러므로 대화상자의 [Smooth Color]보다 사용자가 중간 단계 도형의 수를 지정하는 [Specified Steps]를 사용하는 것이 좋습니다.

4 블렌드를 적용해 만든 중간 단계를 사용하려면 반드시 메뉴의 [Object-Blend-Expand]를 선택한 후 도형으로 만들고 다시 메뉴의 [Object-Ungroup]를 선택해 그룹을 해제해야만 합니다.

5 메뉴의 [Object-Expand]와 메뉴의 [Object-Blend-Expand]의 차이점

• [Object-Expand]: 그레이던트, 패턴, 브러시, 블렌드 등의 효과가 적용된 도형에 사용합니다. 세부적인 내용은 대화상자에서 설정할 수 있습니다.
• [Object-Blend-Expand]: 블렌드가 적용된 도형에만 사용합니다.

04 렌더링 이미지 만들기

고급 과정을 통해 여러분들은 내용에 따른 일관된 지식보다는 자신의 노하우와 연결하여 더 많은 응용력을 길러야 합니다. 따라하면서 배우는 과정은 세부 기능을 익히고 활용하는 데 지나지 않습니다.

 핵심 기능 Clipping Mask 적용하기

:: Clipping Mask란?

• 두 개의 도형 중 앞쪽의 도형 모양으로만 뒤쪽의 도형이 보이게 하는 명령입니다.
• 두 개의 도형을 선택한 후 마우스 오른쪽 마우스를 누르면 나타나는 단축 메뉴 중에서 [Make Clipping Mask]를 선택해도 됩니다.

:: 글자에 마스크 적용하기

01 문자 툴로 'Lee Seung Hee'라는 글자를 입력한 후 문자를 선택합니다. [Character] 팔레트에서 속성을 그림처럼 설정합니다.

02 메뉴의 [file-Place]를 선택한 후 원하는 이미지를 불러옵니다. 단, [Link] 항목을 체크 해제해야 합니다.

◎ 예제 파일
Sample\2부\Theme03\
Lesson04\Kp-8.jpg

03 문자를 배경이 될 도형 위에 위치시키기 위해 마우스 오른쪽 버튼을 클릭하면 나타나는 단축 메뉴 중에서 [Arrange-Send to Back]을 실행하여 작업 화면 도형의 맨 아래로 보냅니다.

04 글자와 도형을 모두 선택한 후 마우스 오른쪽 버튼을 클릭하면 나타나는 단축 메뉴 중에서 [Clipping Mask]를 선택합니다. Mask가 적용되어 위에 놓여 있던 글자 모양대로 아래에 놓여 있던 도형이 나타납니다.

핵심 기능 [Distort & Transform] 기능 익히기

메뉴의 [Effect-Distort & Transform]에서 선택하여 도형의 다양한 변형을 시키는 기능을 말합니다.

❶ Free Distort...
❷ Pucker & Bloat...
❸ Roughen...
❹ Transform...
❺ Tweak...
❻ Twist...
❼ Zig Zag...

❶ **Free Distort** 대화상자에서 모서리에 있는 포인트를 이동하여 자유로운 형태로 변형합니다.
❷ **Pucker & Bloat** 선택된 도형의 패스를 수축(Punk)하거나 팽창(Bloat)시킵니다.
❸ **Roughen** 선택한 도형의 외형을 거칠게 표현합니다.
❹ **Transform** 선택한 도형의 크기 조절 및 각도를 조절합니다.
❺ **Tweak** 선택한 도형의 정점을 무작위로 변경하여 형태를 다양하게 만듭니다.
❻ **Twist** 도형의 중심점을 기준으로 소용돌이 형태로 변형시킵니다.
❼ **Zig Zag** 선택한 도형의 외형을 규칙적인 지그재그 형태로 만듭니다.

▲ 원본 이미지　　▲ Free Distort　　▲ Punk & Bloat　　▲ Roughen　　▲ Transform　　▲ Tweak　　▲ Twirl　　▲ Zig Zag

01

헤어 드라이기
디자인하기

Lee Seung Hee ... Sumi

Lee Seung Hee ... Sumi

예제 파일 Sample\2부\Theme03\Lesson04\헤어.ai
완성 파일 Sample\2부\Theme03\Lesson04\헤어-완성.ai

키 워 드 펜 툴, 마스크, 그레이던트 활용, Warp Text, 투명도 조절
길라잡이 예제에서는 그레이던트와 도형의 투명도를 응용하여 렌더링 이미지인 드라이 곡면을 사실적으로
표현해봅니다.

01 파일을 불러옵니다. 그러면 작업 화
면에 기본적인 헤어 드라이기 도형
이 나타날 것입니다.

◉예제 파일
Sample\2부\Theme03\Lesson04\헤어.ai

02 헤어 드라이기의 가장 위 영역에 입
체감을 주기 위하여 그레이던트 효
과를 적용시켜봅니다. 도형을 선택
한 후 대각선 방향으로 그레이던트
툴(■)을 이용하여 그레이던트를
적용합니다. [Gradient] 팔레트에
서는 [Radial]로 변경하여 입체 구
의 느낌이 나도록 합니다.

❶ 클릭

❷ 클릭

TIP

그레이던트 면 색상 적용
그레이던트는 도형의 Fill 부분에만 적용되며, Stoke
부분에는 적용되지 않습니다. Stroke 부분을 아웃
라인으로 변경하여 도형으로 만들어야 합니다.

01 기본 그레이던트가 적용되었다면
그레이던트 스펙트럼에 슬라이더
를 추가하여 컬러를 변경시킵니다.
[Gradient] 팔레트의 스펙트럼의
40% 위치를 마우스로 클릭하여 슬
라이더를 추가합니다. 이 슬라이더
를 선택한 후 Color 팔레트에서
'M: 100', 'Y: 100'을 적용합니다.

❶ 클릭

❷ 입력

❸ 더블클릭

02 **01** 78% 지점에 슬라이더를 추가하고 'M: 100', 'Y: 80'을 적용합니다. 그레이던트 슬라이더를 추가하여 흰색을 적용하고 **02** 가장 오른쪽 슬라이더의 컬러를 'K: 20'으로 적용합니다. 작업에서는 색상의 수치보다는 가장 자연스러운 그레이던트 효과가 적용될 수 있도록 색상을 조정합니다.

01

02

STEP 03 반사 효과 및 투명도 적용하기

01 [Layer] 팔레트에서 [Create New Layer] 아이콘(📄)을 클릭하여 새로운 레이어를 추가합니다. '헤어스프레이' 레이어의 빈 공간을 클릭하여 잠금 아이콘(🔒)이 나오게 클릭하여 레이어를 잠급니다.

TIP

레이어 기능이란?
레이어의 기능은 일러스트레이터의 도형의 계층 구조와 같이 레이어도 팔레트 상단의 레이어의 도형들이 하단 레이어에 속한 도형들보다 높은 계층 구조를 가지면서 이루어집니다. 레이어가 편리한 기능을 제공하지만 단순한 도형 작업을 레이어로 분리하여 작업하는 것은 올바르지 않습니다. 작업의 상황을 검토하고 정밀하고, 복잡한 경우에만 레이어를 사용하고, 레이어의 수도 최소한으로 작업하는 것이 좋습니다.

02 펜 툴(✒)을 가지고 세밀하게 드로잉하는 작업들이 많이 진행됩니다. 어느 정도 펜 툴(✒)을 다루는 데 익숙해졌다면 이 과정의 형태에 너무 얽매이지 말고 자유롭게 드로잉해 보세요. 펜 툴(✒)로 그림처럼 헤어드라이기의 외곽 라인을 따라 두꺼운 면이 생기도록 패스를 만듭니다.

TIP

세밀한 패스를 작업할 때
일러스트레이터에서 세밀한 패스작업을 실행할 때는 도형을 크게 확대하여 세밀하게 진행해야 합니다.

03 작업된 패스를 면 색상으로 '흰색'을 적용
하고, 메뉴의 [Window-Transparency]
를 실행하여 [Transparency] 팔레
트를 열고 도형의 투명도를 '40%'
로 적용합니다. 부드러운 반사 효과
가 만들어집니다.

◉ 도형의 투명도
[Transparency] 팔레트는 도형에 투명도를 적용하거
나 도형들과의 색상 혼합(블렌딩 모드)으로 다양한 효
과를 표현할 수 있는 기능입니다.

① 클릭 **② 클릭** **③ 클릭** **④ 입력(40%)**

04 [Layer] 팔레트에서 Create New
Layer 아이콘(🖺)을 클릭하여 새
로운 레이어를 추가한 후 'Layer 2'
레이어를 잠금 아이콘(🔒)이 나오
게 클릭하여 레이어를 잠급니다. 펜
툴(✒)로 헤어드라이기의 뒷부분에
강한 하이라이트 효과를 만들어 줍
니다. 부채꼴 모양의 도형을 만든 후
흰색을 적용합니다. 빛이 겹쳐 반
사되는 효과를 만들어줍니다. 도형
을 드로잉한 후 [Transparency]
팔레트에서 도형의 투명도를 50%
로 적용하여 자연스럽게 만들어줍
니다.

◉ 사물의 반사 효과
실제 빛이 반사될 때는
여러 사물에 빛이 반사
되어 실제 도형에 나타
나게 되므로 좀 더 다양
하게 빛의 반사 효과를
표현합니다.

③ 클릭 **② 클릭** **① 클릭** **⑤ 입력(50%)** **④ 클릭**

STEP 04 헤어 드라이기의 각 도형에 그레이던트 적용하기

01 나머지 각 도형에 색상을 입히기 위
해 먼저 '헤어 스프레이' 레이어의 잠
금을 해제합니다. 선택 툴(▶)을 이
용해 그림처럼 헤어드라이기의 중
간 영역을 선택한 후 면 색상을 'C:
46', 'M: 100', 'Y: 100', 'K:17'로
설정하고 색을 채웁니다.

③ 클릭 **④ 클릭** **② 클릭** **① 클릭** **⑤ 클릭**

02 헤어 드라이기의 중간 영역 양쪽 부분과 안쪽 영역에 입체감을 주기 위해 그레이던트 효과를 적용 시켜봅니다. 도형을 선택한 후 대각선 방향으로 그레이던트 툴(■)을 이용하여 그레이던트를 적용합 니다. [Gradient] 팔레트에서는 [Radial]로 변경하여 입체 구의 느 낌이 나도록 합니다.

03 헤어 드라이기의 전선 연결 영역의 부분과 사실감을 주는 작은 홈 부분 에 입체감을 주기 위하여 그레이던 트 효과를 적용시켜봅니다. 도형을 선택한 후 대각선 방향으로 그레이 던트 툴(■)을 이용하여 그레이던 트를 적용합니다. [Gradient] 팔레 트에서는 [Linear]로 변경하여 입 체 구의 느낌이 나도록 합니다.

04 헤어 드라이기의 전선 부분을 입체 감을 주기 위하여 그레이던트 효과 를 적용시켜봅니다. 도형을 선택한 후 대각선 방향으로 그레이던트 툴 (■)을 이용하여 그레이던트를 적 용합니다. [Gradient] 팔레트에서 는 [Linear]로 변경하여 입체 구의 느낌이 나도록 합니다.

STEP 05 다시 한번 반사 효과 추가하기

01 [Layer] 팔레트에서 [Create New Layer] 아이콘(■)을 클릭하여 새 로운 레이어를 추가합니다. '헤어스 프레이' 레이어를 잠금 아이콘(🔒) 이 나오도록 클릭하여 레이어를 잠 급니다.

02 펜 툴(✐)로 밑의 헤어드라이기 도형을 기준으로 반사를 표현할 부분을 드로잉하고, 흰색을 적용합니다. [Transparency] 팔레트에서는 도형의 투명도를 '40%'로 적용하여 안쪽의 도형이 비치도록 합니다.

03 펜 툴(✐)로 그림처럼 헤어드라이기 도형을 기준으로 가장자리 부분을 드로잉하고, 흰색을 적용합니다. [Transparency] 팔레트에서는 도형의 투명도를 '30%'로 적용하여 안쪽의 도형이 비치도록 합니다.

04 자연스럽게 빛이 겹쳐지는 효과를 만들어 냅니다. 펜 툴(✐)로 밑의 헤어드라이기 도형을 기준으로 뚫린 부분을 드로잉하고, 흰색을 적용합니다. [Transparency] 팔레트에서는 도형의 투명도를 '50%'로 적용하여 안쪽의 도형이 비치도록 합니다. 헤어드라이기의 기본 형태가 모두 완성되었습니다.

STEP 06 레이어 병합하기

01 선택한 레이어를 병합하기 위해 그림처럼 세 개의 레이어를 선택합니다. 레이어의 왼쪽 위에 팝업 버튼(▼≡)을 클릭하고 [Merge Selected]를 선택합니다.

02 하나의 레이어로 병합된 것을 확인할 수 있습니다.

01 도구 상자에서 별 툴(☆)을 이용해 별 도형을 그립니다. 그런 다음 선택 툴(▶)을 이용해 별 도형들의 크기 조절, 회전, 이동을 하여 배치합니다.

02 마스크가 될 도형이 들어 있는 '헤어 스프레이' 레이어의 잠금을 해제합니다. 그런 다음 선택 툴(▶)을 이용해 헤어드라이기의 앞부분의 큰 영역 두 개를 선택합니다. 그리고 키보드에서 Ctrl + C 를 눌러 복사합니다.

03 [Layer] 팔레트에서 [Create New Layer] 아이콘(◻)을 클릭하여 새로운 레이어를 추가합니다. 바로 제자리 붙여 넣기를 하기 위해 메뉴의 [Edit-Paste In Place]를 선택합니다. 제자리에 붙여 넣기를 한 결과 Layer 3에 도형이 삽입되었습니다.

04 앞에서 붙여 넣기를 한 도형을 맨 위로 이동하기 위해 Layer 3을 가장 위로 이동합니다. 그런 다음 마스크가 적용될 도형을 선택 툴()을 이용해 헤어 드라이기의 그러데이션 면과 두 개의 별 도형들을 선택합니다.

05 이 헤어 드라이기 도형과 별 도형이 모두 선택되었다면 메뉴의 [Object-Clipping Mask-Make]를 실행하여 별 도형에 마스크를 적용합니다. 마스크가 적용된 것을 확인할 수 있습니다.

[Clipping Mask] 효과
[Clipping Mask]은 도형나 비트맵 이미지에 클리핑 마스크 효과를 적용하는 명령입니다. 이때는 앞쪽의 도형 안쪽으로만 뒤쪽의 도형이 보입니다.

06 다시 한 번 헤어 드라이기 다른 도형과 별 도형들을 모두 선택한 후 메뉴의 [Object-Clipping Mask-Make]를 실행하여 별 도형에 마스크를 적용합니다. 마스크가 적용된 것을 확인할 수 있습니다.

01 이번에는 마스크가 적용된 헤어 드라이기에 문자를 삽입하여 사실감을 표현합니다. 'Lee Seung Hee... Sumi'라는 문구를 입력합니다.

02 헤어 드라이기의 라운드된 부분을 따라 문자가 자연스럽게 흘러가도록 작업해봅시다. 문자를 선택하고, 메뉴의 [Effect-Warp-Arch]를 적용합니다. 대화상자의 옵션의 [Horizontal] 항목에 체크를 하고 [Bend] 항목에 '-5%'를 입력해 둥근 헤어 드라이기의 라인과 조화를 이루도록 만듭니다.

03 모든 작업이 완성되었습니다.

Wrap Effect 기능 익히기

메뉴의 [Effect-Warp]를 선택하여 도형과 문자 등을 왜곡시켜주는 기능입니다.

❶ Arc...
❷ Arc Lower...
❸ Arc Upper...
❹ Arch...
❺ Bulge...
❻ Shell Lower...
❼ Shell Upper...
❽ Flag...
❾ Wave...
❿ Fish...
⓫ Rise...
⓬ Fisheye...
⓭ Inflate...
⓮ Squeeze...
⓯ Twist...

❶ Arc: 선택한 도형을 활처럼 구부러진 형태로 변형합니다.

Sumiday & Sujiday

❷ Arc Lower: 선택한 도형을 아래로 구부러진 형태로 변형합니다.

Sumiday & Sujiday

❸ Arc Upper: 선택한 도형을 위로 구부러진 형태로 변형합니다.

sumiday & Sujiday

❹ Arch: 선택한 도형을 아치형의 형태로 변형합니다.

sumiday & Sujiday

❺ Bulge: 선택한 도형을 볼록한 형태로 변형합니다.

❻ Shell Lower: 선택한 도형을 아래 부분이 넓은 조개 형태로 변형합니다.

❼ Shell Upper: 선택한 도형을 위 부분이 넓은 조개 형태로 변형합니다.

❽ Flag: 선택한 도형을 깃발이 휘날리는 형태로 변형합니다.

❾ Wave: 선택한 도형을 물결치는 형태로 변형합니다.

❿ Fish: 선택한 도형을 물고기 형태로 변형합니다.

⓫ Rise: 선택한 도형을 언덕 형태로 변형합니다.

⓬ Fisheye: 선택한 도형을 물고기 눈의 형태로 변형합니다.

⓭ Inflate: 선택한 도형을 옆으로 부풀린 형태로 변형합니다.

⓮ Squeeze: 선택한 도형을 중앙으로 꽉 죄는 형태로 변형합니다.

⓯ Twist: 선택한 도형을 비틀어진 형태로 변형합니다.

피자 옥외 홍보 디자인하기

일러스트레이터에서의 드로잉 실력을 쌓는 방법은 스스로 많은 도형들을 표현해보고, 연습하는 길뿐이라고 생각합니다. 지금까지 잘 따라온 여러분들이라면 충분히 그런 자질을 갖추신 분이라고 생각합니다. 그럼 재미있게 작업을 진행해봅시다.

예제 파일 Sample\2부\Theme03\실무테크닉\피자-바탕.Jpg, 피자속.Jpg, 식기.ai, 말-리본.ai, 버스정류장.psd
완성 파일 Sample\2부\Theme03\실무테크닉\피자-간판.ai, 피자-포토.psd

• 레이어를 복제한 후 흑백 이미지를 만들고 하이라이트와 섀도를 반전시킵니다.
• [Gaussian Blur]와 [Overlay]로 배경 이미지와 합성합니다.
• [Shapen] 효과와 포토 필터로 이미지를 완성합니다.

이러한 작업들은 대부분 작가 자신만의 노하우를 가지고 작업을 하기 때문에 작업을 진행하는 데 있어서 정석이란 없습니다. 수많은 노력과 연습을 통해 이런 결과물을 표현해낼 수 있는 능력을 기르는 것이 중요합니다. 이번 예제에는 브러시 툴과 패턴 등록을 이용해 귀여운 타이포 그래픽을 디자인해보겠습니다.

예제 파일 Sample\2부\Theme03\실무테크닉\타이포-예제.ai, 타이포-소스.ai
완성 파일 Sample\2부\Theme03\실무테크닉\타이포.ai

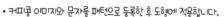

• 커피콩 이미지와 문자를 패턴으로 등록한 후 도형에 적용합니다.
• 커피콩을 [Scatter] 브러시로 등록한 후 도형에 적용합니다.
• 선택한 문자를 [Art] 브러시로 등록한 후 도형에 적용합니다.
• [브러시] 툴을 이용해 연기와 바닥을 그립니다.
• [문자] 툴을 이용해 문자를 입력합니다.

이번에는 회사를 소개하는 광고를 만들어 보겠습니다. 일러스트레이터의 다양한 변형 도구를 알아보고 좀 더 손쉽게
할 수 있도록 도와주는 스마트 가이드의 쓰임새에 대해 알아보겠습니다. 회사 이미지 통합화의 가장 근간이 되는 심
벌 마크는 상징성과 독창성을 가지고 있어야 하며, 복잡하지 않고 단순화시켜 한눈에 알아볼 수 있도록 제작됩니다.

예제 파일 Sample\2부\Theme03\실무테크닉\잡지 테두리.jpg, 나뭇잎.ai
완성 파일 Sample\2부\Theme03\실무테크닉\잡지-포토.jpg, 잡지.ai

- [펜] 툴을 이용해 병 모양을 드로잉합니다.
- 꽃잎을 드로잉 후 [Pattern] 브러시로 등록 하고 도형에
  적용합니다.
- [문자] 툴을 이용해 문자를 입력한 후 한글을 한문으로
  변환합니다.

찾아보기

찾아보기

찾아보기